Jonas Zachmann & Doro Zachmann
Bin kein Star, bin ich
Knüller Jonas sucht seinen Platz im Leben

Jonas Zachmann & Doro Zachmann

Bin kein Star, bin ich

Knüller Jonas sucht
seinen Platz im Leben

SCM

Stiftung Christliche Medien

Der SCM Verlag ist eine Gesellschaft der Stiftung Christliche Medien, einer gemeinnützigen Stiftung, die sich für die Förderung und Verbreitung christlicher Bücher, Zeitschriften, Filme und Musik einsetzt.

© der deutschen Ausgabe 2015
SCM-Verlag GmbH & Co. KG · Max-Eyth-Straße 41 · 71088 Holzgerlingen
Internet: www.scmedien.de · E-Mail: info@scm-verlag.de

Bilder im Innenteil:
Sofern nicht anders angegeben: © Doro Zachmann;
Bilder S. 15, 303: © Martin Erd, www.martinerd.com

Umschlaggestaltung: Jens Vogelsang, Aachen
Bilder auf dem Umschlag: Matthias Kucharz, für foto-phositiv.de, Ellwangen
Satz: typoscript GmbH, Walddorfhäslach
Druck und Bindung: CPI books GmbH, Leck
Gedruckt in Deutschland
ISBN 978-3-7751-5651-6
Bestell-Nr. 395.651

In Liebe
für Wolfgang, Katharina, Maren und Eliane.
Was wäre ich ohne euch?

Für mei Familie alle
Papa un Schwestan alle drei Stück
dem beste bei mir

In Dankbarkeit
für alle Weggefährten und Lebensbegleiter,
die Jonas an seiner Seite hat.

Für mei Grubbeleita un Treuerinne
danke mir hefen meine Lebn

Inhalt

Vorwort

Auf Initiative von Jonas, der auf den Geschmack am »Bücherschreiben« und vor allem an Lesungen gekommen ist, haben er und seine Mutter sich nun den vierten Teil seiner Lebensgeschichte vorgenommen. Im vorliegenden Band geht es um Jonas' *Coming of Age.* Das Erwachsenwerden ist eine schwierige Zeit für alle jungen Menschen. Sie ist geprägt von Umbrüchen und Unsicherheit, von Identitätsfindung und einer ambivalenten Gefühlswelt. Um diesen Lebensabschnitt geht es in »Bin kein Star, bin ich«, und Jonas erlebt diese Zeit intensiv mit allen Ups und Downs.

Es ist keine Zeit, in der sich Eltern zurücklehnen und sagen können: »Nun ist mein Kind ja fast erwachsen, nun ist alles gut!« Nein, gerade jetzt sind sie wieder und weiter gefordert – das Begleiten eines jungen Menschen mit Down-Syndrom auf dem Weg ins Erwachsensein ist eine große Herausforderung. Und so geben sich die Eltern einerseits große Mühe, Jonas loszulassen, andererseits sind sie als Begleiter und Helfer doch ständig gefragt. Und Jonas möchte sich zwar »freischwimmen« und sein Leben selbstständig regeln, aber ... »is so komplesiert meine Lebn!«

Ja, kompliziert ist es für Jonas, denn viel Neues stürzt auf ihn ein: Er muss sich an eine geregelte Arbeit gewöhnen, er zieht von zu Hause aus und soll sich in eine WG einleben, es gibt gesundheitliche Sorgen, und immer wieder hadert Jonas mit seiner Behinderung. Und manchmal verhält sich Jonas nicht ganz so, wie man es von ihm erwartet.

Doch zum Glück gibt es da noch die Kehrseite. Ich habe mich mitgefreut über alle tollen Sachen, die seine Familie mit Jonas erlebt: seine Wortschöpfungen, seinen Witz, seine eigene Logik und seine genialen Problemlösungen. Seine Liebenswürdigkeit und seine (meist) gute Laune und übersprudelnde Lebenslust. Das macht alles wett. Die positiven und bereichernden Momente lassen Mühen und Sorgen vergessen und sind eine Kraftquelle, aus der man schöp-

9

fen kann, in Jonas' eigenen Worten: »Bin Daun-Zitron, aber is nich schlimm, is okay bei mir. Gott sagt mir, ich gut bin, einzigartig und ganz besonders bin.«

Doch dieser Weg ist kein leichter. Und so richtig hat er seinen Platz noch nicht gefunden, er fühlt sich als Grenzgänger zwischen zwei Welten. Ein Wechselbad der Gefühle, auch, was die Liebe anbelangt.

Ich habe das Manuskript in einem Zug durchgelesen, bin einen Tag lang in die Welt von Jonas und Doro eingetaucht und habe mich dabei keinen Moment gelangweilt. Ganz im Gegenteil: Die Art und Weise, wie die Texte geschrieben sind – abwechselnd mal Mutter, mal Sohn zu hören und trotz manch schwieriger Situation eine große Lebensfreude zu spüren –, hat mir viele nachdenkliche, aber auch vergnügliche Stunden bereitet.

Dass mir so manches bekannt vorkommt, weil ich es so oder ähnlich mit meiner Tochter selbst erlebt habe, trägt zur Faszination dieses Buches bei. Obwohl Menschen mit Down-Syndrom alle sehr unterschiedlich sind und jeder ein Individuum darstellt, ist es dennoch verblüffend, wenn man manchmal Ähnlichkeiten entdeckt – kleine, originelle liebenswürdige Besonderheiten, die man bei Menschen mit 46 Chromosomen nie findet. Auch das macht dieses Buch einzigartig.

Doro und Jonas sei gedankt, dass sie uns Leser an dem »Abenteuer Erwachsenwerden« teilhaben lassen. Dieses Buch ist, um mit Jonas zu sprechen, »echt cool«, köstlicher Lesestoff für »Insider« und ein Augenöffner für alle, die sich dem Thema Down-Syndrom einmal nicht wegen der Pränatal-Diagnostik nähern, sondern sich mit einer Geschichte beschäftigen möchten, die mitten aus dem Leben gegriffen ist.

Lauf an der Pegnitz im September 2015
Cora Halder
Präsidentin der »European Down Syndrome Association« (2008–2014)
Leiterin des »Deutschen Down-Syndrom-Infocenters« und
Herausgeberin der Zeitschrift »Leben mit Down-Syndrom«

Vorneweg: »Mussu lesn, is coole Buch bei mir!«

Eine Einführung und Vorstellung

Ich bin Jonas und bin Chef von Doro, meine Mama, sie ist Sekretärin von meine Buch, ich alles schreiben, bis fertig ist. Ist vierte Buch gibt es von mir, so viel schon! Machen wir Material von meine Leben zum Buch verarbeiten. Macht Spaß! Wenn ich Chef bin, will ich gern werden Präsident von Buch, und Mama ist Sekretärin, muss sie noch viel lernen! Und darf ich Hotel gehn, das Beste!

Ja, der eigentliche Motor, auf Lesungen zu gehen, war von Anfang an die verlockende Aussicht, ins Hotel zu kommen. Im Grunde war das überhaupt der Auslöser für Jonas, ein Buch zu schreiben, weil ich ihm, als er mich auf Lesetour begleiten wollte, erklärte, dass derjenige das Buch vorliest, der es auch geschrieben hat. Also meinte Jonas logischerweise: »Schreib ich näxe Buch, Mama, kei Problem!«, und auf diesen Satz hin entstand unser erstes gemeinsames Buch »Ich mit ohne Mama«. Inzwischen sind drei Jahre vergangen, und Jonas fand, es sei höchste Zeit, ein neues Buch über ihn zu schreiben, da »so viel passiern meine Lebn!« Immer wieder, wenn wir etwas miteinander erlebt hatten (Schönes und Schweres), meinte Jonas, wir sollten davon bei der nächsten Lesung erzählen. Ich erwiderte, neue Geschichten kämen ins neue Buch, über das wir dann auch eine neue Lesung zusammenstellen würden. Darüber hat er sich jedes Mal sehr gefreut, und es war auch ein guter Antrieb für ihn, seine Geschichten und Gedanken aufzuschreiben.

Jonas tippt: ich scheibe diesen Bch weil ich Spas mach und geht nich um mich alein sonden mein Famille und deslab heis Buchh bin nich str bin ich wel mein famlle wigtig sind bei mir als den böhne und ich gaz nomale leben hab Ich ezele mein Leben weil das kolepzirt und weis ir wer ich bin und kei plöt kmoantar und is kein wizz mein leben damit dem ale wissen

Ich schreibe dieses Buch, weil es mir Spaß macht, und es geht (darin) nicht um mich allein, sondern (auch um) meine Familie. Deshalb heißt das Buch »Bin kein Star, bin ich«, weil (mir) meine Familie wichtiger ist als die Bühne und ich (ein) ganz normales Leben habe. Ich erzähle aus meinem Leben, weil es kompliziert ist und damit ihr (Leser) wisst (versteht), wer ich bin, und keine blöden Kommentare (macht), und es ist kein Witz, mein Leben, damit das alle wissen.

Ja, das ist Jonas ganz wichtig: dass er nicht ausgelacht, sondern ernst genommen wird! Als erwachsener Mann, als Mensch mit Behinderung, als ganz normaler Jonas. Und er möchte zum Ausdruck bringen, dass sein Leben auch immer wieder ein großer Spagat ist und er entsprechend sein Gleichgewicht sucht. Das ist nicht immer leicht, aber ganz normal. So viele Herausforderungen hatte Jonas in den letzten Jahren zu bewältigen – bis auf den heutigen Tag: der Auszug von zu Hause, das Sich-Einleben in neue Wohnformen, die Anforderungen auf der Arbeit, überhaupt die Suche nach einem geeigneten Arbeitsplatz, die große Sehnsucht nach einer Partnerin, die Auseinandersetzung mit dem Down-Syndrom und gleichzeitig das Gefeiertwerden als Autor und Bühnenheld. Von diesem großen Spannungsfeld wollen wir hier erzählen.

Geschrieben haben wir, seit Jonas ausgezogen ist, hauptsächlich auf »neutralem« Boden, in einem Café, das wir regelmäßig aufsuchten. Jonas' Texte sind durch seine gezeichneten Männchen am Rand noch einmal deutlich gemacht.

Dazu gehören seine handgeschriebenen Texte, die zum Teil eingescannt wurden oder die ich abgetippt (und nach Bedarf in Klammern kurze Erklärungen hinzugefügt) habe.

`Ganz vereinzelt hat Jonas auch selbst Texte direkt in mein Laptop getippt. Sie sind an dem »Schreibma-schinenstil zu erkennen,`
`die ich - wo nötig - »übersetzt« habe.`

Und viele seiner Texte entstanden, wieder unseren Rollen gemäß, durch Diktat beziehungsweise dadurch, dass der Chef einfach draufloserzählt hat und die Sekretärin fleißig mitschrieb. Zu erkennen an dem Männchen am Rand. Dann musste ich wieder alles vorlesen, und Jonas hat entweder korrigiert oder das Ganze abgenickt. Um seine originale Sprache wiederzugeben, habe ich unsere Dialoge wortwörtlich wiedergegeben, während ich bei seinen diktierten Texten die Wörter weitgehend richtig geschrieben habe, damit sie besser zu verstehen sind.

Ich habe dann eigene Tagebuchaufzeichnungen und gesammelte Geschichten hinzugefügt
und Verbindungstexte geschrieben.

Und natürlich durften Jonas' Zeichnungen und Fotos wieder nicht fehlen.

Die Namen der Personen haben wir meist geändert, abgesehen von uns als Familie, engen Freunden und wenigen Ausnahmen.

Bevor wir richtig loslegen, möchte Jonas sich und uns noch kurz vorstellen.

Hallo! Ich heiße Jonas Zachmann und wohne im Karlsruhe in einem großen Haus mit anderen Leuten zusammen. Früher mal meine Eltern zu Hause wohnen, jetzt nicht mehr, ich große Kerl bin, ein Mann. Ich bin 23 Jahre alt, 1992 geboren bin, und arbeite in Schreinerei mit dem Holz und Bohren. Ich hab eine Familie, heißt sie auch Zachmann. Doro Zachmann, sie ist meine Mama, Wolfgang Zachmann ist meine Papa, und gibt es noch Maren Zachmann, Eliane Zachmann und Katharina Zachmann und Hund Zachmann und Katze Zachmann und Hühner Zachmann. Hasen gestorben und Meerschweinchen auch tot.

Mein Schwestern immer noch die gleiche: Katharina, Maren und Eliane. Und ich mag dem immer noch sehr lieb! Aber wohnt nicht mehr Hause meine Eltern, sind sie auch erwachsen und ausziehen.

Katha ist älteste Schwester ich habe, sie ist schon 30 Jahre alt, so alt ist sie schon, und wohnt sie weit weg beim München. Und hab ich noch zwei Zwillingsschwestern Elli und Maren, dem sind beide gleich alt und schon 24 Jahre alt, älter als ich. Aber nur bisschen. Ich bin schon 23 Jahre, und bald ich dem eingeholt. Dem studieren noch: Maren will Lehrerin werden, und Elli will behinderten Kinder arbeiten, wie ich.

14

Maren, Jonas, Doro, Wolfgang, Katharina und Eliane (v. l.)

Jonas, Maren, Doro, Wolfgang, Eliane und Katharina (v. l.)

Oder auch so

16

Katarina ist Jezt müchen da Abainten Sie Abeinte Sie in müchen Kleiter Für SPortwasser Schorfen und Tachen maren ist Jehzt in Tübien Schotiren SPort und Edschisch Elli ist Jezt Sigen Schotiren in Betagogi Beinderten meschen Kinder So wie ich

Katharina ist jetzt (in) München,
da arbeitet sie in München:
(in einer Firma für) Kleider für
Wassersport, Surfen und Tauchen.
Maren ist jetzt in Tübingen studieren
Sport und Englisch. Elli ist jetzt
(in) Siegen studieren in Pädagogik:
behinderte Menschen,
Kinder so wie ich.

Meine Papa hat sich auch was verändert, weil er hat noch neue Praxis gemacht, hat jetzt zwei Praxis, er den Menschen hilft, wenn sie Probleme haben, ist er Psychopeut (Psychotherapeut). Ist guter Mann! Und meine Mama hat auch Veränderung: Sie ist in »Sellawie«, ist Café mit Laden, sie arbeitet und macht sie Spaß, weil überall Bücher und hübsches Schmuck und Kerzen und so Krempel, und sie bringt die Leute ihren Kuchen und Kaffee oder auch Flammkuchen, ist lecker!

Prolog

Jonas und ich sind auf dem Weg in die Schweiz, genauer: nach Thun zu »Leben live«, einer Veranstaltung verschiedener evangelischer Kirchen in der Region Thun. Eine Woche lang gibt es in der Expohalle verschiedene Konzerte, Interviews, Vorträge und andere Veranstaltungen zu unterschiedlichen Themen. Jonas und ich sind zum Thema »Hauptsache gesund!?« als Interviewpartner auf die roten Sessel geladen. Ich freue mich sehr auf dieses Event, habe aber zugegebenermaßen auch erhebliches Bauchweh, weil es eine Größenordnung ist, die wir bisher nicht »gestemmt« haben: über 2000 Menschen werden erwartet.

Hätten wir »nur« lesen sollen, wäre meine Aufregung auch nur halb so groß, aber das Interview bereitet mir schon seit einigen Wochen schlaflose Nächte, da ich ja nie vorhersehen kann, was und wie mein Sohn auf Fragen reagieren und antworten wird. Die Leute von »Leben live« nahmen meine Bedenken jedoch ganz gelassen und verabredeten mit mir und Jonas eine Woche vor dem Auftritt eine Skype-Schaltung mit der Moderatorin, die uns interviewen sollte. Das war ein wunderbares Gespräch vor ein paar Tagen, bei dem wir uns schon im Vorfeld etwas kennenlernen konnten. Sarah war sehr entspannt und fröhlich am Telefon, hatte keinerlei »Berührungsängste« mit Jonas, und ich merkte erleichtert, wie die Chemie zwischen den beiden beziehungsweise uns dreien sofort stimmte.

Nun bin ich deutlich entspannter, wenn auch immer noch sehr aufgeregt. Ich liege Gott ständig damit in den Ohren, er möge das Interview leiten und segnen.

»Mama, feu mich hinzugehn Intafu machn un viele Leute da!«
»Ja, Jonas, ich freue mich auch, bin aber mächtig aufgeregt.«
»Ich nich aufregt, Mama. Is kuul dem Lesung mit Hotel!«

»Ja, schon, aber diesmal lesen wir vor viel mehr Menschen als sonst!«

»Egal, Mama, Haupsach Spaß ham un Star bin!«

Ich lache. »So gelassen wie du wäre ich auch gern!«

Jonas denkt eine Weile nach, dann fragt er: »Mama, is Star eigelich?«

»Was ein Star ist? Nun, das ist eigentlich ein englisches Wort und bedeutet Stern. Damit sind Menschen gemeint, die berühmt sind.«

»Wahum?«

»Na ja, weil sie irgendwas Tolles machen, zum Beispiel singen, schauspielern oder Sport machen.«

»Auch Lesung machn?«

Ich muss wieder schmunzeln. »Ja, es gibt durchaus auch einige berühmte Autoren, die sehr bekannt sind!«

»Du un ich?«, fragt mein Sohn.

»Hmm, wir sind zwar auch Autoren, aber als Stars würde ich uns jetzt nicht gerade bezeichnen.«

»Wahum?«

»Na ja, weil ein Star sehr berühmt ist, ihn sozusagen die ganze Welt kennt.«

»Mama, kenns mich viele, bin auch Star, oda?«

»Ja, eigentlich schon, durch unsere Bücher bist du schon einigen Menschen bekannt, aber längst nicht der ganzen Welt!«

»Du rech, Mama, ich kein Star. Aba annere Grund!«

»Wieso, was meinst du?«

»Bin kein Star, ich nich nomal bin, ich bindert bin!«

»Jonas, das ist nicht der Grund. Auch Menschen mit Behinderung können Stars sein.«

»Aba hab ich Daun-Zitron, Mama! Weiß nich mär?«

Als ob ich das vergessen könnte! »Nein, Jonas, das ist trotzdem kein Grund. Erinnerst du dich an Bobby[1]? Oder Pablo[2]? Die beiden haben auch Down-Syndrom und sind sehr berühmt.«

»Aba, Mama, das anneres. Daun-Zitron Mensche kei Star sein, weil kei Nomale sind.«

»Auch Menschen mit Down-Syndrom sind normal!« Ich kann es nicht lassen, diesen Satz zum tausendsten Mal zu wiederholen.

»Mama, binderte Mensche ham Pobleme, Star hat kei Pobleme!«

»Oh, Jonas, da liegst du jetzt aber ganz falsch. Viele große Stars haben große Probleme!«

»Wahum?«

»Weil es gar nicht so einfach ist, in der Öffentlichkeit zu stehen und dauernd bewundert und beobachtet zu werden. Stars sind ja auch nur Menschen, haben auch ihre Probleme.«

»Aba ham kei Daun-Zitron!«

»Das stimmt meistens, aber auch Menschen ohne Behinderung haben ihre Probleme!«

»Dann dem kei Star!«, zieht Jonas in seiner Logik Bilanz aus unserem Gespräch und setzt sich wieder seinen Kopfhörer auf. Diskussion beendet.

Auch ich hänge wieder meinen eigenen Gedanken nach und staune, was ich mit und durch meinen Sohn so alles erleben darf. Wer hätte das einst gedacht? Als ich vor 22 Jahren dieses besondere Kind zur Welt brachte, hätte ich mir doch im kühnsten Traum nicht ausgemalt, wie toll es sich entwickeln würde und dass wir eines Tages sogar miteinander Bücher schreiben und auf Lesungen gehen würden. In so vielen Dingen ist mir Jonas regelrecht zum Türöffner geworden, wo ich doch am Anfang befürchtete, dieses Kind könnte

---

[1] Bobby Brederlow ist ein deutscher Schauspieler, der mit Down-Syndrom geboren wurde und für den Film »Liebe und weitere Katastrophen« einen Bambi erhielt.

[2] Der Spanier Pablo Pineda machte von sich reden, nachdem er als erster Europäer mit Down-Syndrom ein Universitätsstudium abgeschlossen hatte. Heute hält er weltweit Vorträge über Integration.

mich in meinem Lebensschwung ausbremsen, ja gar behindern. Wie grau in grau und trostlos empfand ich damals meine Welt, wie viel Ängste, Fragen und Sorgen waren plötzlich mitgeboren, die meisten davon grundlos, wie ich – Gott sei Dank! – erfahren durfte. Ich hatte damals das Gefühl, von nun an in einer Sackgasse zu stecken, und mein eingeschränkter Blick schien kein Licht am Ende des Tunnels ausmachen zu können.

Ach, wie lange ist das her! Jonas hat durch seine Fröhlichkeit, seine Einzigartigkeit und seine Fähigkeit, »mit dem Herzen gut zu sehen« und mein Herz für die wirklich wichtigen Dinge im Leben zu öffnen, so viel Wunderbares und Bereicherndes in mein Leben gebracht! Von wegen Sackgasse – das ist pure Horizonterweiterung!

Eine Stunde später staunen wir nicht schlecht, als wir auf den Parkplatz zu unserem sagenhaft schönen Hotel einbiegen. Gleich an der Rezeption, wo wir aufs Freundlichste empfangen werden, drückt mir die Empfangsdame einen Zettel in die Hand mit der Telefonnummer eines gewissen Richards, bei dem wir uns bitte melden sollen. Ich wähle die Nummer und bin überrascht, zu hören, dass jener Richard als Begleiter für uns vorgesehen ist, der uns später vom Hotel abholen und zur Expo fahren und dort den ganzen Abend über zu unserer Verfügung stehen wird. Noch nie haben wir so etwas erlebt, aber das hier ist ja, wie gesagt, auch eine »große Nummer«. Zwei Stunden später, in denen Jonas und ich unsere schönen Zimmer und die traumhafte Parkanlage hinter dem Hotel und direkt am Thunersee gelegen genauestens inspiziert haben, warten wir frisch geduscht und in Schale geschmissen auf dem Parkplatz auf unseren »Chauffeur«.

Richard stellt sich als sehr charmanter und humorvoller Mann in den Sechzigern heraus – ein richtiger Gentleman, mit dem wir uns auf Anhieb glänzend verstehen. »Guck, Mama, gibses doch Hemd mit Bändl, ich sags dir, weiß noch?« Jonas deutet auf Richard. Einen Moment verstehe ich nicht, was er meint, dann fällt mir die Situation wieder ein: Vor etwa zwei Wochen hat Jonas mir beim Autofahren mal wieder einen seiner berühmten Wunschzettel geschrieben.

Am Thunersee

Er möchte gern ein weißes Hemd haben, das anstelle der üblichen Knöpfe Bändel zum Schnüren hat. Ich sagte ihm, dass ich so was noch nicht gesehen hätte und nicht wüsste, ob es das überhaupt gibt. Keine Ahnung, wie er auf diese Idee kommt. Nun steht Richard vor uns und hat genau so ein Hemd an: weiß und vorne mit mehrfach gekreuzten Schnüren. »Siehse, Mama, ich rech! Hemd gibses doch. Will sowas ham!« Ich erkläre Richard die Situation.

»Ja, das ist schon ein schönes Hemd, es ist sogar eins meiner Lieblingshemden. Und weißt du was, Jonas? Das habe ich bei euch im schönen Deutschland gekauft!«, grinst Richard, einen Arm auf Jonas' Schulter. Jonas lacht und legt seinen Kopf auf Richards Brust. Die beiden Männer sind gleich ein Herz und eine Seele. Jonas weicht seinem neuen Freund den ganzen Abend nicht mehr von der Seite.

Als Richard beim Expo-Gelände vor dem Hintereingang hält (bin nun wirklich froh, dass ich das nicht alleine finden musste, mein

Navi wäre mir auf diesem großen Gelände keine wirkliche Hilfe gewesen!), folgen wir einem Schild, auf dem »Eingang für VIPs« steht. Ich pruste los, und Jonas fragt, warum ich lache. »Na ja, als VIP wurden wir auch noch nie bezeichnet!«

»Wahum, was Wipp?«, will Jonas wissen.

Richard antwortet mit seinem sympathischen schweizerischen Dialekt: »Das ist Englisch und bedeutet, dass hier nur Leute reindürfen, die echte Stars sind und ganz wichtig, so wie du, Jonas!«

»Ja, bin wichtig!«, nickt mein Sohn unbescheiden, und mit einem Blick auf mich gerichtet fügt er freudig triumphierend hinzu: »Mama, bin doch Star!«

Wir durchqueren ein riesiges Foyer, in dem verschiedene Stände aufgebaut sind (einer davon ist für meine Bücher reserviert), und betreten die Halle. Ich schlucke. Ach, du meine Güte, *so* groß hatte ich mir das nun wahrlich nicht vorgestellt. Tausende rote Stühle vor einer riesengroßen Bühne, auf der allerhand technisches Equipment aufgebaut ist. Viele fleißige Menschen wuseln auf, vor und hinter der Bühne herum: Techniker, Musiker, Organisatoren, Akteure, Leute vom Fernsehen… Wir werden vom Produzenten Timo aufs Herzlichste begrüßt und willkommen geheißen. Jonas erkennt Sarah vom Skypen wieder und läuft freudestrahlend mit ausgebreiteten Armen auf sie zu, als wäre sie eine langjährige Freundin.

Kurze Zeit später versammelt sich die ganze Crew um Timo, er stellt uns einander vor, erläutert noch mal kurz die jeweilige Aufgabe der einzelnen Personen und den geplanten Ablauf des Abends. Nach einem Gebet in der Runde, Gott möge diesen Abend und uns alle gebrauchen, um Menschenherzen für ihn zu öffnen, geht es schon an die Durchlaufprobe. Auch unser Interview, für das 20 Minuten eingeplant sind, soll vorher einmal geprobt werden. Das finde ich gut, so wissen wir dann schon in etwa, wie das läuft und welche Fragen kommen. Sarah und ich haben im Vorfeld per E-Mail besprochen, welche Texte Jonas und ich in welcher Reihenfolge lesen werden, und nun präsentiere ich ihr noch meinen Stick, auf dem die Texte und diverse Bilder sind. Sie reicht ihn an den zuständigen Techniker weiter.

Ich entspanne mich immer mehr und freue mich auf das, was kommt. Sarah und Andreas, die beiden Moderatoren, die durch den ganzen Abend führen werden, betreten die Bühne und bekommen von Timo genaue Anweisungen, wann sie wo wie zu stehen haben. Alles wird bis ins Detail abgesprochen: die Auf- und Abgänge der Akteure, die Übergänge zwischen den einzelnen Programmelementen, Licht- und Toneinstellungen, Kameraführung etc. Nichts soll dem Zufall überlassen werden, hier nimmt jeder seine Arbeit sehr ernst und das Ganze mit auffallender Gelassenheit und guter Laune, richtig ansteckend. Es gibt viel zu lachen, und jeder kleine Patzer wird wohlwollend verziehen. Die Schweizer, so fällt mir wieder einmal auf, sind wirklich ein äußerst sympathisches Volk.

Jonas reibt sich immer wieder vor Freude die Handflächen. Nun strahlt er mich an: »Oh Mama, so schön hia, is so toll alles!«

Als die berühmte Band TAKASA die Bühne betritt, ist Jonas nicht mehr auf dem Stuhl zu halten und tanzt und singt begeistert mit. Die Rhythmen und Texte haben es in sich. Plötzlich bittet der Techniker mich zu sich hinter die Bühne. Es gibt ein Problem, er bekommt meinen Stick nicht zum Laufen. Irgendwie passen unsere verschiedenen Systeme nicht zueinander, sind nicht kompatibel. Verschiedene Kniffs und Tricks werden ausprobiert, andere Laptops angeschlossen, nichts hilft. Die Zeit läuft. Eigentlich sollten wir nun auf der Bühne das Interview proben. Der Techniker gibt auf, meint, wir sollten die Bilder, die Jonas' Heranwachsen dokumentieren, weglassen. Da es sowieso eine Livesendung sei, ist es ihm unangenehm, die Leinwände für die Fotos freizugeben, anstatt dass man uns in Großaufnahme beim Interview sieht. Sarah und Timo werden hinzugezogen und um Rat gefragt.

Am Schluss einigen wir uns darauf, die Fotos wegzulassen, aber die Texte, die Jonas liest, fürs Publikum zum Mitlesen sichtbar zu machen. So handhaben wir das auch bei Lesungen, um Jonas' undeutliche Aussprache wettzumachen. Doch meine Dateien können noch immer nicht geöffnet werden. Langsam komme ich echt ins Schwitzen, zumal uns Timo sagt, dass wir nun das Interview aus Zeitgründen leider nicht mehr üben könnten. Er muss mit den anderen Elementen weitermachen.

Ich schlucke. Fühle mich plötzlich wieder so verunsichert und ärgere mich über mich selbst, dass ich die Dateien nicht längst im Vorfeld geschickt habe. Sarah legt mir beruhigend die Hand auf die Schulter. »Das wird schon!«, meint sie zuversichtlich. Jonas, der die letzten zehn Minuten auch hinter der Bühne dabei war und unsere Diskussionen verfolgt hat, ohne sie wirklich zu verstehen, spürt meine zunehmende Anspannung und fängt an zu schluchzen.

»Mama, geht nich Intafu. Lieba nich machn!«

Ach, du meine Güte, das wäre jetzt das Letzte, was passieren darf: dass Jonas das Handtuch wirft. Ich nehme ihn in den Arm und versuche, zuversichtlicher zu klingen, als ich tatsächlich bin. »Jonas, wir müssen das Problem mit der Technik lösen. Aber das klappt bestimmt noch!«

»Nein, Mama, is plöt jetz. Will nich mär Intafu machn.«

Richard springt helfend ein, legt den Arm um Jonas. »Weißt du was, Jonas!? Du und deine Mama, ihr geht jetzt mit mir rüber zum Essen, und die Leute hier von der Technik kriegen das schon hin! Ihr entspannt euch jetzt noch ein bisschen, und dann wird das eine ganz tolle Sache. Glaub mir, ich weiß, dass es gut wird!«

»Na gut, Richat, essn is gut!«, spricht Jonas erleichtert und wischt sich die Tränen vom Gesicht.

Ich biete dem Techniker noch an, die Texte neu abzutippen, doch Sarah meint: »Nein, du gehst jetzt zu deinem Sohn, er braucht dich. Und ich kümmere mich um die Texte, das wird schon, mach dir keinen Kopf!«

Also folge ich Richard und Jonas in die Cafeteria, wo ein leckeres Essen für uns bereitsteht. Die Schwere und Enge um mein Herz will erst weichen, als ich auf dem Weg dorthin im Gebet ganz bewusst alles Gott abgebe. Ich kann nun nichts mehr tun, vertraue auf das Können der Technikleute und Gottes Eingreifen, dass er die Situation rettet und mir und Jonas ermöglicht, die Angst vor dem Interview abzulegen und die »richtigen« Antworten zu geben. Kaum hat Jonas den ersten Teller gegessen, entspannt er sich sichtlich und ist wieder gut drauf. Es gibt wohl doch so etwas wie eine Unterzuckerung.

Als wir beim Dessert angekommen sind, kommt Sarah rein, strahlt über ihr ganzes hübsches Gesicht und hebt den Daumen hoch. »Wir haben es geschafft, alles klappt!« Mir fallen tausend Steine vom Herzen, und Jonas will sich zur Freude gleich noch eine Schale Pudding holen, sieht jedoch an meinem Blick, dass ich das für keine gute Idee halte, und lenkt verblüffenderweise ein. Sarah setzt sich zu uns, und wir sprechen noch ein paar Minuten über das Interview. Ich bitte sie, die Fragen an Jonas einfach und kurz zu halten, aber das hätte ich mir schenken können. Sie hat ein sehr gutes Gespür für die Situation, und ich staune später auf der Bühne nicht schlecht, wie spontan sie auf Jonas reagieren und eingehen kann.

Andreas, den wir auf dem Weg zur Maske treffen, ist mein Interviewpartner, mit dem ich nun im Vorfeld nur ein paar Sätze wechseln kann. »Ach, mach dir keine Sorgen, Doro. Ich kenne das von unseren Gottesdiensten: Je mehr Pannen es im Vorfeld gibt, desto besser läuft es dann, wenn es drauf ankommt.« Sein einnehmendes Lächeln und die Zuversicht machen mir Mut. In der Maske werden wir nun noch geschminkt und frisiert. Das kennen wir ja schon von diversen Fernsehauftritten, aber es ist doch wieder jedes Mal aufregend und interessant.

Einen Tag vor unserer Abreise hat Jonas mich gebeten, für ihn zu packen und auch die Kleider für die Lesung auszusuchen. Ich wählte eine Jeans, ein dunkelblaues T-Shirt und ein rot-blau kariertes Hemd, das er offen darüber tragen sollte. Dazu seine roten Stoffschuhe. Hier nun in der Garderobe, eine Viertelstunde, bevor alles losgeht, zieht Jonas das Hemd aus, und ich sehe mit Schrecken, dass das T-Shirt zwei helle Flecken und ein kleines Loch am unteren Rand hat. Na ja, sicher wird er das Hemd gleich nach dem Schminken wieder drüberziehen. Aber Pustekuchen. Jonas drückt mir sein Hemd mit den Worten »Da, Mama, brauch nich mär!« in die Hand. Auf dem Weg zurück in die große Halle, die inzwischen schon fast voll besetzt ist, tue ich mein Möglichstes. Alle Versuche, Jonas davon zu überzeugen, das Hemd wieder über- oder das T-Shirt auszuziehen und nur im Hemd aufzutreten, scheitern kläglich. »Mama, wills ich nich!«

Mir graust es bei der Vorstellung, dass er in diesem Schlabberlook nun vor 2 000 Menschen auf die Bühne geht, und das Ganze soll ja auch noch vom Fernsehen aufgenommen und ausgestrahlt werden – in Großaufnahme! Richard, der die ganze Zeit bei uns war und alles mitbekommen hat, rettet die Situation, indem er Jonas bittet, noch mal kurz mit ihm raus ins Foyer zu kommen. Ich denke, er redet Jonas vielleicht noch einmal gut zu, und staune nicht schlecht, als die beiden Männer wieder hereinkommen.

Jonas strahlt über das ganze Gesicht und hat das weiße Bändelhemd an, das Richard gerade noch selbst trug, während dieser in einem anderen weißen Hemd zurückkommt. »Ich hab vorhin meine Frau angerufen und sie gebeten, mir noch ein Hemd vorbeizubringen. Weil Jonas meines doch so gut gefallen hat, möchte ich es ihm gerne schenken; ich hoffe, Doro, du hast nichts dagegen!« Was sollte ich dagegen haben? Ich bin Richard unsagbar dankbar für diese rührende Geste und Unterstützung. Jonas streicht stolz wie Oskar über das blütenweiße neue Hemd, das ihm gut steht. »Mama, bin ich hübsche Jonas. Is kuule Hemd un Star bin!«

Nun sind es nur noch wenige Minuten, bevor es losgeht. Wir sitzen auf den für uns reservierten Stühlen in der ersten Reihe und verfolgen aufgeregt den Countdown-Zähler. Jonas hat zwischen Richard und mir Platz genommen und jedem von uns eine Hand auf den Schenkel gelegt. »Mama, feu mich! Mag dich aag lieb.« Seine Augen glänzen vor Aufregung, und sein Strahlen könnte nicht größer sein. Oh, Gott, danke, dass du ihn wieder so beruhigt hast!

Die Moderatoren gehen auf die Bühne und schaffen es in Kürze, das Publikum zu begeistern und auf das Thema einzustimmen. Die Musiker tragen das Ihre zur Stimmung bei. Und dann gehen wir von hinten auf die Bühne, werden mit einem herrlichen Applaus begrüßt und setzen uns wie abgesprochen in die roten Sessel. Sarah und Andreas stellen Fragen, Jonas und ich antworten abwechselnd, dazwischen lesen wir so einige Texte. Alles klappt. Auch die Technik. Jonas ist bester Laune und gibt klare Antworten. Nachdem Jonas die Passage gelesen hat, wie er sich zum ersten Mal mit 18 Jahren allein telefonisch eine Pizza bestellt hat, kommt die große Überraschung: Es wird ihm eine Pizza auf die Bühne gebracht, die er nun hier gemütlich verspeisen darf, während das Interview mit mir weitergeführt wird. Geniale Idee!

Und schwuppdiwupp sind die 20 Minuten um, die mir nun wochenlang im Magen lagen, und wir verlassen unter Applaus die Bühne und setzen uns wieder ins Publikum. Ich kann es kaum fassen, dass alles so gut lief, und danke Gott von ganzem Herzen dafür. Nun kann ich mich völlig entspannt zurücklehnen und den restlichen Abend genießen. Jonas klatscht Richard mit seinen fettigen Pizzahänden ab und bietet ihm noch großzügig ein Reststück an. »Das habt ihr ganz toll gemacht! Ich bin stolz auf dich, Jonas!«, lobt Richard, und Jonas nickt bekräftigend: »Ja, ich gut bin! Aba Mama auch!«

Als TAKASA wieder spielen, fragt mich Jonas nach der Hälfte des ersten Liedes: »Mama, daf tanzn?« Ich überlege kurz und denke dann: Na klar, warum nicht. Jonas steht auf und tanzt direkt vor seinem Stuhl. Dann dreht er sich um und zieht Richard hoch. Ich halte mir die Hand vor den Mund, als mir einfällt, dass Richard vorhin beim Probedurchlauf, als er Jonas beim Tanzen beobachtet hat, zu mir sagte, er bewundere Menschen, die so toll tanzen können, er könne es überhaupt nicht, und deshalb tanze er nicht gern. Tja, und nun muss er mit meinem Sohn vor all den Leuten einen Rumba schieben, oder was auch immer das sein soll, der Ärmste!

Die Erlösung kommt für Richard, als der Sänger vor dem nächsten Lied Jonas durchs Mikrofon aufruft, nach oben auf die Bühne zum Tanzen zu kommen. Das lässt sich mein Sohn nicht zweimal sagen, zumal das Publikum ihn mit tosendem Applaus dazu anspornt. Richard setzt sich erlöst hin, und zusammen beobachten wir amüsiert, wie Jonas nun auf der Bühne Sarah, die Moderatorin,

die im Hintergrund stand, nach vorne zum Tanzen holt. Sie macht
ihre Sache echt gut, und Jonas ist voll in seinem Element.

Jonas tanzt mit Sarah zur Musik der Band TAKASA.

Matthias hält anschließend einen mitreißenden und berührenden
Vortrag zum Thema »Hauptsache gesund!?« und nimmt das Publikum auf Schwyzerdütsch ganz mit hinein in diese spannende Frage. Jonas, der wieder neben mir sitzt, meint: »Mama, vasteh nix.
Er sprich so kömisch!« Sarah hat uns vorsorglich zwei Headsets
besorgt, auf denen eine deutsche Übersetzung zu hören ist, die ich
Jonas nun auf den Kopf setze. Das gefällt ihm schon besser. Entspannt lehnt er sich zurück, verschränkt die Arme vor der Brust und
hört aufmerksam zu. Fünf Minuten später setzt er den Kopfhörer
wieder ab und nuschelt vor sich hin.

   Nach der Veranstaltung gehen wir an den Verkaufsstand und
signieren tapfer Hunderte verkaufter Bücher. Als alles überstanden
ist und sich die Halle langsam leert, kommt Timo zu uns, der Pro-
duzent, der uns zu der ganzen Sache eingeladen hat. Er bedankt
sich für das tolle Interview und Jonas' spontane Tanzeinlagen, die
wirklich auch noch mal zur guten Stimmung im Saal beigetragen

hätten, weil sie Jonas' Lebensfreude zum Ausdruck brachten und damit genau das Thema des Abends trafen: Egal, mit wie viel Krankheit oder Behinderung ein Mensch lebt, sein Leben kann durchaus erfüllt sein, von Gott reich gesegnet und gebraucht werden.

Wir haben Lesung gemacht, Schweiz gegangen, dann haben wir (uns) später getroffen mit meinem Freund Richard. Und ich und Mama warten wir später, später, später, dann wir machen – ich zuerst – mit dem Leute Interview. Dann habe ich bekommen (auf der) Bühne eine Pizza, cool! Ich habe getanzt (auf der) Bühne, mit Sarah zusammen getanzt.

»Und, wie gefällt euch das Hotel, das ich für euch ausgesucht habe?«, fragt Timo.

»Boa, is supa! Wie Pardies, gell, Mama?« Ich kann Jonas nur zustimmen, es ist wirklich paradiesisch.

»Wart ihr schon im Wellnessbereich?« Wir schütteln den Kopf. »Da müsst ihr unbedingt hin, das lohnt sich. Tolle Sauna direkt über dem See!«, schwärmt Timo.

»Oh, kuul, Sauna. Will hingehn, Mama!«

»Hmm«, gebe ich Saunamuffel zögerlich von mir, »mal sehen, ob wir das morgen noch schaffen.«

Etwa eine Stunde später verabschieden wir uns aufs Herzlichste von Richard, der uns wieder zum Hotel gefahren hat. »Richat, lade dich mein Gebuatstag ein! Du mei beste Feund!« Jonas drückt Richard an sich.

»Ja, Jonas, du bist mir auch ans Herz gewachsen. Bist ein ganz wunderbarer, toller junger Mann! Bleib so, und bleib behütet!«

»Ja, hütet!«, nickt Jonas, und nach einem letzten Winken verschwinden wir in der Hoteltür.

Als ich erschöpft und zugleich erfüllt und reich an Eindrücken im Bett liege, kann ich Gott nur staunend dafür danken, wie er uns mit diesem Abend und den herzlichen Begegnungen beschenkt hat. Und besonders dankbar und voller Stolz bin ich auf meinen Sohn, einen echten Star der Herzen, allen voran von meinem!

1. »Alle Woche is so bei mir ...!«

Neuer Alltag auf eigenen Füßen

»Ich pack dem Paktikum!«

Erste Erfahrungen in der Arbeitswelt

Im September 2011 hat Jonas, knapp 19 Jahre alt, die Schule verlassen. Nachdem er im Vorfeld dort schon praktische Erfahrungen sammeln durfte, meldeten wir ihn in der Werkstatt der Lebenshilfe an, um den Berufsbildungsbereich (BBB) zu durchlaufen. »Mama, ändlich Schule fertich, kann ich Abeit gehn, bin ich großa Kerl un äwaxn Mann! Das gut so!«

Während des dreitägigen Schnupper-Praktikums in der Werkstatt hatte Jonas verschiedene Aufgaben zu erledigen: Rückenrohr-Aluminiumbolzen einpressen, Metallteile sortieren, Hebelarme montieren, metrische Schrauben und Kugelzapfen eindrehen. (Falls das jemand etwas sagt, mir jedenfalls nicht.) Sein Abschlussbericht war Mut machend:

»Herr Zachmann konnte sich von Anfang an gut in die Gruppe einbringen. Seine Bereitschaft und Motivation, Arbeiten zu übernehmen, ist gut. Einfache Montagearbeiten konnte er gut umsetzen und brauchte nur gelegentlich Impulse durch den Gruppenleiter. Qualität und Quantität sind bei ihm noch ausbaufähig. Im sozialen Umgang konnte er sich nicht immer tolerant den anderen Teilnehmern gegenüber verhalten, wenn diese anderer Meinung waren oder sich anders verhielten, als Herr Zachmann sich das vorstellte. Insgesamt war es ein positives Praktikum, und Herr Zachmann konnte seine Fähigkeiten und seine Interessen mit einbringen.«

Dem Gruppenleiter ist nett, aber manchmal ist er doof, wenn er sagt, ich machen soll. Will aber anders machen, er sagt! Hab ich gute Ahnung!

Oh, oh, mein kleines Dickschädelchen…

Der BBB gliedert sich in einen Grund- und einen Aufbaukurs von jeweils zwölfmonatiger Dauer, in denen verschiedene Fertigkeiten (im Aufbaukurs mit höherem Schwierigkeitsgrad) vermittelt werden. Es geht um Selbstwertgefühl, Sozial- und Arbeitsverhalten, auch um eine möglichst realistische Selbsteinschätzung. Mit einbezogen sind Angebote zur Entwicklung der lebenspraktischen Fertigkeiten: Erlernen von sozialen Normen und Werten, von Regeln wie Pünktlichkeit, Körper- und Gesundheitspflege, gepflegte Kleidung, gesundes Essen und Trinken, Verkehrserziehung, Umgang mit Geld.

Januar 2012

Gott hat wirklich ein Auge auf Jonas geworfen und ihn im Blick! Bei allem, was hier und da unrundläuft, merke ich immer wieder, dass ein Engel über ihn wacht. Heute haben wir folgende schöne Geschichte erlebt: Ich sitze noch beim Frühstück, als mein Handy klingelt. Jonas berichtet: »Mama, bin in Bus, aba Bus fährt falsche Richtung! Wäkstatt is annere Richtung!«

»Was? Na, Jonas, das wird wohl anders sein! Du bist in den falschen Bus eingestiegen.«

»Jetz machn?«

»Na, jetzt steigst du an der nächsten Haltestelle aus, gehst auf die andere Seite und fährst mit dem nächsten Bus wieder zurück.«

»Okä, Mama, mach ich!« Fünf Minuten später klingelt er wieder durch. »Mama, wo bin ich?«

»Joni, das kann ich nicht wissen, wo du bist. Sag mir doch mal einen Straßennamen.«

»Aba, Mama, hia kei Straße, hia nur Wald!«

»Wald?! Wie das denn, wo bist du denn?«

»Weiß auch nich, Mama, aba hia is Wald un nur Bäume!«

»Jonas, ich glaub, du hast dich ordentlich verlaufen. Weißt du was, jetzt läufst du denselben Weg zurück, den du gekommen bist, und wenn du an eine Straße kommst, rufst du mich wieder an und liest mir den Namen vor.«

»Okä, Mama, danke du mir helfs!«

»Na klar, mein Süßer!«

Ich fahre mein Laptop hoch, gebe Google Maps ein und warte auf Jonas' Anruf, der ein paar Minuten später erfolgt.

»Mama, hia is Straße, heiß sie Ettlinger Allee.« Ich gebe es ein und erschrecke: Jonas ist 13 km weit weg von der Werkstatt. Während ich noch ganz hektisch auf meinem Laptop herumtippe, um herauszufinden, wo die nächste Haltestelle ist und wie ich ihn navigieren kann, meint mein Sohn plötzlich: »Mama, hia is Auto, steig ich ein un tschüss!«

Ich fasse es nicht! Sofort rufe ich Jonas zurück. »Stopp, Jonas! Du kannst doch nicht einfach in ein fremdes Auto einsteigen!«

»Mama, is nich fremde Auto, is Kollege, geb ich dir!«, und schon reicht er das Handy an den Fahrer weiter.

»Hallo, Frau Zachmann«, meldet sich eine sympathisch klingende Männerstimme, »ich bin einer der Werkstattleiter und habe hier gerade einen Kunden beliefert, als ich Jonas an der Straße stehen sah. Hab mich noch gewundert, was er in diesem Stadtteil macht, ist doch gar nicht seine Ecke. Na, jedenfalls nehme ich ihn jetzt mit zur Werkstatt, also, machen Sie sich keine Sorgen, und einen schönen Tag noch!«

Ich bin völlig platt, kann nur noch ein kleines »Danke!« murmeln, bevor er auflegt. Große Dankbarkeit und Erleichterung überfluten mich, und ich merke beschämt, dass ich vor lauter Beschäftigt- und Besorgtsein nicht mal auf die Idee gekommen bin, Gott um Hilfe zu bitten. Doch hat ihn das nicht davon abgehalten, Jonas schon längst einen Engel über den Weg zu schicken.

Im Herbst 2012 folgte ich der Einladung zum Elternabend in der HWK (»Hagsfelder Werkstätten und Wohngemeinschaften Karlsruhe«). Es war mein erster Elternabend außerhalb der Schule. Mit drei Kindern und insgesamt 14 Jahren Schulzeit hatte ich schon unzählige solcher Veranstaltungen besucht, keine jedoch ist mir so im Gedächtnis haften geblieben wie diese.

Ich fahre direkt von meiner Abendschicht im »Sellawie« zum Elternabend in Jonas' Werkstatt, komme etwas zu spät, suche den Raum, öffne

die Tür zum großen Speisesaal – und falle aus allen Wolken: An lan-
gen Tischreihen sitzen über hundert Menschen und lauschen den Wor-
ten des Geschäftsführers, der gerade über Mikrofon die per Powerpoint
dargestellten Umbauarbeiten am Haus erläutert. Während ich nach
einem freien Platz Ausschau halte, habe ich das Gefühl, im falschen
Film zu sein. »Seniorenveranstaltung«, schießt es mir durch den Kopf.
Schätzungsweise zwei Drittel der Anwesenden sind mindestens 20 Jahre
älter als ich, und die vermutlich Gleichaltrigen entpuppen sich bei nä-
herem Hinsehen als Werkstattangestellte, die bei ihren (betagten) Eltern
sitzen.

Ich kämpfe mich zu einem freien Platz durch und gleichzeitig auch
mit den Tränen, weil mir in diesem Augenblick bewusst wird: Doro, du
wirst hier auch in 30 Jahren noch sitzen, wenn du noch lebst und dein
Sohn noch in der Werkstatt arbeitet. Kaum zu fassen, dass man als
Senior immer noch zu Elternabenden des eigenen Kindes gehen muss,
kann, will, soll. Wieder ein Punkt auf meiner »inneren Liste«, wie sich
das Elternsein eines Kindes mit Behinderung von dem eines »nicht be-
hinderten« doch wesentlich unterscheiden kann. Ich käme doch nie auf
die Idee, bei meinen Töchtern zu einem Elternabend an der Uni zu
erscheinen, wenn es sie denn gäbe. Man könnte das Ganze doch einfach
»Informationsveranstaltung« nennen, dann hätte es nicht diesen Touch
von erzieherischem Auftrag. Aber na ja, ganz ehrlich: Der ist bei unse-
rem Sohn wohl auch nie abgeschlossen, und wenn er noch so erwachsen
ist. Meine Mutterseele seufzt.

Die zwei Jahre des BBBs lagen inzwischen erfolgreich hinter uns.
Jonas hatte sich nach anfänglichen Schwierigkeiten in seinem neu-
en Arbeits- und Lernfeld zurechtgefunden und akklimatisiert und
außerdem innerhalb des BBBs drei verschiedene Praktika (Lebens-
mittelmarkt, Großküche und Schreinerei) gemacht.

Nachdem Jonas immer wieder für ein Wechselbad der Gefühle
gesorgt hatte, ob er die Praktikumszeit »bestehen würde«, war es
dann endlich so weit. Wolfgang und ich wurden zum Elterngespräch
(in Anwesenheit unseres Sohnes) in die HWK gebeten. Sein Chef

und sein ehemaliger Gruppenleiter schlugen vor, ihn fest als Arbeiter in der Schreinerei zu übernehmen. Jonas strahlte, klatschte in die Hände und rief begeistert: »Juchhu, kei Paktikum mär, bin ich jetz ächte Schreina!« Ein neuer Lebensabschnitt begann!

Praktikum im CAP-Markt

»Wills ausziehn, bin äwaxn!«

Jonas verlässt das Elternhaus

Bereits als Jonas noch zur Schule ging, stand für ihn felsenfest: »Wenn mein Schule fertich, ich umziehn wie mei Schwestan!« Na klar, hier hatte er es beobachtet: Katharina, die während ihres Bachelor-Studiums »Internationales Management« in Karlsruhe bei uns gewohnt hatte, war im Anschluss daran nach Passau gezogen, um dort ihren Master in »European Studies« zu machen. Maren und Eliane machten (für Zwillinge nicht ungewöhnlich) zeitgleich ihr Abitur. Daraufhin zog Maren nach Tübingen, um ihr Englisch- und Sportstudium (»Lehramt an Gymnasien«) zu beginnen, Eliane jedoch wollte erst mal etwas von der Welt sehen und reiste mit einer Freundin ein halbes Jahr durch Neuseeland. Jonas hatte sich in den Kopf gesetzt, trotz seines Nesthäkchendaseins nicht als Letzter auszuziehen, und das sollte er tatsächlich auch schaffen, weil Eliane eben erst noch diese Reiserunde drehte, bevor sie dann im Oktober nach Siegen zog, um mit ihrem Pädagogikstudium »mit Schwerpunkt Entwicklung und Inklusion« und einem Zweitstudium »Sport und Bewegung« zu beginnen.

Immer öfter drängelte Jonas: »Mama, Papa, will ausziehn, bin äwaxn, bin Mann, will nich mär euch beidn wohn!« Als Jonas sich immer mal wieder weigerte, seine Aufgaben im Haushalt selbstständig zu übernehmen und durchzuführen, setzte Wolfgang einen Vertrag auf, der nach einem guten Männergespräch von Vater und Sohn unterschrieben wurde.

Vertrag
Jonas will in eine WG ziehen. Dazu ist er bereit, Folgendes verlässlich zu tun:
1. *Wäschekorb noch am selben Tag ausräumen*
2. *Atemmaske jeden Abend aufsetzen*

3. Benutztes Geschirr aus dem Zimmer tragen und in die Spülmaschine einräumen
4. 1 x pro Woche sein Zimmer aufräumen, saugen und putzen
5. Die vereinbarten Aufgaben laut Putzplan der Familie im Haushalt machen
6. Alle 2 Tage duschen

Es ist schon verblüffend, wie Jonas auf Listen und Pläne reagiert. Das war schon immer so. Als Kind hatte ich ihm mithilfe von Symbol-Bildern einen Wochenplan erstellt und, als er lesen konnte, diese durch entsprechende Wörter ersetzt. Als nun dieser Vertrag an seiner Zimmerwand hing und Jonas täglich mehrmals einen Blick darauf warf, klappte die Umsetzung fast wie von allein, und wir hatten kaum noch Ärger mit ihm. »Mama, machs ich mei Aufgabn, wie Papa sagt. Männa mach so! Dem vasproche hab!« Na toll, mir hatte mein Sohn auch schon so einiges versprochen, aber seit der Pubertät wiegt das gesprochene Vaterwort anscheinend doppelt so schwer wie meines. Tja, ist wohl irgend so ein Männer-Howgh-Ehrenwort-Indianertum ... Aber wenn's hilft, soll's mir recht sein.

Jonas war wirklich ernsthaft dabei, seine Aufgaben gewissenhaft zu erledigen, nicht, um es uns recht zu machen oder um des lieben Friedens willen, sondern einzig und allein, um zu beweisen, dass die Zeit für seinen Auszug reif war. Also beschlossen wir, Jonas in seinem Wunsch ernst zu nehmen und uns nach einer geeigneten Wohngemeinschaft mit Betreuung umzuhören. Das ging schneller, als mir selbst lieb war. Denn kaum hatte ich meiner lieben Freundin Ingrid davon erzählt, teilte sie uns mit, dass im Nachbarort ein Zimmer frei würde – in der ambulant betreuten WG eines Behindertenheimes. Sie selbst sei eine der Betreuerinnen und könne sich gut vorstellen, dass Jonas in die Gemeinschaft passen würde. Wir sollten es uns doch mal anschauen.

Gesagt, getan.

April 2012

In zwei Wochen darf sich Jonas die WG im Nachbardorf anschauen, in der ein Zimmer frei wird. Im Grunde bedarf es nur der zwei Buchstaben von Jonas, dann wird mein Baby das Nest verlassen. Unvorstellbar!! Wenn Jonas JA sagt, kann er im Sommer dort einziehen. Alle Ampeln stehen auf Grün. Eigentlich auch bei mir, aber plötzlich spüre ich deutlich mein Mutterherz pochen; ich beginne, zu klammern, sperre mich gegen diesen Gedanken. Jahrelang habe ich, zugegebenermaßen, immer mal wieder vom Tag X geträumt, besonders, wenn ich mit meinem Sohn schwierige Zeiten durchzustehen hatte. Ich habe mir Entlastung und Freiheit gewünscht. Doch nun, als er in greifbare Nähe rückt, macht er mein Herz eng und ängstlich. Wer, wenn nicht ich, kennt ihn so gut? Wer, wenn nicht ich, weiß um all sein Unausgesprochenes? Wer, wenn nicht ich, kann sich so gut um ihn kümmern?

Aber genau das ist ja der Punkt: Er will nicht mehr, dass Mama sich um ihn kümmert. Jonas ist erwachsen und will wie jeder andere junge Erwachsene das Elternhaus verlassen und eigene Erfahrungen machen – ganz normal! Ich war auch 19 Jahre alt, als ich daheim auszog. Außerdem wird Jonas ja nicht allein sein, er wird Mitbewohner und Betreuer haben: Menschen, die sich liebevoll um ihn kümmern und ihn unterstützen werden. Und mein Muttersein hört nicht auf. Ich bin ja nur einen Anruf und vier Kilometer entfernt von ihm. So sage ich es mir immer wieder und rede meinem verzagten Herzen gut zu. Und letztlich wusste ich immer, dass dieser Tag kommen würde. Und dass ich meinen Sohn, alle meine Kinder, nicht bei mir halten kann und will – und dass sie schließlich auch nicht mein Eigentum sind. Im Grunde gehören sie nur sich selbst und sind doch Gottes Kinder, die er mir für eine Zeit geliehen und unter meine Fürsorge gestellt hat. Wenn sie mein Haus verlassen, vertraue ich weiterhin darauf, dass ihr Vater im Himmel sie beschützen und begleiten wird, egal, auf welchem Weg sie gehen und an welchem Fleck sie wohnen. Dieser Gedanke bringt meinem aufgewühlten Mutterherz Frieden.

Und dann war er plötzlich da, jener Tag X.

25. April 2012

Ein historischer Moment: Jonas und wir Eltern werden vom stellvertre-
tenden Heimleiter durch die Wohngemeinschaft im Nachbarort geführt,
in der in Kürze ein Zimmer frei wird. Als wir klingeln, öffnet uns ein
junger Mann die Tür.

>> *Ulli, ich kenns dich!«, ruft Jonas begeistert.*

>> *Ja, vom Trommeln kenn ich dich auch noch, Jonas«, erwidert Ulli,*
und die beiden Jungs freuen sich sichtlich, einander wieder zu begegnen,
nachdem sie als Kinder vor vielen Jahren in derselben Trommelgruppe
waren. Das fängt ja schon gut an, denke ich.

Dass meine Freundin Ingrid eine seine Betreuerinnen werden wird,
begeistert Jonas ebenfalls: »Mama, ich kenns Egrid, sie kümmer mich,
ich klein war!«

Jonas hat jahrelang immer wieder ein paar Tage »Urlaub« bei Ingrid
und Andreas und deren Kindern gemacht, wenn wir eine Auszeit
brauchten oder verhindert waren. »Dem sind mein Äsatzfamilie,
Mama! Egrid is mein Äsatzmama, aba du bis ächte Mama, stimms?«

Wir lassen uns alle Zimmer zeigen, trinken in der Küche einen Tee mit-
einander, Ulli setzt sich dazu. Wolfgang und ich fühlen uns richtig wohl
und können uns unseren Sohn hier gut vorstellen. Wir stellen einige
Fragen zur Betreuung und zum Ablauf, die uns Herr M. gerne beant-
wortet. Tobias, der andere Mitbewohner, kommt nach Hause, wirft ein
fröhliches »Hallo!« in die Küche und verschwindet in seinem Zimmer.
Der Heimleiter folgt ihm und erklärt Tobias die Situation. Daraufhin
kommt dieser wieder in die Küche, reicht Jonas die Hand und meint:
»Ich bin Tobias. Toll, wenn du hier einziehen willst, dann sind wir wie-
der drei Männer!« Jonas reibt sich freudestrahlend die Hände. »Ja, wills
ich auch, drei Männer sein is guuut!« Er dreht sich zu uns Eltern um.
»Papa, Mama, wills ich hia wohne. Daf ich? Bitte, bitte!« Wer könnte
da noch Nein sagen?

WG mit drei Jungs. Hinfahren und angucken, Mama, Papsi und ich, Jonas. Nette Leute. Küche ist schön, kann ich kochen. Spanische Eier und Pizza und ich will. Wir sitzen Küche und haben redet zusammen, und dann haben mir Ulli Zimmer gezeigt und Tobias Zimmer gezeigt und Bert Zimmer gezeigt, und er zieht aus. Und dann Ulli geht sein Zimmer rein, und ich krieg Ullis Zimmer. Ich freu mich. Aber ich war auch traurig, Doro mich getröstet hat.

Und nachher mit Papa zusammen unterhalten wegen Wohnen und mein Gefühl wegen Steven und mich verabschieden. Ich war so traurig wegen Steven, geht er weg unsere Gemeinde, muss ich weinen. Mamilein mich getröstet.

Drei Frauen meine Betreuer sind und mir helfen. Wäschewaschen muss lernen zu machen allein, oje, aber Mama mir hilft und Betreuer. Freu mich, bald umziehen.

Ja, kaum saßen wir wieder im Auto, als Jonas zu weinen anfing. Scheinbar zusammenhanglos schluchzte er, weil der Jugendreferent unserer Gemeinde zusammen mit seiner Frau die Gemeinde verlassen und wegziehen würde, um eine neue Stelle in einer anderen Stadt anzutreten. Jonas liebte Steven und Anni, zumal Anni auch drei Monate bei uns im Haus zwischengewohnt hatte, bevor sie heirateten und zusammenzogen. Nun stand also der Abschied von den beiden bevor, und irgendwie warf Jonas das nun mit dem Auszug von zu Hause in einen Topf. Schließlich ging es ja um zwei einschneidende Erlebnisse in seinem Leben. Aber gute Gespräche halfen ihm, wieder nach vorn zu schauen und sich auf seinen bevorstehenden Auszug zu freuen. Von jetzt an hatte Jonas nur noch ein Thema auf Lager: »Bald ich umziehn, gell, Mama?« Ich freute mich mit meinem Sohn und merkte immer wieder: Auch für mich war es ein großes Thema.

Ich nutzte die Abende mit Jonas, die Sachen in seinem Zimmer zu Hause zu ordnen, zu sortieren und auszumisten. Jonas war völlig klar, was er großzügig wegschmeißen wollte. Im Müllbeutel oder in der Flohmarktkiste landete alles, was er nun als Kinderkram bezeichnete: Kassetten mit Hörspielen und Geschichten, seine geliebten Panini-Sammelbilder-Heftchen, sämtliche Kuscheltiere (bis auf sein Eselchen, das ich ihm von einer Reise nach Wesel mitgebracht hatte), jede Menge Kinderbücher und alle Comic-Hefte. Wenn ich überrascht nachfragte, ob er diese geliebten Dinge wirklich wegwerfen wolle, kam jedes Mal ein klar entschiedenes und fast schon empörtes: »Mama, bin ich äwaxn, oda? Bin ich Mann, kei Kind mär, brauch nich Kindakram mein neue Hause, will nur Männasachn ham!« Eine klare Ansage!

Wolfgang und ich fuhren mit Jonas in ein Möbelgeschäft und gingen auch seine Kleider einzeln durch. Mit jedem Tag freute sich Jonas mehr auf seinen baldigen Umzug. Zuvor jedoch wollte er zusammen mit seinem Papa noch das neue Zimmer streichen.

Juni 2012

Ich schlendere mit Jonas durch den Baumarkt, wo er sich eine Farbe für sein neues Zimmer aussuchen soll. Er streift an der Wand mit der Farbpalette entlang, wieder und wieder, vor und zurück, kann sich aber für keine Farbe entscheiden, noch nicht mal für eine Farbrichtung. Ich mache ein paar Vorschläge und versuche, so schlaue Argumente wie: »Das passt schön zu deinen Möbeln« an den Mann zu bringen. »Mama, lass mich, mei Scheidung!«, erhalte ich als Antwort. Dreißig Minuten später – ich bin schon ziemlich entnervt – sind es die Farbbezeichnungen und ihr jeweiliger Klang, die ihn überzeugen oder eben nicht. Eisblau: »Zu kalt!« – Pfirsich: »Iiih, mags ich nich!« – Pflaume: »Bäh, is matschig!« – Karibik: »Hä, was das?« – Zitrone: »Ich liebe Zitrone, aber is so saua!« – Karminrot: »Hab kei Feuer nich!« – Kaki: »Igitt, Kacke!« – Sand: »Oh, bessa nich, knirsch mei Sähne (Zähne)!« – Terrakotta: »Oh, hübscha Name, nehm ich!« – und schwuppdiwupp wuchtet er den Farbeimer in unseren Einkaufswagen.

Papa und ich schöne zimme machen gaze wad stricehn mit fabe Braunes fru mich mien zimmer haben für mich allien
Papa und ich machen Zimmer schön. Ganze Wand streichen mit Farbe braunes. Freue mich, mein Zimmer zu haben für mich allein.

Am Mittwoch, den 11. Juli 2012, zog unser Sohn dann von zu Hause aus.

Da aufgrund eines Wasserschadens in der WG der Umzug zweimal verschoben werden musste, fiel er nun blöderweise auf einen Tag, an dem ich selbst nicht dabei sein konnte. Jonas startete also von uns aus frühmorgens in die HWK, und nach Feierabend fuhr er mit Bus und Bahn nur bis zum Nachbardorf und lief dann zu seiner WG, zückte den ihm bereits ausgehändigten Schlüssel und schloss zum ersten Mal als offizieller Mitbewohner die Haustür auf. Was muss das für ein überwältigendes Gefühl für ihn gewesen sein. Zu gern wäre ich dabei gewesen!

Juli 2012

Jonas hat vergangene Nacht zum ersten Mal in der WG geschlafen. Um die Mittagszeit kann ich meine Neugierde nicht länger zügeln und rufe ihn an, als er gerade Pause hat. Wie seine erste Nacht war, möchte ich wissen.

»Gut schlafn, Mama, aba saua dir!«

»Was, warum bist du denn sauer auf mich?«

»Du niiie hia gewesn mein Hause in WG! Niiie besuch bei mir!«

Mir fehlen die Worte, weil mein Sohn schließlich erst gestern dort eingezogen ist und ich ihm ja auch beim Umzug am Wochenende geholfen habe. Allerdings hat das Wändestreichen und Möbelaufbauen mein Mann übernommen, während ich nur geholfen habe, den Kleinkram und seine Kleider einzuräumen. »Okay, Jonas, dann komme ich dich heute Nachmittag um halb fünf besuchen!«

»Gut so, Mama!«

Eliane entschließt sich spontan, mitzukommen. Kaum fahren wir los, staunen wir beide nicht schlecht, als wir ihn in unserem Dorf aus dem Bus steigen sehen. »Jonas, was machst du denn hier? Ich wollte dich doch jetzt besuchen kommen!«

»Oh, Mama, wuss ich nich mär, aba vamiss dich, will dir besuchn!«

Jonas steigt ins Auto ein, knuddelt mit Elli.

»Schön, mei Schwestan, du auch hier!«

Zusammen fahren wir zu Jonas' WG, stellen dort noch ein paar Klein-
möbel auf und räumen sie ein. Zur Feier des Tages holen wir uns eine Piz-
za vom Italiener nebenan. »Jetz kannsu Hause fahrn, ihr beide. Ich ess
mei Pizza allein mein WG!«, beschließt Jonas und verleiht seinen Worten
noch deutlichen Ausdruck, indem er uns regelrecht aus der Tür schiebt.

»Meine Güte, kann der unhöflich sein!«, beschwert Elli sich. Tja, jetzt
hat er alles bekommen, was er gebraucht hat: Mutter- und Schwesternzu-
neigung und Hilfe beim Einräumen. Das Pizzaessen will er lieber für
sich allein zelebrieren.

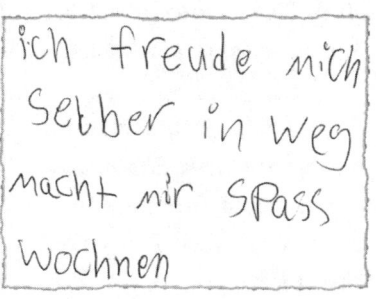

Ich freue mich,
selber in WG (zu wohnen),
macht mir Spaß (,dort zu) wohnen.

Das gehörte nun also auch zu der großen und viel zitierten Freiheit,
dass Jonas nun selbst bestimmen konnte, wann, wie oft und ob er
uns überhaupt sehen wollte. Anfangs verletzte es mich, wenn er
mir die Rote Karte zeigte, und ich stand schnell »bei Fuß«, wenn
er darum bat.

Erstes Wochenende nach dem Auszug: Ich rufe Jonas samstagmorgens
an. Ob er zu uns kommen wolle?

»Nö, Mama, ich tschill meine Hause!«

»Willst du später zum Essen kommen? Ich koch uns was Schönes!«

»Nö, Mama, hab noch Schnitzel, ess ich hia!«

Gegen Abend kommt dann ein Anruf von ihm: »Mama, kannsu be-
suchn komm bei mir? Ich einsam bin!«

Wolfgang und ich fahren dann zu Jonas rüber und spielen eine Run-
de Monopoly mit ihm. Für Sonntag vereinbaren wir, Jonas zum Gottes-

dienst abzuholen. Als wir dann deutlich früher als verabredet bei seiner WG vorfahren, steht er bereits fix und fertig mit noch vom Duschen nassen Haaren und schick angezogen vor dem Haus. »Ah, ändlich kommses ihr beidn, warte schon euch ganze Zeit!«

Nun hat Jonas also bei uns zu Hause Gaststatus, ein ganz neues Gefühl für alle.

Jonas besucht uns zum ersten Mal nach seinem Auszug und schaut in sein leeres Zimmer: »Oh, mei Zimma ohne Jonas drin. Auch gut!« Nach dem Kuchenessen auf der Terrasse lässt er seinen Teller draußen stehen. Ich bitte ihn, diesen mit in die Küche zu nehmen. »Mami, ich Gäste!«, erklärt er mir die neue Rollenverteilung.

Es ist seltsam komisch für mich, aber auch sehr rührend und erleichternd, wenn Jonas so kurz nach seinem Auszug aus dem Elternhaus ganz selbstverständlich von seinem Zuhause spricht und damit die WG meint: »Mama, du mich abhole mein Hause un fährs mich Disco hin. Un nach de Disco mich wieda abhole un fährs mich mein Hause, also mein WG in mein Straße Numma Viernsibzich, du weiß doch, ich jetz wohne, Mamilein!«

Juli 2012

Jonas ist nun seit drei Wochen ausgezogen, und es klappt ganz gut. Seine anfänglich fast täglichen Heimwehanrufe: »Mama, komms du bei mir besuchn?« werden weniger. Er scheint sich langsam an sein neues Leben zu gewöhnen. Auf der Arbeit jedoch gab es ziemlichen Ärger, weil Jonas immer wieder Mist baute: Er verweigerte sich, versteckte sich im Haus, kam von der Mittagspause nicht zurück an den Arbeitsplatz, schloss sich im Klo ein, kam zu spät ... Tja, dieser neue Umbruch in seinem Leben mit dem Auszug macht ihm wohl doch mehr zu schaffen, als er sich selbst eingesteht. Letzte Woche mussten Wolfgang und ich zu einem Krisengespräch mit drei seiner Chefs in der HWK antanzen. Jonas war auch anwesend, und ihm wurde von allen Seiten kräftig der Kopf gewaschen. Seither ist er in einem Praktikum in der Schreinerei, und das gefällt ihm bisher sehr gut, und er macht auch keine Mätzchen. Hoffentlich bleibt das mal eine Weile so. Und dann sind ja auch Sommerferien, und er darf mit seinem Papa und der ganzen Jugendcrew unserer Kirchengemeinde in der Toskana zwei Wochen Urlaub machen. Oh, wie sehr er sich darauf freut!

August 2012
Kaum sind Wolfgang und ich aus unserem Urlaub in Frankreich zurück, klingelt auch schon das Telefon. Ich freue mich über Jonas' Anruf und denke, ich soll ihm vom Urlaub erzählen und höre bestimmt mehrfach, wie sehr er uns vermisst hat. Pustekuchen! »Hallo, Mami! Bitte kannsu für mich Innernet anmachn un DVD stellen?« Na, so was! Wir plaudern noch eine Weile, dann lege ich auf. Am Abend schaue ich im Internet tatsächlich nach der DVD, sehe aber, dass sie erst im Oktober erhältlich ist. Ich bestelle sie vorsorglich über unsere Buchhandlung per E-Mail. Am nächsten Tag steht Jonas spontan vor unserer Haustür. Welch ein seltener Gast! Er umarmt mich herzlich und fragt dabei: »Mama, hassu DVD stelln?« Ich erkläre ihm, dass sie erst im Herbst auf dem Markt erscheint. »Okay, komm ich Säptämba wieda her!«, entgegnet mein Sohn und macht Anstalten, das elterliche Haus auf der Stelle wieder zu verlassen. Nur mit Engelszungen und Fingerspitzengefühl schafft es meine sohneshungrige Mutterseele, ihn noch für die Dauer eines Kartenspiels und Schinkenbrotes festzuhalten.

Am Anfang war mir einfach noch nicht so recht klar, welche Rolle ich fortan in Jonas' Leben spielen würde, wo er doch ausgezogen war. Wie gut, dass es Freundinnen gibt.

August 2012
Ich hatte mit Ingrid ein sehr gutes Gespräch. Meine Freundin, die ja auch eine der Betreuerinnen in Jonas' WG ist, hat mir ein wenig den Kopf gewaschen: Ich soll mich bewusst mehr zurückziehen aus Jonas' Leben, soll ihr und den anderen Betreuern mehr überlassen, soll Jonas mehr Raum lassen, in seinem neuen Leben anzukommen, indem ich

mich zurücknehme. Irgendwie ist bei mir noch nicht so recht angekommen, dass ich nicht mehr für ihn zuständig bin. Selbst das Kofferpacken für das Sommercamp hat Ingrid übernommen. Auch einkaufen soll und muss ich nicht mehr für ihn, das übernehmen nun auch die Betreuer beziehungsweise macht Jonas selbst. Ich soll ihn nun auch nicht mehr so oft von der Werkstatt abholen, um etwas mit ihm zu unternehmen. Er soll danach selbstständig mit der Bahn heim-, sprich: zur WG fahren und sich dort noch mehr einleben, anstatt zu uns zu kommen oder mit der Familie etwas zu machen. Ja, das leuchtet mir absolut ein – und fällt mir doch so schwer! Aber natürlich will ich meinem Sohn und seiner Entwicklung nicht im Weg stehen, also werde ich mir Ingrids Worte zu Herzen nehmen und mich mehr raushalten.

Das Loslassen fällt mir bei Jonas zugegebenermaßen deutlich schwerer als bei den Mädchen. Nun denn, auch ich habe noch zu lernen!

Langsam spielte sich der Alltag ein...

September 2012
Jonas fühlt sich pudelwohl in seiner WG. An seiner Zimmertür hängt außen ein selbst geschriebenes Warnschild:

Achtug alle Pivatzimer nicht abmache die Zetel bitte nicht schören
Achtung an alle: Dies ist mein Privatzimmer! Diesen Zettel nicht abmachen, und bitte nicht stören!

Allerdings hat er seither schon sieben Kilogramm zugenommen, weil er nun allein einkaufen geht und entsprechende Fertigkost auswählt oder direkt zur Dönerbude an der Ecke marschiert und sich das lästige Kochen erspart. Außerdem schüttet er nur noch Cola, Fanta, Eistee und andere Kalorienbomben literweise in sich hinein. Ich beobachte das echt mit Sorge, und wenn ich ihn darauf anspreche, bekomme ich zu hören: »Mama, lass mich! Ich weiß, ich tue! Is mei Kram, du nich imma kümmern mich, kann selba kümmern, mei Scheidung, ich äwaxn bin...«

Aber abgesehen von diesem Thema sind wir sehr stolz darauf, wie er alles packt.

Oktober 2012
Jonas geht es sehr gut in seiner WG. Nun, ich gestehe, dass ich es ge-nieße, nun nicht mehr diese täglichen Kämpfe mit meinem Sohn aus-fechten zu müssen. Hat doch was, wenn Muttern nicht mehr für alles zuständig ist!

Is col mein WG wonnen Tobias ist nett Ulli auch aber manhmal nevt den auch das ist plöt muss ich imer puzze und dushe shir spiele das ist doof betreure nett sein ich mags dem lib aber nevt auch und stös mich mein Film guke bett mache mags ich ncih immer so

Ist cool, in meiner WG zu wohnen. Tobias ist nett, Ulli auch, aber manchmal nerven sie auch, das ist blöd. Muss ich immer putzen und duschen und Geschirr spülen, das ist doof. Betreuer sind nett, mag sie lieb, aber sie nerven auch und stören mich beim Filmgucken. Bett machen mag ich nicht immer so.

Als Wolfgang und ich Jonas zu einem Ausflug abholten, erwartete uns eine Überraschung.

November 2012
Jonas' Mitbewohner Ulli öffnet uns die Tür und sagt, wir sollen in Jonas' Zimmer auf ihn warten, er käme gleich. Auf Jonas' Bett liegt ein Zettel mit der unverkennbaren Handschrift unseres Sohnes neben einem ver-trauten Kuvert der Schreinerei.

Für Mama oder Papa: ich habe eine Lohnzetel begomen von kolege Abeiter ich habe Soken Fuss eine Loch PS ich bin in Klo.

Er muss seine Sitzung wohl gut geplant und vorbereitet haben.

Und ruckzuck war es Weihnachten, und mir fiel besonders auf, was ich nun vermisste.

Dezember 2012

Wie sehr ich sie liebe, diese seltenen Tage, wenn die Kinder da sind, das Haus wieder voller Lärm und Lachen ist: Es sind kostbare Perlen in meinem Alltag (obwohl ich auch den inzwischen sehr genießen kann mit seiner Ruhe und Zweisamkeit und Freiheit, zu machen, was und wann ich es will).

Weihnachten feiern wir alle zusammen: Katharina, Maren, Elli, Jonas, Mama und Papa. In der Gemeinde feiern wir Gottesdienst. Kinder hatten hübsche Kleider an, wir haben gesungen und gebetet und Gottes Segen (empfangen). Und dann (eigentlich am Tag zuvor) bei mir haben wir einen Punsch getrunken und Kekse gegessen. Schrottwichtel gespielt mit Würfel. Ich hatte eine Prinzessin (gewonnen). Am Heiligen Abend haben wir Pizza gehabt, selbst gemacht. (Meine) Geschenke: DVD, Buch, Gutschein vom Kino. Der Weihnachtsbaum leuchtet im (Kerzen-)Schein. Ich war im Weihnachtszirkus. Musik hat mir Spaß gemacht. Weihnachtsmann (kam auf) großem Schlitten mit Rentier (hereingefahren). (Danach waren wir noch) Weihnachtsessen.

Januar 2013

Wir haben die Winterferien genutzt, um im Haus einige Renovierungsarbeiten zu machen und Räume umzugestalten. Es fühlt sich gut an, das Haus wieder ganz in Beschlag nehmen zu können, uns auszubreiten, Platz neu einzunehmen ... Vorgestern hat Jonas die erste Nacht in seinem alten Zimmer auf meiner Couch geschlafen: »Oh, Mama, is mütlich hia. Is jetz deine Zimma, nich mär meine, is gut so, ich hab annere Hause! Aba schlaf ich gut deine Bett, is bessa so, ich Besuch bin!«

Es war schon komisch, zu meinem Sohn zu fahren und dann auf sein Goodwill zu hoffen, dass er mir überhaupt die Tür öffnen würde. Inzwischen waren wir ja auch öfter zu Lesungen aus unserem gemeinsamen Buch *Ich mit ohne Mama* unterwegs, und dabei erlebte ich im **März 2013** eine Verabredung mit Hindernissen.

Ich will Jonas zu einer Lesung abholen, stehe zum verabredeten Zeitpunkt vor seiner Haustür und klingele. Nichts. Ich versuche es mehrmals – keine Reaktion. Ist er gar nicht zu Hause? Ich rufe ihn per Handy an – er nimmt nicht ab. Ich klingele mehrfach weiter und probiere es weiterhin auf dem Handy und dem WG-Telefon. Nichts. In meiner Panik, zu spät zur Lesung zu kommen, rufe ich Ingrid an, die ein Dorf weiter wohnt. Zum Glück erreiche ich sie und erzähle ihr meine Situation. Sie erklärt sich sofort bereit, zu kommen und die WG aufzuschließen. Ich klingele noch ein letztes Mal und – simsalabim! – öffnet sich die Tür. Schnell rufe ich Ingrid wieder an und sage ihr, dass sie nicht loszufahren braucht. Ich hetze das Treppenhaus hoch.

Oben an der Wohnungstür empfängt mich Jonas – in der Unterhose. Ungewaschen, unrasiert, völlig verschlafen.

»Ah, Mama, du bis!«

»Ja, Jonas, und ich komme dich zur Lesung abholen!« Ich kann meinem Unterton die Schärfe nicht nehmen. »Was ist los? Warum bist du nicht fertig? Warum hast du mir nicht aufgemacht?«

»Mama, hab Film guckn!«, entschuldigt sich Jonas.

»Hast du die Zeit vergessen?«

»Nö, Mama, aba Film nich fertich un kei Lus nich fertich machn!«

»Was heißt das? Hast du unsere Lesung vergessen?«

»Neiiiiiiin!«

»Oder willst du nicht mitkommen?«

»Doch, Mama, natööölich!«

»Also, dann hopp!« Ich scheuche meinen Sohn unter die Dusche, und kurze Zeit später brausen wir endlich los. Eine Dreiviertelstunde Puffer haben wir nun verloren; ich kann nur hoffen, dass es nicht noch einen größeren Stau gibt unterwegs, sonst kommen wir echt zu spät.

Im Auto herrscht erst einmal eisiges Schweigen. Ich bin so sauer auf Jonas, fühle mich von ihm regelrecht veräppelt und spüre auch meine Abhängigkeit. Das geht so nicht! Es kann nicht sein, dass ich hoffen und bibbern muss, dass Jonas mich in Sachen Lesungen nicht im Stich lässt. Ich muss mich auf ihn verlassen können. Will nicht, dass er mich in der Hand hat. Ich muss das Ruder wieder selbst in die Hand nehmen. Brauche eine ganze Weile, bis sich mein Ärger gelegt hat und meine Gedanken sortiert sind.

»Mama, du noch saua?«, tastet sich Jonas langsam an mich he-ran.

»Ja, und ich will dir auch sagen, warum!« Und ich erkläre ihm, dass mich sein Verhalten heute sehr verletzt und verunsichert hat und dass ich mich auf ihn verlassen können muss, besonders bei den Lesungen. »Oder willst du nicht mehr mitgehen auf Lesungen? Hast du keine Lust mehr, ist es dir zu anstrengend?«

»Neiiiiin, Mama!!! Will Lesung mit dir, is wichtich mich un mach Spaß dir sammen Lesung machn!«

»Aber warum hast du mich dann heute so stehen lassen?«

»Weiß nich, Mama, wills Film guckn!«

»Jonas, das geht so nicht! Wenn wir eine Verabredung ausgemacht haben, dann musst du dich auch daran halten. Ich hatte dir doch gesagt, wann ich dich abholen komme, und dann musst du schon auch fertig sein.«

»Ja, Mama, du rech!«, gibt Jonas klein bei.

»Wir dürfen zur Lesung nicht zu spät kommen, das geht einfach nicht! Die Leute warten doch auf uns. Und ich kann vorher so einen Nervenstress auch nicht gebrauchen. Also, wenn du das noch einmal machst, nehme ich dich nicht mehr mit! Dann mache ich die Lesungen wieder allein, so wie früher, ohne dich!«

Das sitzt. Jonas schaut mich entsetzt an, nimmt meine Hand, bettelt: »Nein, Mama, nich mit ohne mich! Bitte! Will mit!«

»Wenn du dabei sein willst, muss ich mich auch ganz auf dich verlassen können! Dann sind wir nämlich Partner, da ist einer auf den anderen angewiesen. Verstehst du das?«

»Ja, Mama un ich Patna!«

»Ich mach dir einen Vorschlag: Ab jetzt schreib ich dir in deinen Kalender, um wie viel Uhr wir losfahren müssen, und ich komme dann immer eine Viertelstunde vorher, falls du noch Hilfe brauchst.«

»O ja, Mama, das guuuut!« Dankbar legt er seine Hand auf meine und drückt sie fest! »Bis mein Liebslingmama!« Selig lächelt er mich an, ich grinse zurück und drücke einen Kuss auf seine Hand.

Eine Weile lang reden wir nichts, jeder hängt seinen Gedanken nach. Dann sehe ich schon aus den Augenwinkeln das Zucken des ganzen Oberkörpers, bevor ich Jonas' Schluchzen höre. »Was ist los, mein Sü-ßer, hmm?«, frage ich, und da bricht es aus ihm heraus: »Is so schwer meine Lebn, Mama.«

»Was meinst du damit, was ist so schwer?«

»Alles: muss putze, koche, kaufe, wasche, alles mache! Is so anstrengd, Mama. Will nich mehr WG wohne, will lieber Wohnheim gehn.«

»Aber, Jonas, das war es doch, was du so unbedingt wolltest: aus-ziehen und möglichst selbstständig wohnen. Du wolltest das alles selber machen!«

»Ja, aber is so anstrengd.«

»Da hast du recht: Haushalt ist ganz schön viel Arbeit! Aber du musst ja gar nicht alles allein machen. Ihr Jungs teilt euch ja die Auf-gaben, und deine Betreuer helfen doch auch ordentlich mit und unter-stützen dich.«

»Trotzdem, Mama, issu viel für mich. Lieba Wohnheim wohn!«

»Hmm, Jonas, das verstehe ich, grad für den Moment, dass dir das alles zu viel ist, und da müssen wir mal sehen, ob das so anhält. Wenn du dich im ambulant betreuten Wohnen überfordert fühlst, dann müs-sen wir eben über eine andere Lösung nachdenken.«

»Ja, annere Lösung: lieba Wohnheim!«

»Aber das ist doch genau das, was du nie wolltest: ins Heim!«

»Doch, Mama, will ich.«

»Okay, Jonas, das habe ich gehört. Aber lass uns erst mal eine Weile beobachten, ob du in ein paar Wochen auch noch so denkst. Jetzt darfst du dich erst mal auf die Lesung und die Übernachtung im Hotel freu-en!«

»O ja, Hotellll!« Jonas reibt sich freudig die Hände. »Hotel is gut, muss nix machn, nur penn un essn un Film guckn!« Tja, damit bringt er es wohl auf den Punkt.

Und immer wieder durfte ich die wunderbare Erfahrung machen, meines Sohnes »Anker in der Not« zu sein. Also, wenn es dann wirklich hart auf hart kommt, muss Mama einspringen. Tu ich doch gern!

Juni 2013

Abends, um Viertel vor sieben, ruft Jonas mich an. »Mama, heut Sommafes Lebeshife! Fährs du mich hin?«

»Nein, Jonas, eigentlich hatten wir gestern besprochen, dass du da selbst mit der Bahn hinfährst!«

»Oh, hab vagess! Aba komm ich spät, oda?«

»Ja, da es um 19 Uhr anfängt, kannst du es jetzt nicht mehr pünktlich schaffen. Also gut, ich fahre dich, aber da wirst du dann auch ein paar Minuten zu spät kommen.«

»Oh, nich schlimm, Mama!«

»Du Schluri! Also bis gleich.« *Knappe fünf Minuten später fahre ich bei Jonas in der WG vor, und er steht schon vor der Tür. Im Auto reibt er sich gefühlte hundertmal vor Freude die Hände.*

»Mama, heute Glückstag!«

»Ach ja, warum denn?«

»Geh ich Fes von Lebeshife mit Schnitzelessn un Tanzn! Mache wir Disco un Singn! Feu mich so! Un vielleich is hübsche Mädchen da, kann ich tanzn un küssn ihm!« *Hoffnungsvoll strahlen seine Augen.*

»Meinst du denn ein bestimmtes Mädchen?«, *frage ich neugierig nach.*

»Nö, Mama, iiigeeine, is egal, Haupsach hübsch!«

Kaum angekommen, hüpft Jonas regelrecht aus dem Auto. »Jonas, du fährst dann aber hinterher allein nach Hause, okay?« *Als später doch meine Besorgnis um Jonas die Oberhand gewinnt, rufe ich ihn an, um ihm sagen zu wollen, dass ich ihn doch lieber abhole.*

Jonas geht gleich an sein Handy. »Mama, bin schon unnewegs, bin gleich in Bahn!« *Na gut, dann hat es sich erledigt, denke ich. Doch bereits wenige Minuten später klingelt das Telefon.* »Mama, bin wieda Fes gangn, will noch nich heim, will lieba noch tanzn un singn. Komms du mich abhole späta?«

Als ich eine Stunde später im Lebenshilfehaus eintreffe, ist die Party noch in vollem Gange. Und ich mache meine erste Karaoke-Erfahrung. Als das nächste Lied beginnt, rennt Jonas nach vorne zum Bildschirm und ruft durch den Raum: »Komm, Mama, du un ich sammn singn!«, und schon drückt mir jemand ein Mikrofon in die Hand. Um uns herum bildet sich ein Kreis Klatschender, und Jonas und ich singen gemeinsam: »Er gehört zu mir, wie mein Name an der Tür!« Doch nach dem Lied bin ich noch nicht entlassen und muss noch »Marmor, Stein und Eisen bricht« zum Besten geben. Jonas singt begeistert mit, und danach reichen wir die Mikros an ein anderes Duo weiter. Erst, nachdem wir noch zwei Lieder auf der Tanzfläche schwofend hinter uns gebracht haben, kann ich Jonas zum Gehen überreden. Aber zugegeben: Ich hatte auch viel Spaß!

Zunehmend gab es Ärger in der WG, weil Jonas sich nicht an die Spielregeln hielt und immer wieder seine Aufgaben nicht oder nur unzureichend erledigte. Da immer nur eine der drei Betreuerinnen von Montag bis Freitag jeweils von 17.00 bis 19.30 Uhr da war, konnten die Betreuerinnen auch nicht alles auffangen, was sich zwischen den Jungs anstaute und entlud. Immer öfter gab es Streit und Auseinandersetzungen. An den Wochenenden waren die Bewohner der WG ganz auf sich gestellt. Das ist im ambulant betreuten Wohnen so gewollt. Aber zunehmend machten Wolfgang und ich uns Gedanken, ob Jonas für dieses Wohnkonzept wirklich schon reif genug war. Die Freundschaften zu seinen Mitbewohnern gestalteten sich inzwischen sehr unterschiedlich: Während Jonas zu Tobias, der deutlich älter war, eine gute Beziehung entwickelte, geht er zum gleichaltrigen Ulli auf Konfrontationskurs und betrachtete ihn regelrecht als Konkurrenten im Buhlen um Tobias' Freundschaft. Tobias hatte die unangenehme Rolle, zwischen den Stühlen zu sitzen. Wenn er sich einem der beiden wohlgesonnen zuwendete, war automatisch der andere (vor allem Jonas) eingeschnappt. Immer häufiger mussten die Betreuer mit den dreien Gespräche zu diesem Thema führen, und auch wir Eltern mischten uns hier und da ein.

Tobias am Sonntag Geburtstag hat, und wir haben fernsehen geguckt, und ich hab ihm »Happy Birthday« gesungen, und Tobias sagt. »Mir gefällt das, Jonas!«, und ich will ihm gerne einladen vom meine Geld nächste Woche irgendwann. Irgendwohin gehen mit meine Schwester Elli und Maren zusammen, mit Hund rausgehe und reden und sitzen, und nachher hat er Lust, mit mir Zoo zum gehen, wenn er und sie beide mein Schwestern Lust hat und Zeit hat er. Und dann Kino, Tobias und ich, ich lade ihm meine Geld ein zum Geburtstag von dem Kino. Ich mit Tobias alleine. Ohne Ulli. Sind wir gute Freunde, Tobias ist mein Lieblingsfreund, ich mag ihm gerne. Ulli nervt.

Und dennoch gab es immer wieder auch schöne Geschichten, die zeigten, dass die drei zusammenhielten, wenn es hart auf hart kam.

Juni 2013

Als Jonas seinen Ausweis für Bus und Bahn verloren hat, setzt er einen nächtlichen Hilferuf ab, erreicht aber nur unseren Anrufbeantworter. Erst am nächsten Morgen rufe ich zurück. Aber Jonas ist völlig entspannt: »Hi, Mama, was gibs?«

»Jonas, sorry, ich hab erst jetzt von deinem Dilemma gehört. Wo bist du denn jetzt?«

»Abeit, Mama!«

»Und wie bist du dann ohne Ausweis zur Arbeit gekommen? Oder hast du den Ausweis doch noch gefunden?«

»Nö, Mama, nich fundn. Aba Tobias und, Ulli hefs mir! Hab Jungs weckn heut Nacht un Tobias hat Edee habt: fah ich ihn sammn Bus un Bahn un bins ich sein Bekleitesohn!«

Nun muss ich schallend lachen. Was für eine geniale Idee! Tobias hat – genau wie Jonas – den Buchstaben B in seinem Schwerbehindertenausweis stehen, was bedeutet, dass er das Recht auf eine Begleitperson hat, die gratis mitfahren darf. Clevere Jungs!

Anfang August 2013 fuhr Jonas für zwei Wochen mit der Lebenshilfe Sinsheim auf eine Freizeit nach Finnentrop in Nordrhein-Westfalen, wo er viel Spaß hatte: »Oh, schöne Ulaub hat! Un jetz wieda mein

WG, feu mich!« Ende August fuhren wir dann als Großfamilie noch für eine Woche nach Südfrankreich.

Wieder im WG-Alltag angekommen, musste Jonas natürlich auch seinen Verpflichtungen nachkommen. Notfalls wurde auch mal der geliebte Tanzabend mit der Lebenshilfe gestrichen, wenn er seine Aufgaben vernachlässigte.

Und ich bin auch nicht mehr Hause meine Eltern, bin ausgezogen in eine WG. Drei Männer sind wir zusammen und ist gut so. Und Betreuerinnen haben wir auch noch, sie kümmert sich alles beim Kochen und Putzen und sagt sie: »Jonas, du musst Bett beziehen!« Ich mag das nicht, aber muss so machen, sie sagt! Und irgendwann, vielleicht, ziehe ich neue WG, dann nicht mehr alles machen muss, das besser für mich.

Doch als Jonas im September wieder versuchte, sich nach der langen Urlaubszeit in seinen Alltag mit WG-Leben, Arbeit und auch wieder Lesungen einzufädeln, gab es die eine und andere Bauchlandung, und auch das ungute Verhältnis zu Ulli spitzte sich immer weiter zu. Auch die Gespräche mit den Betreuern und uns häuften sich. Im Oktober erhielten wir dann folgende freundliche, aber klare E-Mail des stellvertretenden Heimleiters:

»Wir sind jetzt mal so verblieben, dass Jonas eine WG-Auszeit von einer Woche bei seinen Eltern verbringt und diese Woche nutzt, um sich zu überlegen, ob er weiterhin im ABW mit den nötigen Arbeiten wohnen oder ob er in eine andere Wohnform wechseln möchte.«

Oktober 2013
Jonas ist heute wieder für eine Woche bei uns zu Hause untergeschlüpft. Er soll diese Woche nutzen, sich darüber Gedanken zu machen, ob er weiterhin in der WG bleiben will, und wenn ja, sich bewusst zu machen, dass er dann sein Verhalten ändern muss. Die Alternative wäre der Umzug in eine Außenwohngruppe mit mehr Betreuung, engerem Rahmen und deutlich mehr Struktur. Schon seit Wochen fällt uns auf, dass Jo-

nas regelrechte Verwahrlosungstendenzen zeigt, oft ungeduscht ist, sich fast nur noch von Fast Food ernährt (er hat inzwischen fast achtzehn Kilogramm zugenommen!!!) und sein Zimmer einem echten Saustall gleicht. Das können die Betreuer in der jetzigen WG mit den wenigen Stunden ihrer Anwesenheit nicht auffangen. Und wieder ins Elternhaus einziehen ist weder für Jonas noch für uns ein ernsthaft weiterzuverfolgender Gedanke. Als ich Jonas vorhin mit seinen Siebensachen aus der WG abholte, winkte er seinen beiden Mitbewohnern zu, die in der Küche beim Abendbrot saßen, und meinte bestens gelaunt: »Tschüss, Jungs, genieß dem Ruhe vor mir!« Im Auto sagte er dann zu mir: »Mama, feu mich, du mi abhols. Ulaub bei Mama un Papa is kuul!« Ich bin mir nicht sicher, ob er den Sinn dieser Auszeit wirklich verstanden hat.

Die Woche zu Hause verflog ziemlich schnell. Wie befürchtet, rasselten Jonas und ich hier und da wieder zusammen, wenn es um die Themen Duschen, Aufräumen, Kühlschranknutzung etc. ging. Erst an den letzten beiden Tagen war Jonas bereit, sich mit uns über das eigentliche Thema seiner Zwangs-WG-Pause zu unterhalten. Vorher bekam ich immer nur ein: »Lass mich Ruhe, will nich drüba redn, diesn blödn Thema!« zu hören. Nun also saßen Wolfgang und ich mit unserem Sohn auf dem Sofa und besprachen die Zukunft.

Wolfgang: »Jonas, hast du dir Gedanken gemacht?«
  Jonas: »Ja, natöölich! Habs ich nachdach!«
  Wolfgang und ich zugleich: »Und?«
  Jonas: »Weiß nich, ich machn soll!«
  Wolfgang: »Die Frage ist, ob du wieder in die WG zu Ulli und Tobias einziehen willst, dann muss sich aber einiges an deinem Verhalten ändern. Oder ob wir eine neue WG für dich suchen sollen, bei der du mehr Unterstützung durch Betreuer hast und nicht mehr so viel allein machen musst.«
  Jonas: »Kann ich allein!«
  Wolfgang: »Aber, Joni, du hast doch oft genug gesagt, dass dir das alles zu viel ist mit dem Kochen, Einkaufen, Wäschewaschen etc.«

Jonas: »Ja, so viel, schaff ich nich.«

Ich: »Ja, das sehen wir auch und denken, dass es vielleicht besser wäre, wenn du in eine WG ziehen würdest, wo die Betreuer öfter da sind und dir mehr helfen können.«

Jonas: »Kling gut, aba will nich umsiehn, will meine WG bleibn. Un mach ich, imma nett sein Ulli sein! Wa plöt ich zu Ulli, tumme leid!«

Ich: »Ja, nett und freundlich sein gehört zum Zusammenleben dazu. Aber natürlich ist es auch normal, zu streiten und sich über verschiedene Meinungen auseinanderzusetzen. Aber dann müsst ihr euch auch wieder vertragen.«

Jonas: »Ja, has rech, Mama. Will ich nich rausfliege, will ich WG bleibe, streng mich an!

Hab vastandn, imma nett sein Ulli un Tobias un imma putze un dusche un mein Sache machn. Fertich jetzt dei Predig?«

Wir müssen laut lachen.

Wolfgang: »Okay, Ende der Predigt. Mama und ich setzen auf dich, mein Sohn!«

Wieder allein in seinem Zimmer, schrieb Jonas dem stellvertretenden Heimleiter einen Brief, in dem er sich zerknirscht selbst die Schuld an allem gab.

Zurück in der WG, lief es wie geschmiert. Zumindest die ersten zwei Wochen gab es keine nennenswerten Zwischenfälle, keine ernsthaften Beschwerden. Ich fing schon an, an ein mittelgroßes Wunder zu glauben, als es zwischen den dreien den ersten großen Knall gab, weil Jonas sich tagelang geweigert hatte, sein benutztes Geschirr zu spülen. Es ging wieder los! Und wie der sprichwörtliche Tropfen, der das Fass zum Überlaufen bringt, ereignete sich dann die Döner-Geschichte.

Aëger marg ich nicht

Recht UmRecht anderen
Suld geben Dass ist nicht
Dass gesehfei von mir
ich Bin Selbst Suld
andein untich hatte
anden meinug
tut mir Leid ████
ich war Saura
und trauig ung genein
bin aber ich bin
um Recht und Suld
bin ich

Brief an den stellvertretenden Heimleiter

Ärger mag ich nicht! (Du hast) recht: (Ich war) ungerecht (zu den) anderen, (hab ihnen die) Schuld gegeben, das ist nicht fair. Das Gegenteil (da-)von (stimmt): Ich bin selbst schuld, und ich hatte (eine) andere Meinung. Tut mir leid, S., ich war sauer und traurig und gemein, aber ich bin (im) Unrecht, und schuld bin ich.

»Blöda Döna, ess niiie wieda!«

Bekanntschaft mit Mr Campylobacter

Oktober 2013
Montag hab ich Mama anrufen und sagt, ich bin krank, kann nicht arbeiten
gehen nicht. Und dann hab mich wieder hingelegt und gepennt. Dann holt
Mama mich ab und wir gehn zu Doktor hin.

Nach Jonas' Anruf hatte ich ihn bei seinem Chef krankgemeldet.
Die Ärztin untersuchte Jonas und meinte, da sei wohl eine Magen-
Darm-Grippe im Anflug. Auch sie konnte noch nicht ahnen, welches
Ereignis wirklich seine Schatten vorauswarf...

Ich hatte Jonas mehrmals angerufen und am Nachmittag noch
mal bei ihm vorbeigeschaut. Es schien ihm etwas besser zu gehen,
auch wenn er immer noch über starke Bauchschmerzen klagte.
Abends erhielt ich dann einen Anruf aus der WG. Ingrid klang ziemlich besorgt: »Doro, Jonas hat schon zum zweiten Mal gebrochen,
und er hat ziemlich heftigen Durchfall. Ich glaube, ihr solltet ihn
besser nach Hause holen.« Ich fuhr sofort los.

In der WG fand ich Jonas weinend zusammengekrümmt auf seinem
Bett liegend vor. »Mama, mei Bauch so weh! Un muss kotzn imma!«
Ich packte eilig ein paar Sachen zusammen und half ihm ins Auto.
Zum Glück war die Fahrt zu uns nicht weit, und er überstand die fünf
Minuten ohne weiteren Zwischenfall. Zu Hause richtete ich ihm das
Gästebett in seinem alten Zimmer her und wollte meinen Sohn, der in-
zwischen auch Schüttelfrost hatte, sogleich in selbiges hineinverfrachten.
Ich stellte ihm eine Schüssel neben das Bett, für alle Fälle. Setzte mich
zu ihm, strich ihm sanft die verschwitzten Haare aus der Stirn und re-
dete beruhigend auf ihn ein. Plötzlich riss er die Augen weit auf, schlug
die Decke auf und rannte ins gegenüberliegende Bad, erbrach sich ins

Waschbecken. Kurze Zeit später und noch ein paar Mal in Folge erbrach er sich wieder und hatte heftigen Dünnpfiff. Als ich einen Blick in die Kloschüssel warf, packte mich pure Angst. »Jonas, dein Durchfall ist voller Blut!« Ich zögerte nicht, unsere Ärztin, mit der wir auch privat befreundet sind, anzurufen. Anke gab mir eine klare Anweisung: »Ab ins Krankenhaus!« Ich wusch Jonas, steckte ihn in frische Klamotten und rief Wolfgang an, der noch in der Praxis war. Zum Glück verlief auch die Fahrt ins Krankenhaus ohne Zwischenfall, abgesehen davon, dass Jonas weinte und wimmerte und sich den schmerzenden Bauch hielt.

Mitten in Nacht fahren wir Krankenhaus hin, und Mama macht mir Windel an Popo hin, nein, kein Windel, is Binde von Mama, und sag ich: »Ich hab keine meine Tage!«, und Mama muss lachen. Und muss ich weinen im Auto und Mama mich trösten. Und Mama alles erklärt den Schwestern in Krankenhaus, und sie fragt: »Wie heißt du?« Und dann muss ich lange warten in Liege und friere ich, und Mama legt seine Jacke auf mich drauf. Dann kommt die Arzt und drückt mein Bauch und mein Blutdruck.

Und dann muss ich Bett legen. Mama und Schwester schiebt mich andere Zimmer rein. Und hab ich Topf (Tropf) kriegt, und sticht sie Nadel meine Arm und kommt ganz viel Blut kommt raus. Und Mama macht Probe in Toilette, meine Stinker rausfischt aus Klo, ist eklig, igitt, aber muss so machen, der Doktor sagt. Und dann krieg ich Tablette, aber muss kotze wieder. Und dann schlafe ich und penne.

Am nächsten Morgen informierte ich auch Ingrid und die anderen Betreuerinnen und gab in »Auftrag«, herauszufinden, was Jonas am Wochenende gegessen haben könnte. Als Ingrid die verräterischen Verpackungen kurz darauf in Jonas' Müll fand und ich ihn darauf ansprach, fiel es meinem Sohn plötzlich wieder ein.

> ich hatte 2 Dönner
> gessen eine aufgomb
> en
> dann essen ich
> 1 Dönner schlecht
> genomen ih
> Lecker aber ich
> Laden in Krankenhaus

Ich hatte zwei Döner (gekauft: einen) aufgegessen, (den anderen) aufgehoben. Dann esse ich eine Döner, (der andere war) schlecht geworden, ist lecker, aber ich lande im Krankenhaus.

Und genau das ist des Rätsels Lösung: Den zweiten Döner hat Jonas nicht im Kühlschrank aufbewahrt, sondern mindestens zwei Tage (und Nächte) in seinem Zimmer unterm Bett gebunkert, damit ihn auch auf keinen Fall einer der anderen Jungs wegessen kann!

Ein paar Tage später bestätigten auch die Laborergebnisse, was wir schon laienhaft vermutet hatten: Jonas hatte Campylobacter-Enteritis, also eine Lebensmittelvergiftung, hervorgerufen durch fast sympathisch klingende Bakterien, die in schlechtem Putenfleisch zu finden sind oder sich auch in einem Döner entwickeln können, der gemütlich bei Zimmertemperatur vor sich hin reift.

Hab selbst vergiftet, weil Döner ich gegessen habe, und dann war ich Krankenhaus gewesen, Blutdruck gemessen und immer Durchfall gehabt. Dann hab ich Schmerzen ohne Ende in mein Bauch, denke ich, mein Bauch platzt. Und hab ich Durchfall ohne Ende. Sitz ich auf dem Klo und sag ich immer »Hollaluki«, wenn dem Durchfall kommt.

Schon nach ein paar Tagen ging es Jonas so weit besser, dass er wieder normal essen und sich verwöhnen lassen konnte. Wie die Kinder zusammenhalten! Kaum hatte ich meinen SOS-Ruf abgesetzt, »schwänzten« Maren und Eliane ein paar Uni-Tage und kamen zu uns, um ihren Bruder im Krankenhaus besuchen zu können und uns Eltern beim Besuchsdienst zu entlasten.

Maren bespricht mit Jonas einen Ernährungsplan für die Zukunft. Sie erstellt mit Jonas zusammen eine genaue Liste für einzelne Mahlzeiten und wann er sie essen soll. Als ich dazukomme, meint Jonas: »Mama, Maren is mei Lehrarin. Is gut so! Sie sags mir, essn geht un ich nich wieda essn daf. Is ächt Hamma! Un ich bin Pazent un muss horche!«

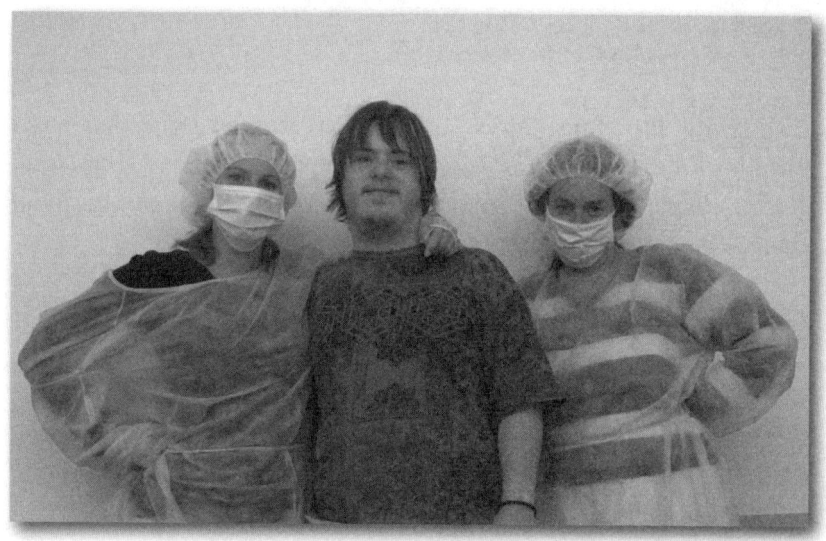

»Maren un Mama sin mei Kanknschwestan.«

Nun war schon eine Woche vorbei, aber Jonas' Blutwerte waren immer noch nicht gut. Es gab noch kein Okay für die Entlassung. Wolfgang und ich bemühten uns redlich, den Spagat zwischen Arbeit, Terminen, Haushalt und Jonasbesuchen hinzubekommen, gar nicht so einfach. Nur Jonas schien überhaupt keine Eile zu haben, aus dem Krankenhaus entlassen zu werden.

»Mama, vielleich ich für imma hia bleib ich im Kanknhaus!«

»Was, wieso das denn?«

»Weil schön is hia, is Luxushotel! Euch beidn imma besuchn bei mir un lecka Essn für mich. Gibses schöne Bett un hübscha Fau (Kranken-schwester)!«

Endlich, nach zwei Wochen im Isolierzimmer mit viel Mollypolly-Spielen (Monopoly), durfte Jonas das Krankenhaus wieder verlassen. Mit Wolfgang war ich inzwischen einig geworden: Wir würden für Jonas eine neue WG suchen! Diese Dönergeschichte war für uns ein deutliches Signal, dass es an der Zeit war, für Veränderung zu sorgen: Jonas kann mit der vielen Freiheit, die das ambulant betreu-te Wohnen bietet, (noch) nicht umgehen, er braucht fraglos mehr Struktur, Führung, einen engeren Rahmen, der ihm Sicherheit und Halt gibt. Auch wenn mein Sohn das anders sieht, war ich felsenfest davon überzeugt, dass ihm eine Außenwohngruppe, die engma-schiger betreut ist, guttun wird. Noch im Krankenhaus sprach ich Jonas darauf an.

»Joni, Papa und ich haben entschieden, dass wir für dich eine neue WG suchen!«

»Wahum?«

»Weil uns diese Lebensmittelvergiftung gezeigt hat, dass du mit dem vielen Alleinsein nicht gut klarkommst!«

»Aba, Mama, bins gern allein!«

»Ja, das weiß ich, aber du musst noch ein bisschen mehr Eigen-verantwortung lernen. Ich denke, es wäre besser, wenn du in eine WG kämst, wo am Wochenende gekocht wird und du dich eben nicht nur von Döner ernährst!«

»Aba, Mama, Döna is so lecka!«

»Ja, das verstehe ich, und du sollst ja auch hier und da mal einen es-sen dürfen. Aber Jonas, du hast fast zwanzig Kilogramm zugenommen, seit du von zu Hause ausgezogen bist. Das zeigt, dass du dich nicht gut und gesund ernährst!«

»Stimmt, hab Giftung! Ess ich niiiie mär Döna, vasprech ich, Mama!«

»Jonas, darum geht es nicht. Natürlich darfst du mal einen Döner essen. Aber du darfst nicht so viele und schon gar keine alten Döner essen!«

»Mama, ess nie wieda alte Döner! Hab lernen jetz!«

Ich erkläre weiter: »Diese Vergiftung war für uns jetzt einfach das Zeichen, dass sich etwas ändern muss!«

»Daf nich mär mein WG gehn?«

»Doch, wenn du entlassen wirst, gehst du wieder zurück in deine WG, aber wir werden uns ab jetzt nach einer neuen Wohnmöglichkeit für dich umsehen!«

»Oh, schade, Mama, mein WG umziehn!«

»Ich weiß, dass dir das schwerfällt, Jonas, aber du musst doch einsehen, dass es auch die letzten Monate nicht gut lief...«

»Ulli, gell?«

»Ich meine nicht nur die Probleme mit Ulli, ich meine auch, dass du dich vor deinen Arbeiten gedrückt und manche Regeln nicht befolgt hast.«

»Aba, Mama, so anstreng meine Lebn!«

»Ja, das habe ich verstanden. Und deshalb suchen wir eine WG, in der du mehr Unterstützung durch die Mitarbeiter hast.«

»Stützung is gut!«

»Also, bist du damit einverstanden?«

»Ja, Mama, aber ers mal mein WG hingehn, gell?«

»Ja, vorerst kommst du wieder zurück in deine WG!«

»Oh, Glück hab!«

Endlich war es so weit, und ich durfte Jonas aus dem Krankenhaus abholen. Wir kauften noch ein paar Lebensmittel für ihn ein, und dann fuhr ich ihn in seine WG. »Hallo, Jungs, Jonas is wieda da!«, rief er fröhlich beim Türaufschließen. Da die beiden noch auf der Arbeit waren, bekam er keine Antwort. Als er seine Zimmertür öffnete und sich umblickte, entfuhr ihm ein glücklicher Seufzer: »Oh, schön, wieda Hause meine Zimma!« Ein Stich durchfuhr mich. Zweifel nagten an meinem Mutterherz: Konnte ich ihm das hier wirklich nehmen?

Aber was dann am nächsten Tag passierte, ließ mich entschlossener denn je auf das Ziel zugehen, nach einer neuen Wohnform für Jonas zu suchen.

Einen Tag, nachdem Jonas aus der Klinik entlassen ist, ruft er mich im Sellawie an, weil er seinen Rasierer nicht finden kann. Wir plaudern ein bisschen. Als ich frage, was er sich zu essen gemacht habe, antwortet er: »Nur Brötchn, Mama. Aba gestern hab ich Döna essn, zwei Stück!«

»Wie bitte???« Ich bin geschockt.

»Ja, Mama, aba alles gut! Hab nur zwei Döna kaufn un gleich essn, nix aufhobn! Kein Bauchweh, kein Dochfall, alles gut bei mir!«

Ich fasse es einfach nicht!

Aber jetzt entlassen bin und Mama mich abgeholt dem Krankenhaus und nimmt seine Patient Jonas mit. Dann waren wir einkaufen, und Mama fährt mich meine WG hin. Ist mir besser geworden, und dann geh ich Döner hin und hab ich zwei Döner kaufen und zwei Cola. Gleich gegessen den Döner, nichts aufgehoben, weil ich gelernt habe! Und dann hab ich Film gucken meine Zimmer und Cola trinken, und mein Bauch wieder alles Ordnung ist.

»Muss umziehn: Hia is mein Hause in neue WG!«

Neues Heim, neues Glück!?

Veränderung musste her, das ist uns durch den Döner-Zwischenfall noch mal ganz deutlich geworden. Wir vereinbarten ein Gespräch mit unserem zuständigen Sozialarbeiter beim Landratsamt, das ja der Träger für Jonas' Wohnmaßnahme ist, dem stellvertretenden Heimleiter, Jonas und uns Eltern. Vorab schrieb Wolfgang dem Sozialarbeiter eine E-Mail und warb um Verständnis und Einfühlungsvermögen für Jonas' Situation:

»Jonas fürchtet sich sehr vor Veränderung und auch davor, neue Menschen kennenzulernen. Hier besteht die Gefahr, dass er aufgrund seiner Angst im Gespräch blockiert sein könnte. Ich möchte Sie bitten, dies am Dienstag zu berücksichtigen. Ich denke, er braucht Unterstützung, um mit seinen Ängsten gut umgehen zu können.«

Das Gespräch im Landratsamt entwickelte sich nicht sehr gut. Jonas hatte das Gefühl, alle seien gegen ihn und wollten ihn zu etwas zwingen, das er nicht will: den Umzug in eine stärker betreute Wohngemeinschaft. Er wurde ziemlich ausfällig, und am Ende verschloss er sich voller Wut in sich selbst und redete mit keinem mehr ein Wort, saß nur noch teilnahmslos dabei. Wir vereinbarten, nach einer neuen Betreuungsform Ausschau zu halten. Obwohl ich im Grunde meines Herzens überzeugt von der Richtigkeit war, fühlte es sich an wie Verrat, so über den Kopf unseres Sohnes hinweg zu bestimmen.

Und wieder einmal überschlugen sich die Ereignisse.

November 2013

Herr M., der stellvertretende Heimleiter, ruft mich an, um mir mitzu-teilen, dass in einer Außenwohngruppe seines Behindertenheimes ein Zimmer frei geworden ist. Dabei handelt es sich um eine Villa mitten in Karlsruhe, in der zehn Menschen mit unterschiedlichen Behinderun-gen wohnen. Da fast rund um die Uhr (außer nachts) mindestens ein Betreuer im Haus ist, läuft die Maßnahme unter »vollstationär«. Wenn wir wollen, können wir uns diese WG einmal unverbindlich anschauen.

Wir wollen! Zunächst machen Wolfgang und ich einen Termin dort ohne Jonas aus, um mal »vorzufühlen«. Beim Rundgang durch das wunderschöne Haus mit großem Garten und im Gespräch mit der lei-tenden Betreuerin wird uns schnell klar, dass diese WG eine wunderbare Chance für Jonas sein könnte. Abgesehen von der tollen Lage mitten im Zentrum und doch ruhig gelegen, bietet diese Wohnform Jonas das, was er in unseren Augen braucht: klare Strukturen, einen festen Ablauf und Rahmen, ständig einen Ansprechpartner vor Ort, Unterstützung in allen lebenspraktischen Bereichen, Zusammenleben mit anderen und doch ge-nügend Rückzugsmöglichkeiten für unseren Eigenbrötler in seinem Zim-mer, das direkt unter dem Dach liegt und um einiges größer und heller ist als sein bisheriges in der alten WG. Gegessen wird nicht im großen Pulk (das würde Jonas wohl eher ablehnen), sondern in den jeweiligen Klein-gruppen der diversen Stockwerke. In Jonas' Fall also mit drei Mitbewoh-nern. Am Wochenende wird für alle (gesund) gekocht, wobei die Bewoh-ner auch abwechselnd mithelfen. Klingt für uns alles sehr sympathisch.

Dennoch habe ich Angst, Jonas könnte meine Begeisterung spüren und sich vielleicht schon aus Trotz nicht auf das Probewohnen einlassen. Wieder mal erweist sich meine Ingrid als gute Fee und fährt mit Jonas zur Besichtigung nach Karlsruhe. Am Abend rufe ich Jonas an und fra-ge, wie es ihm gefallen hat.

»Gut natöölich, Mama!«

Ich muss aufpassen, meine große Erleichterung nicht allzu deutlich zu zeigen. »Was hat dir denn am besten gefallen?«

»Meine Zimma! Is Platz drin un schönes Möbel.«

»Und hast du jemanden gekannt von den Bewohnern oder Betreuern?«

»Ja, kenns ich ein Treuerin, Mirjam, du weiß doch, Mama, weiß nich mehr, ich Kurs von dem Kunst gemacht hab!«

(Irgendwo dämmert mir ganz weit weg eine Erinnerung an einen Malkurs, den Jonas vor Jahren mal besucht hat.) »Und kannst du dir vorstellen, dort mal Probe zu wohnen?«, frage ich innerlich leicht verkrampft.

»Klar, Mama, Probe is okä bei mir, is Amteua!«

Tschakka!

Mama wollte kommen mir in WG und Besprechung machen. Aber Beate (Betreuerin) war da, und hat sie Koffer gepackt für Tobias, weil Tobias arg Schmerzen hat, und muss er umziehen andere Haus, weil nicht mehr Treppen laufen kann, sein Schmerzen mit den Bein. Ich hab helfen Sachen packen und tragen bei dem Sachen von Tobias in Auto. Und dann kommt Mama und will reden, aber ich sag Mama, ich muss jetzt Tobias helfen, er braucht mich, ich seine Freund bin und er Schmerzen hat.

Aber dann ist Tobias wegfahren mit Beate, und ich traurig bin, er weg ist, weil er mein Freund ist. Und du mich trösten hast, Mama. Er geht jetzt ins Heim, und ist besser für ihn, weil aufgehoben, aber ich traurig, Tobias nicht mehr meine WG wohnt. Aber ich mach erst mal Probe in andere WG in Stadt, probieren, da wohnen kann vielleicht. Einmal hab schon angeguckt und war gut, meine Zimmer ist gut, eins ist leer und ist Platz für mich, vielleicht ich einziehen kann, aber erst mal Probe, ob klappt es.

Am Samstag, gestern Abend, (bin ich) in neue WG (zum) Probe(wohnen)  eingezogen für) 6 Wochen. Wir wohnen 10 Leute zusammen. (Ich habe) oben im Dachgeschoss (der) Villa mein Zimmer. 4 Leute wohnen zusammen, (teilen sich) eine Küche und Bad. Jeder (darf) selber Brot, Käse, Wurst essen. Nette und hübsche Jungs und Mädchen.

Dezember 2013

Jonas wohnt jetzt seit einer Woche zur Probe in der Außenwohngruppe mitten in Karlsruhe. Er teilt sich Küche und Bad mit zwei Frauen in sei-

nem Alter und einem Mann in den Vierzigern. Das Haus liegt nahe der Bahnhaltestelle, und eine Einkaufsmöglichkeit (sogar ein CAP-Markt, also ein Supermarkt, in dem Menschen mit und ohne Behinderung zusammenarbeiten!) ist auch nicht weit weg. Zum Kino, in die Fußgängerzone und zu seinem geliebten Fast-Food-Restaurant sind es nur zwei Haltestellen. Ideal.

Wir sind nun sehr gespannt, wie die sechswöchige Probezeit verläuft, bisher tut er sich noch einigermaßen schwer mit der Umstellung. Er will sich nicht wirklich eingewöhnen, will in seine alte, vertraute WG zurück, ist überzeugt davon, dass dies nur ein kurzer Zwischenstopp für ihn ist. Warum also sollte er Kontakt zu den Bewohnern knüpfen, alle neuen Regeln lernen und akzeptieren und sich mit den Betreuern vertraut machen? Das leuchtet ihm einfach nicht ein. Ich hoffe, dass er seinem zurückgezogenen Herzen einen Ruck gibt und ein Ja zu seiner neuen Wohnform finden wird. Hier gibt es einfach mehr Halt für ihn, mehr Eingebundensein in eine Gemeinschaft. Also alles, was Jonas derzeit ablehnt und ihm gleichsam sichtbar und spürbar guttut, da er mit der vielen Freiheit nicht umzugehen weiß. Es bleibt spannend.

Mein Schwestern mir gekommen sind Besuch in neue WG meine neue Zimmer bei mir. Ich zeig dem alles zeigen hab. Haben wir nix gemacht, nur reden und essen und trinken. Und lachen, haben wir Witze gemacht. Aber war schön, mein Schwestern bei mir haben, ich mag dem so lieb. Wünsche, dem auch hier wohnen, in neue WG. Zusammen meine Schwestern wohnen, nicht andere Leute, dem will ich nicht.

Als die drei dann noch zu einem kurzen Spaziergang aufbrachen, um die Gegend zu erkunden, entdeckten sie ganz in der Nähe einen kleinen, wunderschönen Park. »Siehse, Schwestan, ich wohn bei Nähe Pardies (Paradies)!«

Dezember 2013
Ich gehe Jonas in der neuen WG besuchen. Bevor ich zu ihm ins Dachgeschoss steige, sage ich erst mal unten »Hallo!«. Im Aufenthaltsraum

sitzen sechs Bewohner am Tisch, jeder hat ein Gläschen Sekt vor sich stehen. »Oh, gibt es hier was zu feiern?«, frage ich gut gelaunt.

»Ja«, meint Walter, »ich hab Geburtstag! Hab Jonas auch eingeladen zum Sekttrinken, aber er will nicht mitfeiern.« Ich gratuliere ihm herzlich und gehe etwas irritiert zum Treppenhaus. Oben bei Jonas angekommen, frage ich ihn, weshalb er denn nicht mitfeiern möchte.

»Mama, will allein sein für mich, is bessa so, un mär will ich nich!«

»Aber du hättest doch mit Walter anstoßen können auf seinen Geburtstag!«

»Nö, das will ich nich! Lieba allein sein!« Mehr ist dazu nicht aus ihm herauszubekommen.

Vom ersten Tag in der neuen WG an klappte das selbstständige Fahren mit Bus und Bahn zu Jonas' Arbeitsstelle sehr gut. Da verblüfft uns unser Sohn immer wieder aufs Neue mit seinem ausgeprägten Orientierungssinn und seiner Cleverness. Ich hatte ihm die Fahrt nur einmal theoretisch erklärt, Jonas hatte dann sofort und ohne Üben verstanden, wo er ein- und umsteigen muss.

(In unserer WG sind) nur hübsche, nette Frauen als Betreuerinnen. Ich fahre erste Bahn, wenn ich aussteige, laufe ich direkt in Bushaltestelle, dann fahre ich im Bus bis »Storrenacker Süd«, aussteigen, dann umziehen, dann arbeite ich in Schreinerei.

Wolfgang und ich hielten uns bewusst zurück, was Besuche bei Jonas anging. Mein Mutterherz zog es dennoch viel öfter dorthin, als ich ihm dann nachgab. Aber auch hier baten uns die Betreuerinnen, Jonas die Chance zu lassen, sich besser einzugewöhnen, indem wir nicht so oft bei ihm auftauchten. Viele Absprachen mit den Betreuerinnen liefen deshalb zunächst über Telefon und E-Mail, wobei es um ganz praktische Dinge wie fehlende Bettwäsche, Taschengeld, Austausch von Kontaktdaten (auch mit seinem Gruppenleiter in der Schreinerei) ging.

Dezember 2013

Jonas ist gar nicht gut drauf! Wenn wir uns treffen, ist er meist niedergeschlagen, entmutigt, traurig, regelrecht schwermütig. Gar nicht der Jonas, wie ich ihn kenne. Oh, ich fürchte, da bahnt sich (wieder) eine schwere Zeit an.

Er hat auch wirklich viel Veränderung gerade durchzustehen: Zeitgleich mit dem »Umzug« in die neue WG hat das BBB aufgehört, und Jonas ist vom Langzeitpraktikum in der Schreinerei nun als Arbeiter in derselben aufgenommen worden. Praktisch hat sich nichts verändert, es ist immer noch derselbe Arbeitsplatz und derselbe Gruppenleiter mit dieselben Kollegen, und dennoch ist er immer noch »nur« in der Werkstatt der Lebenshilfe tätig, arbeitet immer noch »nur« und ausschließlich mit behinderten Menschen zusammen und nicht auf dem ersten Arbeitsmarkt, wie er sich das eigentlich immer wünschte. Ich weiß nicht, ob das der Grund ist für sein zunehmendes Unmotiviertsein auf der Arbeit, sein häufiges Zuspätkommen oder gar Schwänzen (die E-Mails und Anrufe seines Chefs häufen sich bei mir).

Will anderen wohnen! Hab Gefühl, passt nicht zusammen wegen Anweisung, ich alles machen soll von Betreuerin, strengt mich einfach an meine Herzen. Tut mir weh! Anstrengend ist, wenn ich alles Herausforderungen machen soll und ich nicht kann. Ich hab Gefühl, mir weh tut mein Narbe von Herzen, ich weiß nicht, ich atmen kann oder so was. Die Leute nicht passen, ich hab Gefühl, nicht hinzupassen bei dem. Wegen alle zusammen, sind viel zu viele.

Besser ist alte WG. Mein Gefühl sagt mir, alte WG in Berghausen mein Zuhause ist und ist kleiner, fühl mich aufgehoben, ist so schön da. Ich weiß nicht, ich hingehöre, mein Herz weiß nicht, wo Platz ist. Ich will gern für mich für allein sein, ist Beste, allein zu sein. Mag ich nicht, den Leuten mich kümmern, will selber mich kümmern. Film zu guckn, hilft mir abzulenken, allein sein ist gut für mich. Und ich will aufbleiben, ich will, solange ich will, und stell ich mein Wecker, und bin ich pünktlich meine Arbeiten komme. Hab mein Gruppenleiter versprochen, nicht mehr einschlafe Arbeit, immer hören, mein Gruppenleiter sagt mir und klappt gut. Aber nicht so oft.

Dezember 2013

Als ich mit Jonas im Auto unterwegs bin zum Tanzkurs, fängt Jonas bitterlich an zu weinen. Ich halte auf einem Parkplatz, und als er wieder Luft bekommt, frage ich, was ihn so bedrückt.

»Mama, imma alle Leute valetzn, das will ich nich!«

»Wer verletzt dich denn?«

»Nein, ich valetze!«

»Du?«

»Ja, imma täusche Leute! Alle: du, Papa, Schwestan, Treuer, alle...«; und er kommt aus dem Schluchzen gar nicht mehr raus.

Und da verstehe ich endlich: Jonas hat den Eindruck, alle Leute um sich herum zu enttäuschen. Er meint, er könne es keinem recht machen, sei nicht gut genug, genüge nicht. Ständig meckert jemand an ihm rum, verlangt mehr von ihm, maßregelt ihn, schimpft mit ihm, fordert ihn auf, Regeln einzuhalten: Kein Wunder, dass sich bei ihm der Eindruck, ja, die Gewissheit verdichtet, er sei nicht gut genug, so, wie er ist. Mein Herz verkrampft sich bei diesem Gedanken. »Jonas, du verletzt mich nicht! Ich hab verstanden, dass du glaubst, dass andere von dir enttäuscht sein könnten, aber ich glaube, das ist nicht so.«

»Nich?«

»Na ja, natürlich verletzen und enttäuschen Menschen einander, das passiert einfach, eben, weil wir Menschen und nicht perfekt sind. Aber ich glaube, du bist derzeit einfach überfordert mit deinem Leben, und das macht dir so zu schaffen, dass du dich in dich selbst zurückziehst und dich überall verweigerst: in der WG, auf der Arbeit, in der Familie...«

»Mama, will nich arbeitn, will nich WG wohn, will nich mein Lebn ham!«

»Ja, das beobachte ich schon eine ganze Weile. Was macht dir denn so zu schaffen?«

»Mama, schaffn nich Poplem! Mei Lebn is Poplem, is so kompelziert alles, ich weiß nich, ich machn soll! Un annere imma valetzn!«

»Weißt du, natürlich sind andere Menschen davon nicht gerade begeistert, wenn du schlecht drauf bist und sie das spüren lässt. Aber ich bin sicher: *Alle, die dich kennen, wissen, dass du das nicht absichtlich und mit bösem Willen tust, um sie wirklich zu verletzen. Ich glaube vielmehr, dein Chef, dein Gruppenleiter, die Betreuer und wir als Familie sehen deine Not, und wir wollen dir auch gerne helfen.*

»Ja, Mama, brauch Hife, bitte! Weiß nich, mein Lebn gehn soll!«

Ich nehme Jonas in die Arme und wiege ihn wie ein kleines Kind, während er die Tränen fließen lässt. Auch ich weine, denn der Schmerz meines Kindes ist auch immer mein eigener. Als sich Jonas ein wenig beruhigt, sage ich: »Jonas, dafür gibt es jetzt keine schnelle Lösung hier im Auto. Aber ich bin sicher, dass wir dir helfen können, deine Probleme zu lösen, und dass es dir bald wieder besser geht. Jetzt kannst du dich ja erst mal auf die Ferien freuen: Du musst nicht zur Arbeit und bist auch nicht in der WG. Vielleicht tun dir die Tage bei uns zu Hause ja auch richtig gut, und wir nehmen uns Zeit, über alles zu reden.«

»Ja, Mama, redn! Auch mit Papa un Schwestan?«

»Klar, wenn du das möchtest.«

»Ja, will ich, alle mir redn un hefs mir. Un foh bin, Ferie is bald. Aber erst noch tanzn gehn, Mama, fahr los!« *Spricht's, wischt sich die Tränen aus dem Gesicht und stellt das Radio an.*

Die Weihnachtsferien standen vor der Tür, und Jonas bat um »Asyl« im elterlichen Heim, das wir ihm in Absprache mit den Betreuerinnen der WG auch gern gewährten. Für eine Woche kam er zu uns nach Hause, um die Feiertage mit der Familie zu erleben.

Dezember 2013

Ich freu mich auf die Feiertage: auf Zeit mit den Kindern, das Zusammensein, das fröhliche, lachende, lärmende Haus. Und ich wünsche und bete, dass vor allem Jonas sich auch von der Fröhlichkeit anstecken lassen und hier im Familienkreis auftanken kann. Ich bin so hin- und hergerissen, und mein schlechtes Gewissen plagt mich: Haben wir egoistisch gehandelt? Gibt uns unsere elterliche Pflicht (und die als gesetzliche Betreuer unseres Sohnes) das Recht, so über seinen Kopf hinweg zu bestimmen, weil wir glauben, zu wissen, was gut für ihn ist? Was

ist, wenn er sich in diese WG nicht einlebt, sich dort nicht zurechtfin-
det, nicht wohlfühlt? Was ist richtig? Abwarten und hoffen? Ihn wieder
rausreißen? Wieder zu Hause bei uns aufnehmen? Oder wäre das nur
ein großer Rückschritt, der ihm noch mehr zu schaffen machen würde?
Ich wünsche mir, dass wir in diesen Tagen gute Gespräche darüber ha-
ben können und sich etwas in meinem Mutterherz klärt, aber vor allem
auch, dass es Jonas bald wieder besser geht und er wieder Licht am Ende
seines momentan dunklen Tunnels sieht.

Die Weihnachtsferien verliefen sehr friedlich und schön. Immer
wieder schnappte sich Jonas einen Elternteil oder eine Schwester,
um seine damalige »Lage« zu besprechen. Am Ende der Woche
redete ich noch mal mit ihm und spürte schon zu Beginn, dass
etwas in ihm aufgebrochen, er zugänglicher geworden war, was die
Idee mit dem Umzug anbelangt. Eines Tages sprach er mich auf
das Thema an:

»*Mama, kannsu hefe mei Lebn?*«
    »*Soll ich dir meine Gedanken dazu sagen?*«
    »*Ja, bitte!*«
    »*Okay, Joni. Ich glaube, dass du im Moment noch verunsichert und*
überfordert bist, weil du noch nicht weißt, wie dein Leben in der neuen
WG aussehen wird, so lange wohnst du da ja noch nicht.«
    »*Doch, Probe, Mama!*«
    »*Ja, aber die Probezeit ist jetzt dann vorbei, und ab Januar wirst du*
dort ganz normal aufgenommen und gehörst dazu wie alle anderen.«
    »*Is gut so! Probe vobei? Hab standn?*«
    Ich muss lachen. »*Jonas, das war keine Prüfung in dem Sinne. Aber*
ja, du hast bestanden, sie wollen dich da gerne haben als Mitbewohner
im Haus«
    »*Oh, kuul, ich gut bin!*«
    »*Und trotzdem weißt du ja, dass manches noch nicht so gut läuft.*
Deshalb glaube ich, dass es wichtig ist, dass wir uns bald mit deinen Be-
treuern zusammensetzen und miteinander besprechen, was du brauchst,

damit es dir gut geht, und wie sie dir helfen können, besser klarzukommen.«

»Ja, hefn is gut!« Dann reibt er sich freudig die Hände und grinst: *»Mama, freu mich WG wohn un bessa machn! Streng an bei mir!«*

Ich jetzt andere WG wohne mit große Haus. Ich weiß nicht, ist gut so, weil viele Leute sind, aber Betreuerin ist sie alle nett und mags ihm lieb. Dem helf mir mein Leben und mein Eltern auch. Ich streng an, ich schaff alles! Schlauer Kerl!

Kurz darauf fand das gemeinsame Gespräch in der WG statt. Da hier alle Bewohner so unterschiedlich sind, wird ganz individuell nach Lösungen und Strategien gesucht. Zusammen mit den Betreuern tüftelten Wolfgang, Jonas und ich einen »Fahrplan« aus, der einige Wochen getestet werden sollte. Zugrunde lag die Überzeugung, dass Jonas' Überforderung nicht daher kam, dass er zu viele Aufgaben oder Regeln zu befolgen hatte, sondern vielmehr daher, dass er sie nicht einschätzen, einteilen und immer allein bewältigen konnte. Mit zu viel Freiheit kann er nicht umgehen, deshalb vernachlässigt er sich dann eher oder verweigert sich gar ganz. Klare Strukturen und Anweisungen hingegen helfen ihm und geben ihm Halt. So konzentrierten wir uns auf drei wesentliche Punkte: Mitarbeit im Haus, Umgang mit Geld, Laptopkonsum.

Nach der sechswöchigen Probezeit wusste Jonas ja schon, welche Regeln es im Haus gibt und welche Arbeitsdienste jeder verrichten muss. Hier brachten wir wieder seine geliebten Listen ins Spiel, und es wurde ein Plan erstellt, der Jonas veranschaulichte, an welchem Tag er welche Aufgabe verrichten musste. Das fing mit der Kleinigkeit an, sich beim Nachhausekommen von der Arbeit erst mal kurz mit einem »Hallo!« bei der diensthabenden Betreuerin zu melden, damit sie wusste, dass er da ist, und ging jeden zweiten Tag über den Eintrag »Duschen« bis hin zu Hausarbeiten wie Wäscheamt, Küchendienst etc. Im Kalender, der in seinem Zimmer hängt, wurden die »Aufgaben« ebenso eingetragen wie in einem Wochenplan, der im Büro der Betreuer hängt.

Da Jonas nicht gut mit Geld umgehen kann beziehungsweise alles, was er an Barem besitzt, unmittelbar in »fette Beute«, sprich Hamburger bei seinem Lieblings-Fast-Food-Anbieter umsetzt (in der alten WG war es die Dönerbude um die Ecke), war er (überraschenderweise!) damit einverstanden, seine EC-Karte an die Betreuer auszuhändigen, die ab jetzt für seine Geldangelegenheiten zuständig sind und ihm jeweils am Ende der Woche sein Taschengeld auszahlen werden (das er dann zwar auch 1:1 in Hamburger umtauscht, aber immerhin erst am Wochenende und nicht, wie bisher, fast jeden Tag).

Und die dritte größere Veränderung war mein Vorschlag, Jonas' Lieblings-»Spielzeug« Laptop unter der Woche einzuziehen und es ihm nur Freitag bis Sonntag zur Verfügung zu stellen. Davon war Jonas natürlich am wenigsten begeistert, ließ sich aber auf das Experiment ein, als ich ihn vor die Wahl stelle: entweder Laptop abgeben oder jede Nacht mit Atemmaske schlafen. (Zu diesem Thema kommen wir später noch im Buch: so viel vorweg – Jonas hasst die Maske!) Am Wochenende sollte er diese Freiheit gerne haben, aber unter der Woche, wenn er früh aufstehen muss, sollte er auch entsprechend früher ins Bett gehen, damit er die Arbeit physisch und psychisch packt. Außerdem war er so angeregt, die laptopfreie Zeit anders zu gestalten: lesen, (Rollenspiele) schreiben, Musik hören oder gar mal sein Zimmer verlassen und in Kontakt zu seinen Mitbewohnern treten (das war vor allem einer meiner heimlichen Wünsche, ich gestehe es!).

Januar 2014

Nun, wir werden sehen, wie sich die nächsten Wochen entwickeln. Vor meinem geistigen Auge entsteht das Bild von Jonas, der noch vor Kurzem nahezu »ungebunden in alle Richtungen« vor sich hin schlendern konnte und nun an eine sehr kurze Leine genommen wird. Ob er noch bissiger wird? Vielleicht am Anfang, weil er sich über diese Reglementierung und Einschränkung ärgert; aber ich bin fest davon überzeugt, dass er selbst über kurz oder lang merkt, wie diese festen Strukturen ihm

wieder mehr Halt und Orientierung geben und somit auch mehr Le-
bensqualität. Wenn er (noch) nicht in der Lage ist, genügend Eigenver-
antwortung zu übernehmen, dann sind es eben doch wieder wir Eltern
(mithilfe der Betreuer), die ihre Verantwortung (für ihn) übernehmen
müssen. »Mama, hefs mir mei Lebn, zeigs mir, mei Lebn geht!« So oft
hat Jonas in letzter Zeit solche und ähnliche Sätze formuliert. Ich neh-
me ihn beim Wort und hoffe, dass er mir das nicht übel nimmt. Oh, du
hin- und hergerissenes Mutterherz, wann kannst du endlich zur Ruhe
kommen? Ich bete, dass Gott Jonas hilft, sich auf diese Veränderungen
einzulassen, und sie ihm Frieden in sein aufgewühltes Herz schenken.

Natürlich gab es hier und da noch Anfangsschwierigkeiten, Quer-
schläger, so ganz kampflos wollte sich Jonas nicht sofort »ergeben«.
Hier ein paar Auszüge aus E-Mails seiner Betreuer:

…Meine Kollegin hat ab 6.30 Uhr versucht, Jonas zu wecken. Kaum
war sie unten, hat er sich wieder ins Bett gelegt. Das Spiel ging so lange,
bis er von seinem Gruppenleiter (auf der Arbeit) angerufen wurde. Be-
vor Jonas sich dann auf den Weg machte, hat die Kollegin ihn erwischt,
wie er seelenruhig einer Mitbewohnerin, die Urlaub hat, sein Fotoalbum
zeigte. Er habe heute einfach keine Lust zum Arbeiten.…

Der liebenswerte Gauner hat uns ganz schön gelinkt, aber wir sind
auch nicht auf den Kopf gefallen. ☺ Am Sonntagabend brachte er seine
Laptoptasche runter, und ausgestopft war sie mit Büchern und DVDs.
Das Laptop hatte er in seinem Zimmer versteckt. So ein Schlawiner…

Ja, wenn es um sein heiß geliebtes Laptop geht, ist mein Sohn
erstaunlich einfallsreich.

Februar 2014
Als ich Jonas samstags von der WG abhole, um mit ihm bis zum nächs-
ten Abend auf Lesetour zu gehen, verabschiedet uns die Betreuerin mit
einem »Also, tschüss und viel Spaß. Ich bin am Sonntag bis 18 Uhr da,
falls du vorher kommst, sehen wir uns noch, Jonas!«. Auf der Heim-

fahrt komme ich ins Grübeln. Abgesehen davon, dass es nieselt, muss ich mich schon sehr wundern über meinen Sohn, der plötzlich an der Autobahn entlangspazieren will. »Jonas, irgendwas ist doch im Busch! Wieso willst du plötzlich so oft Pause machen?« Als Jonas nur verlegen grinst und die Schultern entschuldigend hochzieht, verstehe ich endlich: Falls die Betreuerin bei unserer Ankunft noch da ist, kassiert sie Jonas' Laptop ein, das er ja unter der Woche abgeben muss. Falls sie aber schon gegangen ist, hat er sein Lieblingsspielzeug noch einen Abend länger zur Verfügung. Cleverer Kerl!

Meine Laptop ist Beste. Aber darf ich nur Wochenende haben, sonst glotz ich und glotz ich und immer müde sein, weil nicht Bett gehen kann. Film ist soooo schön. Aber muss ich Bett gehen, weil arbeiten kann, sonst nicht Pünktlichkeit. Ich lern noch. Und Wochenende freu mich, mein Laptop haben. So cool.

Februar 2014

Jonas übernachtet am Wochenende bei uns. Als wir am Frühstückstisch sitzen, meint Jonas: »Mama, Papa, hab nachdacht: Will wieda euch wohn, hia Hause!«

Wir schauen ihn ganz perplex an. »Wieso das denn so plötzlich?«, fragt Wolfgang.

»Will nich mein Ältern nich Stich lassn!«

Wir lachen laut auf. »Ach, Jonas, du lässt uns doch nicht im Stich! Mama und ich kommen gut allein klar. Und du bist ja jetzt erwachsen, und erwachsene Männer ziehen nicht mehr bei ihren Eltern ein.«

»Ja, Papa, du rech, aber is so schön hia euch!«

Ich grinse und erinnere an »alte« Zeiten: »Na, ich denke, nach kürzester Zeit würde es dir wieder ganz schön stinken, dich an unsere Regeln halten zu müssen!«

»Nö, Mama, kei Poplem! Ich halt Regel, du un Papa sags. Ess nich mär Sachn leer von Kühlschrank!« (Oh, da hat aber jemand was abgespeichert, denn der Kampf um unsere Vorräte war wirklich Dauerthema mit Jonas.) »Un ich will imma duschn, du mir sags, ich duschn muss, Mama!« (Noch so ein Dauerbrenner!)

»Jonas, ich glaube, das wäre keine gute Idee! Wahrscheinlich würden wir wieder ganz schnell aneinanderrasseln und uns übereinander ärgern.« Wolfgang kommt mir zu Hilfe: »Jonas, jetzt haben wir dir grad dein Zimmer in der neuen WG so schön eingerichtet. Jetzt solltest du dort auch erst mal wohnen bleiben und dich richtig eingewöhnen.«

»Ja, Papa, du rech, hab ich neue Hause meine WG. Un hübsche Zimma mir gefäll so.«

»Und du weißt: Du kannst uns jederzeit besuchen kommen! Wir freuen uns immer, wenn du kommst.«

»Ja, weiß ich doch, Mama, feu mich auch euer besuchn. Aber nich so oft, nur manchma, ich Langeweile bin!«

Die Rechnung schien aufzugehen: Mit jeder zusätzlichen Woche kam Jonas sicht- und spürbar in seinem neuen Zuhause an. Er war immer öfter guter Laune, zunehmend ausgeglichen, und die »Beschwerde-Mails« der Betreuerinnen nahmen ab. Wolfgang und ich waren erleichtert, dass unsere Entscheidung, Jonas zu dem Umzug zu »zwingen«, nicht falsch war. Wir freuten uns über die gute Weiterentwicklung unseres damals 21-jährigen Sohnes. Das Tief schien überwunden zu sein, der Winter überstanden, erste Frühlingsknospen zeigten sich – auch in Jonas' Gemüt schien die Sonne immer wieder, immer mehr.

März 2014

Ich kann gar nicht mit Worten wirklich ausdrücken, wie froh ich bin, Jonas wieder so fröhlich zu sehen! Er hat zu seiner alten Lebensfreude, seinem Charme und Humor zurückgefunden, ist ausgeglichen und fast ununterbrochen gut gelaunt – wie früher. Das ist so ansteckend und schön! Danke, Gott, vielen, vielen Dank, dass du meinen Sohn durch dieses dunkle Tal durchgetragen hast! Gestern meinte Joni zu mir am Telefon: »Mama, sooo schön, meine Lebn!« Balsam für meine wunde mütterliche Seele! »Mir gefällt diesn WG, will doch nich ausziehn nich.«

»Oh, Jonas, das höre ich aber gern! Wie kommt's?«

»Weiß auch nich, eifach rausgeplatz mein Häzn!«

Und schallend lacht mein Sohn über diesen seinen geistreichen Satz, der wie Musik in meinen Ohren klingt.

Im März 2014 erfuhren wir, dass die WG in Berghausen, in der Jonas zuerst wohnte, ausgebrannt sei. Gott sei Dank war kein Bewohner zu Schaden gekommen, dennoch traf uns diese Nachricht hart, zumal der Brand in Jonas' altem Zimmer angefangen und sich von da aus auf die gesamte Wohnung ausgebreitet hatte.

Als ich Jonas dann von diesem Brand erzähle, schlägt er die Hand auf seine Brust und atmet hörbar erleichtert auf: »Puh, grade Glück hab, Mama, ich nich mär alte WG bin. Sons vapannt wär. Aba Gott pass auf mir un pass auch auf Ulli un Tobias auf, keina vapannt is, gut so! Danke, Gott!«

Juni 2014
Jonas ruft mich dienstags an. »Mama, vorgestern, Donnerstag (!), war ich Logopie (Logopädie). Hab ich im Bahn Treuerin troffn, du kenns doch!«
 »Welche Betreuerin?«
 »Du weiß doch, weiß nich mär? Alte Treuerin, mein alte WG!«
 »Und welche davon?«
 »Beate, du kenns doch, kenns nich mär?«
 »Doch, natürlich!«
 »Siehse, sag ich doch!«
 »Und habt ihr euch unterhalten?«
 »Ja, sie sags mir, alte WG brenne, aba wird wieda sauba machn, un in August, is Somma, is wieda okä alles. Mama, kann ich wieda wohn mein alte WG nach mein Ulaub, wenn August is in Somma, kann ich wieda wohn da, Mama!«
 Ach du meine Güte, jetzt hat er wieder einen neuen Floh im Kopf!

Diese Idee, wieder nach Berghausen in die alte WG zu ziehen, ließ Jonas nicht mehr los. Zumal er mitbekommen hatte, dass da tatsächlich auch noch ein Zimmer frei war. Aber für uns kam das nicht infrage, weil dann wahrscheinlich alles wieder von vorne beginnen würde. Wir sahen und merkten doch, dass die Außenwohngruppe das momentan bessere Konzept für Jonas ist als das ambulant betreute Wohnen. Doch Jonas' Argumente wurden von Mal zu Mal raffinierter: »Mama, hab nachdach. Will doch lieba wohn wieda alte WG. Is nähe zu dir, ist schickta, wenn wir Lesung ham, mussu nich mär mich nich abholn in Karlsruhe, mein neue Zuhause, mussu nich mär weit fahrn, Mama, is schickta für dich!«

Juli 2014

Kurz nach einem Hilfeplangespräch, bei dem ihm die leitende Betreuerin den Zahn gezogen hat, er könne wieder in die alte WG zurückziehen, greift Jonas auf einer Autofahrt das Thema Umziehen noch einmal auf: »Mama, muss imma bleibn WG?«

»Ob du für immer in dieser WG bleiben musst?«

»Ja, das wills ich nich!«

»Jonas, so gut wie nichts ist für immer! Kein Mensch sagt, dass du dort für immer bleiben sollst. Die meisten Menschen ziehen mehrmals in ihrem Leben um.«

»Ja, wills umziehn!«

»Joni, ich bin sicher, dass du eines Tages dort wieder ausziehen und woanders hinziehen wirst.«

»Annere WG?«

»Das weiß ich nicht, vielleicht in eine andere WG, vielleicht auch wieder ins ABW, vielleicht willst du später auch mal ins Heim oder findest eine Partnerin, mit der du zusammenziehen kannst.«

»Oh, is Beste, mit Fau sammen un Kinda triegn!« Oh, oh, dünnes Eis. Jonas reibt sich bei der Vorstellung grinsend die Hände.

»Oda ganz leine wohn, Mama, nur ich allein!«

Ja, das höre ich auch nicht zum ersten Mal. »Joni, ganz egal, wie und wo und mit wem du wohnst, du musst auf jeden Fall einiges gelernt haben, das zum Wohnen dazugehört: einkaufen, waschen, putzen, kochen ...«

»Natöööölich, Mama, kei Poplem, schaff ich alles!«

»Na ja, ganz ehrlich, Joni, das klappt noch nicht so gut!«

Doch Jonas beteuert: »Wills ich, Mama, aba erst noch übn mein WG. Strengs an, ich bessa werd!«

Na, das sind doch mal gute Aussichten ...

September 2014

Jonas erzählt begeistert: »Mama, wir kriege neue Treuarin, gleich zwei neue! Mama, hab ich übaleg: Will lieba bleibn in mein WG, nich ausziehn, weil neue Treua is bestimm kuul!« Ich grinse über so viel Vertrauensvorschuss.

Oktober 2014

Ich bitte die Betreuerin, Jonas am Sonntag 50 Euro für den Friseurbesuch (Jonas will sich die Haare färben lassen!) am Montagnachmittag auszuzahlen. Am Abend schreibt sie mir folgende E-Mail:

Hallo Doro,

hab vorhin Jonas sein Geld gegeben, und jetzt wollte ich schauen, ob er geduscht hat, und den Laptop kassieren, und der Kerl ist nirgends. Ich hoffe doch schwer, dass er sein Geld nicht in Burger umgesetzt hat, sonst gute Nacht um sechs. ☺ (Das wären dann 50 Stück!!) Morgen sollte er dringend noch Getränke kaufen. Entweder ihr macht das noch nach dem Friseur, oder er sollte so heimkommen, dass er noch einkaufen gehen kann.

Viel Glück morgen :)

Aber ihre Sorgen waren unbegründet: Jonas hatte am Sonntag seinen Daddy angerufen, und die beiden haben sich spontan zu einer Motorrad-Tour mit anschließendem Essengehen verabredet. Wäre natürlich gut gewesen, der Betreuerin Bescheid zu geben. So sah sein Verschwinden mit dem Bargeld verdächtig aus. Als ich mich am nächsten Tag mit ihm, wie verabredet, beim Friseur traf, trug er den Geldschein noch unangebrochen in der Tasche. Weil es mit dem Haarefärben aus Zeitgründen nicht klappte, blieb einiges Geld übrig, wovon mich Jonas großzügig zu einer halben Pizza mit Salat einlud, und auch für den Getränkeeinkauf reichte es noch. Also alles im grünen Bereich.

Ich würde sagen, Jonas ist in seiner neuen Wohnstätte angekommen. Es gibt zwar hier und da immer noch und immer wieder mal Schwierigkeiten, aber das sind »ganz normale« und nicht nennenswerte Probleme, die es wohl auch in jeder anderen Wohngemeinschaft gibt.

(Ich) fühle (mich) wohl in der neuen WG, ja, gefällt mir.

Dezember 2014

Ich bin bei Jonas in der WG zu Besuch, um mit ihm an unserem neuen Buch weiterzuschreiben, als Rahel, seine Betreuerin, anklopft. Wir begrüßen uns freundlich, dann fragt sie, wie denn unsere Pläne über die Feiertage aussehen – ob und für wie lange Jonas zu uns Eltern nach Hause geht –, weil sie den Einkauf für die Gruppe planen muss. Ich schaue Jonas an, der breit grinst, aber keine Antwort gibt. Also antworte ich: »Tja, mein Sohn hat mir angekündigt, dass er die ganzen zwei arbeitsfreien Wochen bei uns daheim verbringen, also gar nicht hier in der WG sein will.« Ich verschweige, dass er sogar sagte, danach will er nicht mehr zurück, sondern »für imma mei Ältan bleibn!«

Jonas reißt die Augen weit auf und schaut mich entgeistert an. »Quatsch, Mama! Du kei Ahnung! Hia mein Zuhause, hia mein WG, komm ich nur Weihnachte bei euch un feiern bei Silvesta, zum Feiern, aber ohne Schlafn. Nur hia schlafn, mein WG! Hia fängt meine neue Lebn an, Mama, hia mein Zuhause. Nich mär Hause bei Ältan! Hab ich jetz neue Lebn!«

Jetzt bin ich perplex! Rahel antwortet für mich mit: »Na, Jonas, das sind ja ganz neue Töne! Aber ich freu mich, das zu hören! Dann plane ich dich also voll mit ein, außer an Weihnachten und Silvester.«

»Ja, natööö…lich! Bin imma hia, mein neue Zuhause!«

Als Rahel wieder gegangen ist, grinst Jonas mich weiter an. »Un, sags du jetz, Mama?«

»Ja, Jonas, da staun ich echt. Aber ich freu mich sehr darüber, dass du das jetzt so siehst, dass du hier dein Zuhause hast. Und bei uns nur noch zu Besuch bist.«

»Ja, Ältan nur besuchn, nich mär wohn. Bin jetz ein Mann, Mama!«

»Aha, und woher kommt der plötzliche Sinneswandel?«

»Weiß nich, is so mein Häz drin!«, und lachend fordert er mich auf: »Los, Mama, weitaschreibn!«

Jonas' Zimmer in der neuen WG

Ja, Wolfgang und ich denken, dass Jonas in der WG wirklich einen guten Platz hat, und freuen uns mit unserem Sohn, wenn es ihm dort gut geht. Aber natürlich hören wir auch seinen immer wieder betonten Herzenswunsch, ganz allein wohnen zu wollen. »Mama, nur ich mit Patrick sammen, das gut! Un kann ich ändlich wieda selba kochn, das wünsch ich mir! Maultaschn inne Fanne, au ja!«

Da wollen wir Jonas schon auch ernst nehmen, denn das ist ihm wirklich sehr, sehr wichtig. So haben wir eine Idee im Hinterkopf, die vielleicht in ein paar Jahren greifen könnte: Er könnte in die jetzt noch genutzten Praxisräume einziehen, die wir am Haus angebaut haben. Wolfgang würde dann nur noch seine zweite Praxis nutzen, und Jonas hätte seinen ganz eigenen Bereich, ja, eine richtig schöne Wohnung, und wir wären auch wieder näher an ihm dran und könnten ihn besser unterstützen. Allerdings möchte ich nicht mehr in meine alte Rolle zurückfallen, also werden wir uns dann professionelle Hilfe holen, die Jonas nach Bedarf im Alltag hilft.

Als wir Jonas neulich von dieser Idee erzählten, war er sofort Feuer und Flamme und beschäftigt sich seitdem damit. »Mama, feu mich so, mein eigen Hause ham! Aba muss ers noch lärn zu Wäsche waschn, putzn, einkaufn des alles. Üb ich noch in mein WG, dann kanns ich! Un Nähe mein Familie, auja, des guuuuut! Lad dich Maultasche essn ein, Mama!«

»Bin ich Schreina, das kuul!«

Einblicke in Jonas' Arbeitswelt

Ich arbeite im Schreinerei und macht Spaß. Aber geht nicht um Spaß, sondern um Arbeiten! Mir gefallen oder nicht, muss arbeiten, Jonas! Ich muss mit Holz machen, nur Holz, das alles. Bis Feierabend ist, geh ich heim und mach daheim was. Ich mach für Firma arbeiten, schickt Auftrag für uns in Schreinerei, wir arbeiten sollen. Gruppenleiter sagt uns, wir arbeiten, sagt uns, wie das geht, Schritt um Schritt weiter. Wenn fertig ist, die Kunden kommt und abgeben und bezahlen bei die Gruppenleiter.

Ich bohre und überall Maschinen ich arbeite. Ich hab mit dem heißen Stempel gemacht, mit dem Sägen, Schleifen auch, aber hab ich da keine Maschine, mach mit dem Hand. Ist nicht anstrengend, macht Spaß bei mir. Und muss immer Gruppenleiter hören, sein Vorschrift! Wir machen Möbel oder Tische oder andere Sachen, bauen von dem Holz, auch Betten und alles Schränke. Und mach ich Löcher in dem Brett von dem Bohren. Macht Spaß! Is cool, Schreiner sein!

Was lange währt, war noch lange nicht gut. Trotz des langen Anmarschweges und eines gelungenen Startes in der Schreinerei droht nach einigen Wochen wieder alles zu kippen.

Einer seiner Chefs schrieb uns und den Betreuern in der WG im Februar 2013 folgende Zeilen:

»Jonas ist heute leider in der Mittagspause wieder nach Hause gefahren. Ich möchte die Situation kurz beschreiben, damit jeder darüber informiert ist und wir gemeinsam versuchen, es zu verbessern. Jonas arbeitet diese Woche an einem Verpackungsauftrag mit.

Es geht, grob gesagt, darum, drei Holzteile mit einem Aufkleber zu bekleben, um diese dann in einen passenden Karton zu packen. Wir üben und besprechen, wie wir diese Teile reinigen, bekleben und an-

schließend verpacken können. Leider hält sich Jonas oft nicht an die Ar-
beitsanweisungen, er reinigt so, wie er das möchte (nicht ausreichend),
er klebt so, wie er das besser weiß (die Kleber halten nicht)....

Auch zeigten sich dadurch Schwierigkeiten, dass mein Kollege diese
Arbeit mit ihm begonnen hat und ich, da mein Kollege gerade krank ist,
die Arbeit mit ihm weiterführe.

Jonas argumentiert, ich hätte ihm gar nichts zu sagen, da er die-
se Arbeit mit meinem Kollegen begonnen hat. Das ist natürlich auch
etwas, woran wir mit ihm arbeiten: dass selbstverständlich alle Anwei-
sungen gleich zählen, egal, von welchem seiner Vorgesetzten.... Dies al-
les erst einmal zur Info. Lassen Sie uns gemeinsam versuchen, mit den
richtigen Methoden Jonas die Wichtigkeit unseres Arbeitsplatzes, einer
ordentlichen Ausführung der Arbeit und des Einhaltens unserer gemein-
samen Regeln vor Augen zu führen.

Immer wieder fing Jonas mit dem Thema an, dass er nicht mehr
in der Schreinerei, oder genauer: gar nicht mehr in der Werkstatt
arbeiten will. »Mama, alle bindert, wills auch Nomale sammen sein!
Wills nich nur Binderten zu abeitn, will Nomalen arbeitn!«

März 2013
Ich kann Jonas verstehen. Er wohnt mit Menschen mit Behinderung,
und er arbeitet mit Menschen mit Behinderung zusammen. (Ich stel-
le mir das so vor, dass ich zum Beispiel auch nicht ausschließlich mit
Frauen wohnen und arbeiten wollte.) Er wünscht sich mehr »Normali-
tät« und zieht selbst immer wieder die klare Trennlinie: behindert und
normal, schwarz und weiß. Fast wie gut und böse. Keine Grautöne.

Das tut mir im Herzen so weh, ich wünschte, er könnte es gelassener
sehen. Ich denke, wir haben ihm das auch nicht so vermittelt, woher
hat er diese Sichtweise nur? Aber natürlich erlebt er sozusagen hautnah
den Spiegel der Gesellschaft, bekommt immer wieder den Stempel »Be-
hinderter« aufgedrückt. Den negativen Beigeschmack nimmt er natür-
lich auch wahr. Behinderung bedeutet demnach Minderwertigkeit, ein
Mensch zweiter Klasse zu sein. Das will Jonas natürlich nicht, wer könn-

te es ihm verübeln? Und obwohl er sich darüber beklagt, in zwei wichtigen Bereichen seines Lebens (Wohnen und Arbeiten) fremdbestimmt zu sein, schließlich haben wir Eltern diese beiden Stätten (zusammen mit ihm und doch im Grunde für ihn) ausgesucht, hat er gleichzeitig dazu völlig frei entschieden, sich aus der Welt der »Normalen« zurückzuziehen, indem er zum Beispiel unsere Kirchengemeinde verlassen hat, wo er einen recht guten Anschluss an die Jugendgruppe hatte. Das habe ich nie wirklich verstanden.

Mein Grenzgänger! Natürlich bin ich froh und dankbar, dass Jonas sich so gut entwickelt hat, so viele Gaben, Talente, Fähigkeiten und sicher noch mehr ausbaufähiges Potenzial in sich trägt, aber ich habe Gott auch in manch schwacher Stunde vorgeworfen, unseren Sohn nicht »geistig behindert genug« gemacht zu haben, sodass er diese inneren Kämpfe nicht führen müsste, weil er sein Leben schlichtweg nicht so reflektieren könnte.

Wie sagte mir unlängst sein Chef in der Werkstatt: »Frau Zachmann, Ihr Sohn ist wirklich erstaunlich! Ich arbeite jetzt schon so viele Jahre mit behinderten Menschen, und auch viele davon hatten und haben das Down-Syndrom. Aber noch nie habe ich erlebt, dass sich jemand so viele Gedanken über sein Leben macht, so selbstkritisch ist und so wach seine Umwelt wahrnimmt. Ich beobachte oft, wie Jonas nach der Arbeit an der Bushaltestelle vor der Werkstatt sich ein deutliches Stück weg von den anderen Beschäftigten stellt, so, als schäme er sich, dazuzugehören, eben auch behindert zu sein. Nein, ich kenne wirklich keinen hier, der sich so damit auseinandersetzt!« Fluch oder Segen?

März 2013

Jonas: »Mama, will nich mär abeitn zu gehn HWK hin. Lieba annere Abeitn!«

»Warum willst du nicht mehr in der Werkstatt arbeiten?«

»Weil alle bindert sind! Will nich binderte Leute sammen abeitn, will nomale Mensche abeitn! Beispiel Pizzaria oda Döna abeitn!«

»Ach, Jonas, das hatten wir doch schon so oft, das Thema. Ja, ich verstehe dich und denke auch nicht, dass du für immer und ewig in der Werkstatt arbeiten wirst, aber momentan wüsste ich nicht, wohin mit

dir! Weißt du, es kommt einfach noch viel zu oft vor, dass du Mist baust,
und das würde eben kein anderer Chef mitmachen!«

»Was Mist?«

»Na, das weißt du doch selbst ganz genau: abhauen von der Arbeit,
wenn du keine Lust mehr hast; einschlafen im Klo; häufiges Zuspätkom-
men und so weiter«

»Ja, Mama, du rech, aba mach ich bessa!«

»Genau, das ist der Punkt! Wenn ich sehe, dass das alles besser läuft
und dein Chef das ja auch mitkriegt, können wir langfristig nach etwas
anderem für dich suchen. Aber erst mal musst du zeigen, dass du es
draufhast und dich anstrengst. Denn wenn du es hier in der Werkstatt
nicht hinkriegst, dann klappt es woanders auch nicht. Und die Arbeit in
der Schreinerei macht dir doch eigentlich Spaß, vielleicht kannst du ja
mal in einer anderen Schreinerei arbeiten?«

»Ja, will ich annere Schreinarei!«

»Okay, das kann man ja andenken und im Auge behalten. Aber be-
vor dich eine andere Schreinerei nimmt, musst du es erst mal in der
Werkstatts-Schreinerei so gut schaffen, dass dein Chef dich auch weiter-
empfehlen kann!«

»Ja, mach ich, Mama un Chef fehle mich! Sagt er: Guter Jonas bin!«

Puh, bin ich froh, dass wir diese Kurve wieder gekriegt haben. Fragt
sich nur, für wie lange.

Und wieder einmal fahren Wolfgang und ich zu Gesprächen mit den
diversen Chefs in die Werkstatt.

Ich fühle mich bei dieser Sitzung ähnlich wie bei meinem ersten El-
ternabend, den ich hier erlebt habe. Es fühlt sich so an, als hätte der
Direktor uns in die Schule zitiert, weil unser pubertierender 13-Jähriger
Sohn den Unterricht mit Stinkbomben gestört und böse Jungenstreiche
ausgeheckt hat. Aber der »Junge« ist inzwischen ein erwachsener Mann,
der Direktor entpuppt sich als Männer-Dreigestirn, und wir sprechen
auch nicht über einen Bubenstreich, sondern über das momentane Un-
vermögen unseres Sohnes, sich an die Arbeitsbedingungen in der Schrei-
nerei anzupassen. Mich erfasst der schreckliche Gedanke: »Wenn sie es

hier in der sogenannten »Werkstatt für geistig Behinderte« nicht mit ihm hinkriegen, wo dann? Wie soll unser Sohn jemals Fuß in der Arbeitswelt fassen, wenn er schon an den einfachsten Hürden in dieser doch beschützenden Werkstatt scheitert? Wo gibt es einen Platz für ihn auf dieser Welt? Wer kann sich wirklich in ihn hineinversetzen? Wer kann sein unruhiges Herz zur Ruhe bringen? Wo kann er angenommen sein mit seinem Anderssein und sich dennoch weiterentwickeln?

Eindeutig hier! Das Gespräch verlief sehr wohlwollend, und ich war froh, dass alle drei Chefs Jonas und uns nicht nur seine Schwächen und Unzulänglichkeiten aufzählten, sondern auch aussprachen, wo er Fortschritte gemacht hatte und worin sie seine Stärken sehen.

»Jonas ist ausgesprochen ausdauernd, wenn ihn eine Sache gepackt hat. Da kann er wie kaum ein anderer stundenlang dieselben Handgriffe machen, ohne im Tempo nachzulassen. – Jonas kann die Kollegen mit seiner guten Laune absolut anstecken. – Jonas lässt sich nicht aus der Ruhe bringen, wenn es um ihn herum ›Turbulenzen‹, zum Beispiel durch einen Kollegen gibt. Er bleibt an seiner Arbeit dran und lässt sich nicht aus dem Takt bringen. – Jonas hat eine recht schnelle Auffassungsgabe: Oft reicht es, ihm eine neue Aufgabenstellung nur einmal zu zeigen, und schon kann er sie gewissenhaft übernehmen. – Jonas bevorzugt meist Arbeiten, die ihm vertraut sind, lässt sich aber auch auf neue Erfahrungen ein und ist positiv neugierig, neue Aufgabenstellungen auszuprobieren.«
    Als einer der drei Chefs Jonas nach seinen Wünschen fragt, antwortet Jonas: »Eigelich kein Schreina sein, will Pizzaria abeitn un Führaschein machn un Technik abeitn!« Es ist so schwer, Jonas von seinen zum Teil unrealistischen Wünschen abzubringen, aber die Herren haben verschiedene Ideen dazu: Sie machen Jonas den Vorschlag, den Hubwagen-»Führerschein« machen zu dürfen (»Wow, is kuul, ja, will ich!«), und was den Technikbereich angeht, stellt Herr R. in Aussicht, dass es noch sehr viele Maschinen in der Schreinerei gibt, die Jonas bisher noch gar nicht anrühren durfte. Und natürlich sei das Ziel, ihn mehr und mehr an verschiedene Geräte heranzuführen. (»Ja, will ich Maschine machn!«)

Dazu machen sie ihm aber klar, dass das Arbeiten an einigen Maschinen auch gefährlich ist und das nur geht, wenn der Arbeiter ausgeschlafen und ausgesprochen wach und konzentriert ist. Also läge es in Jonas' eigenem Interesse, an dem Thema Dauermüdigkeit etwas zu verändern. (Dazu später mehr.)

Keine Sekunde steht im Raum, dass Jonas womöglich die Werkstatt verlassen muss (meine größte Befürchtung). Vielmehr einigen sich die vier Fachmänner (Jonas einbezogen) darauf, welche Regeln der Schreinerei Jonas in Zukunft verstärkt einhalten muss, und stellen ihm dafür einige arbeitstechnische »Bonbons« in Aussicht. Ich bin froh, als Jonas am Ende der Runde sagt: »Danke, euch, Chef, will doch Schreinarei bleibn!«

Herr B. klopft ihm auf die Schulter und meint: »Na klar, du bist doch einer von uns!«, und erntet dafür ein strahlendes, dankbares Lächeln – auch von uns Eltern.

Ich mache (arbeite an) einer Bohrmaschine, bohre 4 Teile. Die waren nass. (Über die) Gitterbox Folie drüber (legen) und dann bohren; wenn ich fertig bin, muss ich 4 Teile in die Gitterbox reinlegen.

Auf der Heimfahrt musste ich beschämt an ein Telefonat mit einer Freundin denken, der ich etwa vor einem Jahr von Jonas' Tätigkeit in der Schreinerei erzählte. Damals war ich noch in dem naiven und auch abwertenden Glauben, die Werkstatt sei für unseren Sohn nur so eine Art Sprungbrett, das ihn auf schnellstem Wege fit mache für seinen »eigentlichen Weg« in einen Job auf dem ersten Arbeitsmarkt.

»Bohrn, Mama, das alles!«, antwortet Jonas mir, wenn ich ihn frage, was er heute gemacht hat.

Meine Freundin fragte: »Habt ihr schon mal daran gedacht, wie es wäre, wenn Jonas außerhalb von der Werkstatt für Menschen mit Behinderung arbeiten würde?«

»Ja klar! Wolfgang und ich denken sehr oft darüber nach und wünschen uns natürlich, dass Jonas glücklich ist, und dazu gehört auch seine Arbeit. Aber bis jetzt hat er eigentlich alle seine Praktika in den Sand gesetzt. Er ist nicht gerade sehr diszipliniert und lebt eben immer im jetzigen Moment. Und wenn er dann gerade mal keine Lust hat, zu arbeiten, setzt er sich irgendwo in die Ecke und schläft oder fährt kurzerhand heim. Das macht auf lange Sicht kein Chef mit! Das Dilemma: Jonas ist motorisch eigentlich recht fit und kann sich auch komplexere Arbeitsschritte merken, aber er zeigt nicht gerade viel Verantwortungsbewusstsein. Wir hoffen sehr, dass er durch die Werkstatt dazulernen wird und vielleicht doch noch einen Arbeitsplatz außerhalb der Werkstatt bekommt.«

Hab ich heute gebohrt. Ist selbe Arbeit, vier Teile bohren. Macht Spaß, aber manchmal ich keine Lust, aber muss ich machen, ist Vorschrift. Sonst hab ich heute nix gemacht, immer bohren vier Löcher, nur selbe. Aber ist gut bei mir, immer Gleiche mach ich. Das gut so! Patrick macht auch Spaß bei Bohren, er helft mir, ich kein Lust nicht habe.

Zum Glück ist Patrick ja auch dabei, doch davon mehr in Kapitel zwei (»Dem mags ich alle lieb bei mir!«).

Gott sei Dank gibt es ja aber die vielen Wochen am Stück, in denen alles rundläuft: Jonas kommt pünktlich und arbeitet gut und motiviert mit. Das ist im Grunde die meiste Zeit so, und die »Ausrutscher« sind deutlich in der Unterzahl, das muss ich wirklich betonen, sonst entsteht hier ein ganz falsches Bild.

Juni 2013

Habe Jonas heute von der HWK abgeholt und bin extra früher hingefahren, um ihm beim Arbeiten ein wenig über die Schulter schauen zu können. Jonas freut sich bei jedem Besuch wie ein Schneekönig und zeigt stolz, was er gerade arbeitet.

Wolfgang besucht Jonas regelmäßig auf seiner Arbeitsstelle und packt auch immer wieder mal kräftig mit an. Scherzhaft nennen sie sich seither gegenseitig »mein kleiner ›beziehungsweise‹ großer Schreiner«! So süß!

Als ich heute dort ankam, stand Jonas über eine mit Holzplättchen gefüllte Drahtkiste gebeugt und hielt sein Handy in der Hand. O nein, denke ich besorgt, er darf doch beim Arbeiten sicherlich nicht telefonieren oder mit seinem Handy spielen. Als er mich kommen sieht, macht er nicht mal Anstalten, es hinter seinem Rücken zu verbergen, strahlt mich stattdessen fröhlich an. »Hallo, Mama, schön du da bis!«

»Hi, mein Großer! Na, was machst du grad?«, frage ich ihn nach seiner Arbeit.

»Muss zähln den Dinger, Mama. Ers diesn Reihe, dann diesn Reihe, dann diesn Reihe. Dann sags mei Händy, un dem rechnet aus, wie viele sind dem alle sammen.« Er zeigt mir sein Handy, und ich sehe, dass er den Taschenrechner eingestellt hat und Folgendes eintippt: $36 \times 8 \times 12 = 3456$. »Boa, dreitausenviahunnertsechsunfumpfzig! So viele Holz ich gebohrt hab, Mama!« Ich bin total beeindruckt.

Kurze Zeit später kommt sein Gruppenleiter, begrüßt mich freundlich und fragt Jonas: » Na, hast du das Ergebnis schon raus? Was sagt dein Handy?«

Stolz zeigt Jonas seinem Chef die Rechenaufgabe, und dieser klopft ihm anerkennend auf die Schulter: »Gut gemacht, Jonas! Ich bin stolz auf dich!«

Ich könnte heulen vor Glück!

Immer wieder unterbrechen Highlights den Alltag in der HWK:

Wir hatten (in der) HWK getanzt, mit Leuten Fasching gefeiert. Essen, Trinken, Singen, Programm. (Ich habe mit einem) Mädchen getanzt, hübsch war sie. Ich war nicht verkleidet, (das ist) Kinderkram.

Einige der Punkte, die wir im Gespräch mit Jonas' Vorgesetzten besprochen hatten, konnte Jonas in den folgenden Wochen tatsächlich umsetzen, auch wenn das Thema Müdigkeit ein echter Dauerbrenner blieb. So hieß es in einer E-Mail aus der Werkstatt zum Beispiel: »Kurze Info: Jonas ist heute wieder sehr stark übermüdet, er ist fast im Stehen eingeschlafen, später hat er sich auf die Gruppenleitertoilette verzogen, um dort zwischen den Toiletten auf dem Boden zu schlafen. Lust zum Arbeiten hat er keine. Wir haben einen Großauftrag, alle arbeiten mit, nur Jonas nicht. Er hat sich dann in einer Ecke auf den Boden gesetzt. Auf Nachfragen meinte er, er wäre gestern ca. um 0.00 Uhr ins Bett gegangen...«

Dieser ungute Prozess verlief natürlich parallel zu den anderen Baustellen in Jonas' Leben, die sich auch gegenseitig beeinflussten. In der WG in Berghausen gab es immer häufiger Streitereien und Auseinandersetzungen, und Wolfgang und ich dachten immer öfter darüber nach, ob Jonas in einer engmaschiger betreuten WG nicht besser aufgehoben wäre. Die Weigerung, seine Atemmaske zu tragen, und das viel zu späte Insbettgehen durch das Filmeschauen auf seinem Laptop trugen nicht gerade dazu bei, seine Müdigkeit am Tag in den Griff zu bekommen. Durch die extreme Gewichtszunahme innerhalb kürzester Zeit wurde Jonas immer träger, behäbiger und antriebsloser. Nicht nur wir beobachteten regelrechte Verwahrlosungstendenzen bei unserem Sohn.

In einem E-Mail-Wechsel mit seinem Gruppenleiter in der Schreinerei schrieb ich von unseren Plänen.

»Ja, ich habe Jonas heute getroffen und selbst gesehen, dass er wohl tagelang nicht geduscht hat...Allerdings wollen wir alle Jonas in seiner

WG noch einmal eine vierteljährliche Chance geben, sich einzuleben und anzudocken, und dazu haben wir uns verschiedene ›pädagogische Maßnahmen‹ überlegt, die dann ab Januar greifen sollen, wenn er dort regulär aufgenommen wird.«

Ich Püklichkeit komen bin, hat klappt mit dem ur (Uhr).

Und überhaupt fiel mir jetzt erst so richtig auf: Ich hatte mit seinem Gruppenleiter vereinbart, dass er sich bei mir nur dann meldet, wenn es mit Jonas »nicht gut« lief. Eigentlich müsste ich mich über all die vielen E-Mails freuen, die ich *nicht* bekommen habe! Zu schade, dass es deshalb so wenig schriftliches Lob über unseren Sohn gibt. Mündlich dagegen deutlich mehr, wenn ich Jonas abhole oder auch Wolfgang ihn regelmäßig besuchen geht.

Das zweite Jahr in der Schreinerei brach an, und kurz nach unseren fruchtbaren Gesprächen in den Weihnachtsferien häuften sich schon im Januar 2014 die ersten positiven Meldungen per E-Mail, über die ich mich mehr als freute.

März 2014
Jonas erzählt mir ganz stolz: »Mama, mach ich Führaschein in Abeit!«
»Was denn für einen Führerschein?«
»Von Hubwage!«
»Wow, das ist ja toll!«, freue ich mich.
Mein Sohn winkt mit der Hand ab und wischt mein Lob beiseite: »Is bäbileich, kann jeda!«
»Ich auch?«
»Nö, Mama, duuu nich!«

Oktober 2014
»Na, Jonas, wie war das Arbeiten heute?«
»Gut, Mama. Hab viel bohrn!«
»Schön, dass es dir im Geschäft Spaß macht«.
»Ja, bin Geschäftsmann!«

Irgendwie schon doof: Jonas hat keine Chance, uns gegeneinander auszuspielen. Wir ziehen alle an einem Strang: Eltern, WG-Betreuer und Gruppenleiter in der Schreinerei. Per E-Mail oder Telefon setzen wir uns gegenseitig ins Bild, oft schneller, als es Jonas lieb ist. Aber das ist auch seine Chance: Eben weil wir alle am gleichen Strang ziehen und es alle gut mit ihm meinen, gibt es ein Netz, das ihn auffängt, gibt es Hände, die sich ihm helfend entgegenstrecken, aber natürlich auch klare Ab- und Ansagen, wenn er versucht, wieder ein Schlupfloch zu finden. Von seinem Chef erhielt ich per Mail »eine kleine Info zu Jonas«.

Wie letztens schon besprochen, läuft es relativ gut. Diese Woche kam es jedoch täglich vor, dass Jonas zu wenig oder gar nichts zu trinken mitbrachte. Es kam vor, dass er zu »sparsam« war oder nicht mal Geld dabeihatte, um sich etwas zu kaufen. Wir stellen an heißen Tagen zwar kostenlos kalten Tee zur Verfügung, doch der oder Trinkwasser ist nicht immer nach Jonas' Geschmack. ☺ Er trinkt dann halt zu wenig. Bitte darauf achten.

Ruckzuck hatten wir eine Lösung parat: Wenn die Betreuer Jonas mehr Bargeld mitgäben, wäre die Gefahr groß, dass sich die Euros unterwegs in Essbares verwandeln würden. Also schlug Wolfgang vor, dass er bei seinen regelmäßigen Besuchen in der Werkstatt direkt in die Getränkekasse einzahlt, sodass sich Jonas dort jederzeit den geliebten »Diät-Sprudel« holen kann. Alle waren sofort zufrieden, einschließlich Jonas. »Papa is beste, so machn, kann er zahln, hab ich trinke! Gut so, Papa!«

November 2014

Jonas meldet sich innerhalb von zwei Wochen dreimal krank mit Kopfweh von der HWK ab. Ich spreche ihn auf »Schwänzeritis« an und drohe, ihn nicht mit zur nächsten Lesung zu nehmen. Tatsächlich reißt er sich daraufhin zusammen und geht wieder brav arbeiten.

Als er wieder einmal deutlich zu spät zur Arbeit erschienen ist, rufe ich abends in der WG an, im Bürozimmer der Betreuer. »Ja«, meint

Rahel, »Jonas ist hier und spielt gerade Kniffel.« Ob ich ihre E-Mail an mich schon gelesen hätte.

Ich verneine, weil ich den ganzen Tag außer Haus war und deshalb den PC noch gar nicht hochgefahren habe, erzähle von der Nachricht seines Chefs auf meinem AB und von meinem Ärger über Jonas und dass ich ihm zur Strafe den geplanten Friseurbesuch am Samstagmorgen streichen werde.

»Gut!«, stimmt Rahel zu.

»Und falls er weiter auf der Arbeit zickt, werde ich ihm auch den nächsten Discobesuch mit der Lebenshilfe canceln!«

»Gut!«

»Und wenn das immer noch nicht reicht, dann mache ich die nächste Lesung ohne ihn!«

»Sehr gut!«

Rahel steht also hinter mir. Jetzt lasse ich mir Jonas ans Telefon geben und halte ihm denselben Vortrag, allerdings mit deutlich mehr Strenge in der Stimme. Kaum habe ich meinen Sohn so richtig zur Schnecke gemacht, gibt er kleinlaut von sich: »Ja, Mama, du rech! Hab vastandn, nich mär schwänzn Abeit un nich mär spät komm. Tschüss!«

Eine Stunde später ruft er mich wieder an. »Mama, du wars laut mir gewesn! Hab Träne meine Augn, muss weinen, du schimpfn has! Das nich okä, Mama! Das mag ich nich!«

Ich erkläre noch einmal, diesmal in ruhigerem Ton, warum ich auf ihn sauer war und was ich an seinem Verhalten nicht in Ordnung finde. »Jonas, du musst einfach verstehen, dass die Schreinerei deine Arbeitsstelle ist und du dich dort gut verhalten und arbeiten musst.«

»Un Lesung?«, fragt Jonas. Zum zigsten Mal erkläre ich, dass wir die Lesungen nur gemeinsam machen können, wenn es auf der Arbeit gut läuft.

Wir beschließen unser Gespräch in versöhntem Ton: »Okay, Joni, dann müssen wir beide etwas lernen: Du gehst wieder ordentlich arbeiten, und ich darf dich nicht mehr so anschnauzen.«

»Ja, Mama, das gut! Mag dich so lieb un tschüss jetzt!« Es bleibt spannend mit dem Kerl ...

Kurz vor den Weihnachtsferien hatte Jonas wieder einen »Schwänzeritis-Anfall«.

Dezember 2014

Jonas ruft Maren dienstagmorgens um neun Uhr an. Sie plaudern eine Weile. Dann stellt Maren fest, dass Jonas immer noch in der WG hockt. Sie ermahnt ihn schwesterlich, sich auf den Weg zur HWK zu machen. Eine Stunde später ruft Maren Jonas wieder auf seinem Handy an und hofft, dass er gar nicht drangeht, weil er es ja während der Arbeitszeit nicht benutzen soll. Aber Jonas hebt sofort ab. »Und, Jonas, wo bist du?«

»Bin Abeit!«

Maren glaubt ihm nicht so recht. »Okay, dann gib mir doch mal deinen Chef, ich muss ihn was fragen.«

»Okä, geb dir Chef!« Und nach höchstens einer Sekunde meldet sich eine tiefe Männerstimme: »Hallo, Maren, bin ich Chef von Jonas! Bin sein Chef, ja, bin ich, un Jonas abeitn gut, guter Jonas!«

Maren weiß nicht, ob sie über Jonas' Dreistigkeit lachen oder weinen soll, zwingt sich dann aber zu einem strengen Schwesternappell: »Jonas, das ist nicht okay! Du veräppelst mich nur, ich weiß genau, dass du das bist!«

Wieder die gespielt tiefe Stimme: »Nein, Maren, hier is Chef von Jonas, Chef von Schreinarei bin ich. Jonas nich da, er arbeitn bei Bohrn!« Aber dann muss auch Jonas lachen, kann sein Spiel nicht länger durchziehen. Als ich von dieser Geschichte erfahre, weiß ich erst auch nicht, ob ich lachen oder mich ärgern soll, entschließe mich dann aber für Ersteres. So ein cleveres Bürschchen!

Februar 2015

Beim letzten Gespräch mit Jonas' Gruppenleiter vor zwei Wochen lobte ihn dieser sehr. »Seit Beginn des Jahres gibt es keinerlei Vorfälle: Jonas macht motiviert mit, ist seither immer pünktlich und sehr ausdauernd dabei.« Er berichtete mir von einem genialen Schachzug: Es gibt wohl eine große Hauptmaschine in der Schreinerei, die frühmorgens als Erstes eingeschaltet werden muss, um warm zu laufen, bevor sie bedient werden kann. Da Jonas ja jeden Morgen mindestens eine halbe Stunde zu früh zur Arbeit erscheint (»Mama, will nich Wecka anders stelln, lass mich, ich weiß, ich tue, is meine Art, will nich länga zum Schlafn!«), hat der Chef ihm nun diese verantwortungsvolle Aufgabe übertragen. Dieses Amt soll ihn natürlich auch dazu motivieren, weiterhin pünktlich zu kommen und nicht wieder zu schwänzen, was ja hier und da durchaus vorkommt.

Als ich Jonas einen Tag später treffe, spreche ich ihn auf dieses Maschineeinschalten an und will ein paar Einzelheiten erfahren. Jonas winkt ab: »Mama, daf nich sagn, is priwat, äh, schäftlich! Is Heimnis, daf nich verrate!« Oho, Geschäftsinternas.

Februar 2015
»Mei Abeit gut für mich.«
Ich frage nach: »Wieso?«
»Muss nich immer denkn, nur abeitn, das gut so!«

Februar 2015
Ich hole Jonas von der Werkstatt ab zu unserem Schreibdate im Café. Er kommt breit grinsend und mit seinem unsichtbaren Patrick sprechend auf mein Auto zu, öffnet die Beifahrertür und begrüßt mich mit: »Hallo, Mami, mein Pinzessin, gut, du da bis!«, und drückt mir einen sehr feuchten Kuss auf die Wange. Ich frage ihn, warum er so strahlt. Da lacht er laut auf: »Ach, Mama, nix Besonnres, nur mein Abeitn is sooo gut! Mach Spaß bei mir!«

»Hey, das freut mich aber! Oft genug hast du schon gesagt, du willst nicht mehr hier arbeiten.«

»Mama, das oft wechsel, mal doof, mal nich so!«

Wie wahr! »Okay, und was war heute so toll, dass es dich so begeistert hat?«

»Alles!«

»Hast du heute was anderes gemacht als sonst, irgendwas Besonderes?«

»Nö, Mama, hab nur bohrn ganze Tag! Wie imma, aba ich liebe so, imma vier Löcher bohre un neues Teilchen anfangn! Das beste!«, und wieder grinst er ganz breit. »Un, Mama, hab Neuichkeite!«

»Neuigkeiten? Jetzt bin ich aber gespannt!«

»Ja, schon fünf Jahre dabei sind!«

»Wer ist schon fünf Jahre wobei?«

»Ich natöölich!«

»Und wo dabei?«

»In HWK!«

»Was, schon fünf Jahre?«

»Yep!«

»Jonas, das kann doch nicht sein!«

»Doch, Mama, stimm so!«

Ich rechne laut nach: »2011 hast du im September hier angefangen, und jetzt haben wir Februar 2015, also sind es dreieinhalb Jahre!«

»Bald vier, oda?«

»Ja, im Herbst sind es dann vier Jahre!«

»Boa, vier Jahre, noch bessa!« Jonas reibt sich die Hände.

»Boa, bin ich gute Abeita! Sooo lang schon! Guta Jonas!« Stolz klopft er sich selbst auf die Schulter.

Ja, dass Jonas sich seiner Arbeit auch treu ergeben fühlt, ist eine immer wieder überraschende Erfahrung. Als er sich im März 2015 am Wochenende eine Magen-Darm-Erkrankung zuzog, wollte er nach einem Wochenende im Hotel Mama gleich am Montag wieder arbeiten gehen, obwohl ich ihm vorschlug, sich noch einen Tag Erholung zu gönnen. Für seine Schwestern, die sich angesteckt hatten, gab er mir auch noch einen weisen Rat mit auf den Weg: »Mama, weiß ich, was hif: Mussu au singe dem Schwestan, werde sie wieda sund wie ich!«

Einmal in der Woche besucht Wolfgang unseren Sohn auf der Arbeit, um ihn auf dem Weg zum Arbeiter der »Steinerei«, wie Jonas es früher ausdrückte, etwas zu unterstützen. Beispielhaft schildert er seine unterschiedlichen Erfahrungen dabei.

Jonas an der geliebten Bohrmaschine

Einmal wollte ich mich auf den Weg machen, um Jonas auf der Arbeit zu besuchen, als mich Doro gerade noch zurückrief, um mir mitzuteilen, dass Jonas zur Verärgerung seines Chefs bereits nach Hause gegangen sei. Als ich Jonas schließlich zu Hause über sein Handy erreichte, meinte er nur: »War fertich Abeit, bin nach Hause.« Er muss wohl der Meinung gewesen sein, dass für ihn die Arbeit in der Mittagspause zu Ende war. Wenn ich Jonas nach solchen Unregelmäßigkeiten zur Rede stellte, sagte er stets aufrichtig und ehrlich (auf den Moment bezogen): »Du rech, Papa. Mach's nie wieder.«

Wir beide, Sohnemann und ich, hatten aber auch sehr schöne Erlebnisse in der Zeit. So hat mir Jonas erklärt und gezeigt, wie er bohren oder wie er Teile entgraten konnte. Oftmals haben wir dann gemeinsam für eine kleine Weile gearbeitet. Ich durfte ihm Teile reichen oder abnehmen, die er gebohrt hatte. Das machte ihn sichtlich stolz und, offen gestanden, mich als Vater auch. Dann hatte ich das Gefühl, dass alles gut werden wird, und für Augenblicke verflog die Sorge um die Zukunft, und wir arbeiteten mit einer Leichtigkeit und mit Vergnügen Hand in Hand.

Eine besondere, wenn auch leider zu seltene Freude erlebten und erleben wir beide bis heute, wenn ich Jonas von seiner Wohngemeinschaft oder freitags nach dem Arbeiten aus der HWK abhole – mit dem Motorrad mit Seitenwagen. Darüber freuen wir uns beide sehr, und dieses gemeinsame Hobby verbindet uns. Niemand ist so oft in meinem Seitenwagen mitgefahren wie Jonas. Als die Unregelmäßigkeiten in Jonas' Arbeitshaltung zu Beginn groß waren, vereinbarten wir als Belohnung immer wieder eine Motorradausfahrt mit gemeinsamem Essengehen. Jonas saß dann im Seitenwagen, sein Plüsch-Schaf Patrick im Arm (das Schaf fuhr bis vor einem Jahr immer mit), und wenn ich vom Motorrad in den Seitenwagen schaute, signalisierte mir Jonas mit erhobenem Daumen, dass alles super war. Das waren und sind für uns beide glückliche Augenblicke.

September 2014

Jonas ruft mich morgens vom HWK-Klo aus an. Ich frage, ob Papa schon da war. Und könnte mich zugleich dafür ohrfeigen, denn eigentlich sollen die Papa-Besuche unangemeldet bleiben.

»Nö, Mama, komms er mir heute?«

»Ja, er wollte heute zu dir kommen, aber ich dachte, er wäre schon heute Früh bei dir gewesen.« (Da fällt mir wieder ein, dass Wolfgang mir sagte, er würde erst ins Training und im Anschluss zu Jonas gehen. Mist!)

»Oh, feu mich, mein Peppsi komm!«

»So, dann geh jetzt wieder rein, und arbeite weiter!«

»Natöööölich, Mama!«

Später erfahre ich dann aber von Wolfgang und per E-Mail von seinem Chef, dass Jonas eben nicht zurück zum Arbeitsplatz kam, sondern

*sich draußen auf den Hof gestellt hat, um auf seinen Papa zu warten,
der erst eine halbe Stunde später bei ihm eintraf. Uahhh!*

März 2015
*Wolfgang ruft mich von unterwegs an, erzählt, dass er gerade bei Jonas
in der Schreinerei war. »Stell dir vor, er war nicht nur bester Laune, hat
mir richtig glücklich und stolz seine Arbeit demonstriert, sondern hat
auch mit einem Kollegen zusammengearbeitet und meinte: »Papa, sind
wir gute Team, mein Gollege un ich. Mags ihm lieb, is er guta Gollege!«
Auch der Kollege und sein Chef haben Jonas sehr gelobt. Ist doch immer
wieder schön, zu sehen, dass er dort an einem guten Platz ist. Und wer
weiß, vielleicht klappt es auch immer mehr mit der Teamarbeit, die sicher noch ausbaufähig ist. Ich bin jedenfalls echt stolz auf meinen Sohn,
er macht sich richtig gut!« Musik in meinen Ohren.*

Es bleibt wohl eine ewige Achterbahnfahrt mit unserem Sohn: Mal
ist er ein begeisterter Arbeiter in der Schreinerei, dann wieder würde
er am liebsten von dort fliehen, wohin auch immer. Bei Abgabe dieses Buchmanuskripts jedenfalls stand die Ampel wieder lange Zeit
auf Grün: »Schreinarei is kuul!« Und doch bleiben wir gespannt, wie
es mit Jonas im Bereich Arbeitsplatz weitergeht. Neulich hat sein
Chef angedeutet, dass es ja auch denkbar wäre, Jonas auf lange Sicht
in einer Schreinerei außerhalb der Werkstatt unterzubringen. »Ja,
will ich! Annere Schreinarei, nich mär Wäkstatt gehn!« Ja, das wäre
natürlich schon toll. Aber der Chef meinte auch eindeutig: »Da sehe
ich dich aber noch nicht in den nächsten ein bis zwei Jahren, Jonas.
Davor muss sich erst noch einiges richtig stabilisieren, aber dazu
bist du ja hier am richtigen Platz und auch auf einem guten Weg.«
Jonas stimmte zu: »Ja, bin gute Weg!«, und wir Eltern nickten ebenfalls. Gut Ding will eben auch Weile haben, und hier in der HWK
darf Jonas sich wirklich seinem Tempo gemäß entwickeln und kann
dabei Wertschätzung, Unterstützung und Wohlwollen erfahren. Was
wollen wir mehr?

»Das mei Hoppi, ich liebe es!«

Diverse Freizeitbeschäftigungen

Mein Hobby ist mein Mama ärgern und charmant sein, nett zu Leute und Freundlichkeit, manchmal auch nicht, wenn Ärger macht. Alles mach ich gern: Film gucken, tanzen, singen, bowlen, Handball, Leute umzugehen und mich auch, Buch lesen und Buch schreiben, Lesungen machen mit Mami zusammen, das Beste! Ich liebe bummeln in dem Stadt, DVD kaufen, essen, trinken, Kino gehen, das alles!

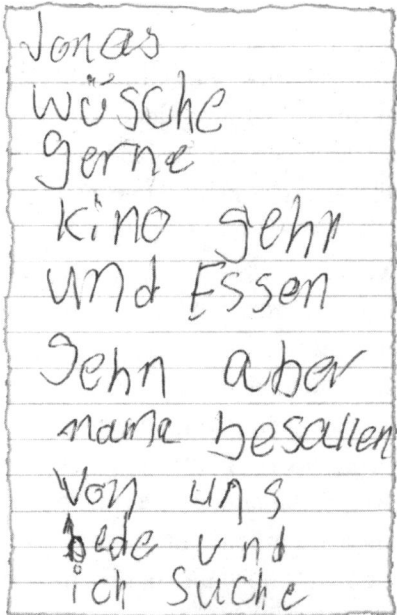

Jonas wünsche gerne Kino gehen und essen gehen, aber Mama (soll) bezahlen für uns beide, und ich suche einen Film aus, nicht du, Mama.

Ja, Jonas hat so einige Hobbys. An erster Stelle dürfte das Filmeschauen auf seinem Laptop zu nennen sein. Da er sein Lieblingsspielzeug jedoch nur am Wochenende zur Verfügung hat, kostet er es dann auch dementsprechend aus und schaut auch gerne »mal« bis in die Puppen mehrere Filme hintereinander ...

ich spele gen fluch de Kabik und tKKg Complutaspile meine Läpop ist cool ohne Läpop is doof ohne Läpob is langewiele und mach ich keine ahnnung was und mit Läpop guk ich filme schöne filme ich hab viel
Ich spiele gern *Fluch der Karibik* und TKKG-Computerspiele. Mein Laptop ist cool. Ohne Laptop ist es doof. Ohne Laptop ist es langweilig und mach ich keine Ahnung, was. Und mit Laptop gucke ich Filme, schöne Filme habe ich viele.

Jonas mit seinem Computerspiel-Held aus *Fluch der Karibik*

Mai 2012
Jonas bestellt donnerstags bei mir wieder eine DVD, die er für die nächste Lesung bekommen will. Am nächsten Tag besorge ich sie in der Stadt. Jonas kauft sie sich selbst am Samstag.

»*Ach, Jonas, das ist doch jetzt blöd! Du wusstest doch, dass ich sie schon für dich gekauft habe!*«

»*Mama, hab sehn Stadt un kaufs mir selba!*« *Als Jonas uns sonntags besuchen kommt und die DVD auf dem Küchentisch liegen sieht, heftet er mir einen netten Zettel daran, auf dem die deutlichen Worte stehen:* »*Liebe Mama, ich braue (brauche) nicht*«.

Jonas spricht (im Januar [!] 2013) ganz aufgeregt auf meinen Anrufbeantworter:

Ich bins, Jonas Zachmann, liebe Mama. Äh, Mama, ich wollt dir sagn: Ich will gern bestelln, un zwar Star wors klon wors will ich bestelln bei dir, fünften Staffel von star wors klon wors, du weiß doch, Mama, ich mag dem gern. Fünfte Staffel komplett, Mamilein, ich wünsche mir an Weihnachtn. Bitte bestells mir, un schenks mir an Weihnachtn. Das will ich so. Danke, Mama, tschau!

Februar 2013
Jonas hat sich die erste Staffel der Uralt-Amerika-Serie »*Dallas*« *gekauft, die ich als Teenager auch eine Zeit lang mit Begeisterung geschaut habe.* »*Mama, Dälläs is sooo kuul. Kennsu?*«

»*Ja, vor vielen, vielen Jahren hab ich das auch mal geguckt. Aber das ist schon lange her, ich kann mich kaum noch erinnern.*«

»*Mussu guckn, Mama, is ech voll kuul!*«

»*Mmmhh, ich glaub, das würde mir jetzt nicht mehr gefallen…*«, *murmele ich vor mich hin.*

»*Doch, Mama, fäll dir! Ich zähl mal*«, *und dann rückt er mich wieder ins Bild:* »*Ich weiß, wer gewinn: Kliff Bahms, weil Tsche A is Dumpfbacke! Un Bobbi is tot, is Hamma! Igewann sterbs auch Tsche A, igewann. Ich mag Kliff Bahms lieba un sein Schwestan Pämela. Un*

Tsche A is nich sein Vata aba Tschock is sein Vata un Pämela sein Vata. Un gibses eina, heiß Dicka, is lustich, Mama! Un Kliff hat wuss, anne-re Familie seine Fau schlagn wörde. Un gibses noch Miss Elli, heiß sie wie mei Schwestan, is ech gut, Mama! Aba sie is alte Oma, un gibses noch Lusi, sie is sehr hübscha Fau, oh, is sie hübsch, Mama! Un Miss Elli hat annere Mann heirate, nich mär Tschock. Weil er is auch tot, un Miss Elli is tauhich! Weiß jetz wieda alles, Mama? Dälläs is kuul, gell?«

In der Tat kommen mir manche Namen bekannt vor, aber ich kriege die Geschichte dennoch bei Weitem nicht mehr zusammen. Das muss an meinen Gedächtnislücken liegen; Jonas jedenfalls hat sich wirklich alle Mühe gegeben, mir die komplizierten Familienkonstellationen in seiner detaillierten Schilderung zu erläutern.

Wenn sich Jonas wieder eine neue DVD wünscht, schreibt er mir regelmäßig »Bestellzettel«.

Missö Klot und siene Töchter (Monsieur Claude und seine Töchter) 2 x bestellen DVD (Wir waren zusammen in diesem schönen Kinofilm, und schon während des Films hat mir Jonas mehrfach zugeflüstert: »Mama, diese Film wünsche ich ham!« Und weil er mir auch so gut gefallen hat, erinnert er mich nun daran, ihn gleich 2 x zu besorgen!)

Oktober 2013
Jonas erzählt uns begeistert vom zweiten Teil der Hobbit-Trilogie »Smaugs Einöde«. Wir hatten den Film als ganze Familie im Kino ge-sehen, als er neu erschienen ist, und nun hat sich Jonas auch die DVD gekauft: »Ich liebe Hobbit-Film mit die Swäge (Zwerge) un die Drache. Ouh, is so spannen, de Drache so gefählich! Aba beste is Hobbit, er heiß Bilbo Häupling!« (Richtig: Bilbo Beutlin.)

Wolfgang, als eingefleischter Herr-der-Ringe-Fan, lacht laut auf und haut sich auf den Schenkel: »Bilbo Häupling, das ist echt gut, Jonas, das merk ich mir!« – »Ja, is echt gute Film, Papa! Mussu auch mal guckn!«

Was mach ich gern? Ausschlafen, ich spiele gerne Computer, Film gucken, rausgehen, chillen, tanzen, singen, Buch zu lesen, meine Familie zusammen machen, ich frage mein Familie, was wir machen kann.

Manchmal stellen sich uns (bequeme) Hindernisse in den Weg, zum Beispiel beim DVD-Kauf:

Januar 2014

Auf dem Nachhauseweg von einer Lesung am Vormittag halten wir auf dem Parkplatz von Jonas' Lieblingsmediengeschäft. Er darf sich eine DVD zur Belohnung aussuchen. Während mein Sohn gefühlte Stunden alle Regale abläuft und fast jeden Film in die Hand nimmt, um ihn laut vorlesend genau zu studieren, langweile ich mich zu Tode. »Jonas, ich gehe mich mal ein bisschen im Laden umsehen. Wir treffen uns dann nachher wieder, okay?« Ich schlendere durch die Abteilungen und entdecke zu meiner Erbauung kurz hinter den Mega-Bildschirmen sechs verschiedene Modelle von Massagesesseln zum Testen. Genüsslich lasse ich mich auf dem ersten nieder, stelle das Programm ein und genieße die wohltuende Massage.

Als ich gerade den dritten Stuhl auf seine Tauglichkeit teste, steht plötzlich mein Sohn vor mir, einen Disneyfilm unter den Arm geklemmt. »Ah, hia bis du, Mama. Tschilln, was?« Er setzt sich auf den Stuhl neben mir, greift wie selbstverständlich zur Fernbedienung, lehnt sich zurück, schließt die Augen und schnurrt: »Oh, is so gut meine Rückn!« Dann reißt er die Augen wieder auf. »Mama, wünsche mir, so was ham meine Gebuatstag! Is gut für mich!«

»Ja, das kann ich mir vorstellen. Aber, Jonas, schau mal auf den Preis, das ist definitiv zu viel für ein Geburtstagsgeschenk!«, schmunzle ich.

»Oh, schade, Mama!« Nun muss er alle Sessel nacheinander testen und will gar nicht mehr aufstehen.

»So, Jonas, komm, wir gehen jetzt deine DVD bezahlen.«
»Schon?«
»Ja, bitte, jetzt sind wir schon über eine Stunde hier im Laden, ich möchte jetzt nach Hause fahren.«

»Ach, Mama, tschill mal deine Lebn! Du imma Hektik bis! Muss noch hia sitzn, is sooo gut für mich!« Wir können uns schließlich darauf einigen, jeder noch einen Sessel zu testen, bevor es dann endlich weitergeht.

März 2014
Jonas steigt aus dem Auto, fischt auf dem Rücksitz nach seiner Laptoptasche mit den Worten: »Komm, mein Liebslinge!«
    Ich hake nach: »Lieblinge? Wieso, ist doch nur ein Laptop!«
    »Nö, Mama«, *klärt Jonas mich auf,* »Läptop un Netzteil!«

Juni 2014
Wir machen »Großeinkauf« *im Elektrogeschäft. Jonas hat sich von seinem Taschengeld zwei Musik-CDs gekauft und darf sich noch zwei DVDs aussuchen, die ich ihm als Lohn für die letzten beiden Lesungen versprochen habe. Beim Bezahlen bietet ihm die Kassiererin eine Tüte an.* »Brauch nich, nehm ich alle mei Häzn!«, *spricht's und drückt sich die Medien an die Brust. Kaum im Auto angelangt, packt Jonas alles aus dem Zellophanpapier aus. Die Preisaufkleber löst er sorgfältig ab und verteilt sie liebevoll schmunzelnd im Auto auf Lenkrad, Armaturenbrett und irgendwo hinter sich. Dann liest er alle Beschreibungen zu den Filmen und Musiktiteln laut vor. Als er alle durchhat, fängt er grad wieder von vorne an ... Zu Hause angelangt, kriegt er einen Lachkrampf, als ich aus meiner Jacke schlüpfe, und zeigt auf meinen Ärmel, an dem eines seiner Preisschildchen klebt:* »Mama, kostes du neun-fumpfenneunzich! Is so billich, mei Mama!«

Als wir mit den gemeinsamen Lesungen begannen, überlegte ich lange, wie ich Jonas dafür entlohnen könnte. Ihm Bargeld zu geben, kam eigentlich nicht infrage, weil ich ja genau wusste, wofür er dieses noch auf der Rückfahrt ausgeben würde (schließlich zeigt selbst mein Navi alle paar Kilometer ein gewisses gelbes M an). Also hat sich bewährt, dass Jonas mir im Vorfeld seine Wünsche in Form von DVDs, Büchern, Musik-CDs oder Hörbüchern mitteilt. Kaum hole ich meinen Sohn zur Lesung ab, lautet die erste Frage

(manchmal noch vor der Begrüßung): »Mama, has Geschenk bei?«
Ich zücke dann das gewünschte Produkt, und Jonas strahlt bis über
beide Ohren. Die ganze Fahrt über (und das können manchmal
etliche Stunden sein) legt Jonas seinen Schatz nicht aus der Hand:
Er streichelt liebevoll die DVD, tätschelt das Buch oder bestaunt die
CD, löst die Verpackung ab und liest die Beschreibung auf der Rück-
seite so oft laut vor, dass ich sie spätestens am Ziel auswendig kann.

Ohne müde zu werden, erklärt er mehr Patrick als mir, worum es
wohl geht: »Ah, diesn Fau is diesn Mann valiebt, aba hat er Pistole,
vielleich is er Vaprächa, aba sie liebs ihm, seh ich bis hier!« Oder:
»Diese Buch is erste Teil von Film, ich kenn schon alle Filme! Geh-
ses um Swäge (Zwerge) un dem Kämpfn mit dem Drachn, oh, er
gefählich is! Aba weiß ich schon, wer Winna is un wer Lusa, kenn
ich schon alle, aba bin spannt, diesn Buch!« Oder: »Wow, is coole
Musik bestimm! Patrick, könne wir wieda tanze, du un ich samm.
Oh, feu mich, kuule Lieda ham!« Aber Jonas weiß sehr wohl, dass
er sich das geliebte Objekt erst verdienen muss, er also erst nach der
Lesung das Buch lesen, die Musik hören beziehungsweise den Film
anschauen darf. Das hält eine gewisse Motivation aufrecht. Jedes Mal
bin ich aufs Neue gerührt, wie bescheiden mein Sohn doch ist und
mit wie wenig man ihm eine so große Freude machen kann. Welcher
23-Jährige freut sich noch so unbändig über ein bisschen Papier oder
diese runden Scheiben? Und natürlich gehen wir unterwegs auch
immer miteinander essen, das gehört zum Programm, und ich liebe
es nicht weniger als mein Sohn.

Manche Hobbys müssen auch neu entdeckt, ausprobiert und auf
ihre Tauglichkeit geprüft werden.

Ich hab Interessen, Handball spielen, hab zugucken, andere spielt hat und aufgewärmt. Dann überlegt hab, will ich auch mitzuspielen. Meine Schwester Elli mich hingebracht und geregelt, ich mitspielen kann. Und dann später hat Mama überlegt, für mich Mail schreiben mein Trainer, mich angemeldet hat. Training wir haben samstags, und wenn ich kein Lesung habe, fahre ich Bahn hin zum Training.

Hab Tor danebengeschossen, aber fast getroffen. Elli hat mich besucht, zugucken, und Mama auch zugucken. Maren und Papa nicht zugeguckt, ich wünsche mir aber noch. Papa bestimmt auch Interesse, mitspielen, wenn Papa kein Praxis aufgemacht würde, kann er Handball Beruf lernen, er sportlich ist, oder Trainer werden, das guter Beruf ist! Das mein Wunsch, der Papa macht mein Trainer sein. Wenn ich Mitglied, dann auch Turnieren spielen, das ist cool.

Tja, leider, leider hat dieses Interesse nicht lange angehalten. Die ersten Wochen ist Jonas mit großer Begeisterung zum Training gegangen. Das fing so an, dass er die ersten beiden Male, die er selbstständig dorthin fuhr, ganze zwei Stunden zu früh vor der Halle stand, weil er seinen Wecker mal wieder viel zu früh gestellt hatte. Auf mich wollte er diesbezüglich nicht hören. »Mama, lass mich, meine Sache, weiß selba alles!« Eliane hat ihm daraufhin vorgeschlagen, ihn samstags telefonisch zu wecken, damit er nicht wieder viel zu früh losfährt. Prompt rief er sie die nächsten Samstage morgens gegen 6 Uhr an, wann sie ihn denn wecken würde oder ob sie ihn gar vergessen habe … Da das Training erst um 10 Uhr beginnt, hätte es locker gereicht, wenn Jonas um 9 Uhr aus dem Haus gegangen wäre.

Es hat also eine ganze Weile gedauert, bis sich das eingespielt hatte, aber dann lief es richtig gut, und etwa zweimal im Monat konnte Jonas dabei sein. Elli hat sich unglaublich dafür starkgemacht und ihn, sooft es ihr möglich war, beim Training besucht, um ihn anzufeuern und zu motivieren. Aber da sie ja nicht jedes Wochenende von Siegen heimkommt, war es nicht regelmäßig möglich, und auch nicht nötig, wie ich finde. Jonas sollte schon auch allein dabeibleiben. Dann begann der Streit mit dem Getränk: Jonas hatte immer irgendetwas klebrig Süßes zum Trinken dabei (Eistee, Cola, Fanta, was er sich eben immer so kauft), in der Halle und während des Trainings war aber nur Wasser erlaubt. Und das konnte sich Jonas nun beim besten Willen nicht vorstellen. So kam es wohl zu einigen Auseinandersetzungen mit seinem Trainer, und dann wollte Jonas partout nicht mehr zum Handball gehen. Schluss. Aus. Vorbei. Wie oft haben wir es versucht, ihn weiter zu motivieren, aber alles blieb erfolglos. Vor allem Elli hatte an dieser Enttäuschung am meisten zu knabbern, schließlich hatte sie sich so dafür starkgemacht.

Ein paar Monate später fragt Elli Jonas am Telefon, was er denn jetzt für einen Sport mache als Ersatz für Handball. Jonas antwortet: »Elli, du weiß doch: Genug Sport mit mei Küchedienst!«

Meine Hobbys: Ich spiele gerne Handball. Okay, ich spiele nicht mehr Handball, hab aufgehört, anstrengend ist. Ich spiele gern Computer, manchmal, aber ich gucken gern Filme bei DVD meine Laptop. Mal rausgehen und chillen in schöne Park mit mein Schwestern. Oder geh ich lieber rein und chill da weiter. Bettchen liegen, Musik hören, oder ich penne ein, wenn ich Lust habe. Oder ich arbeiten meine Buch und mach ich Rollenspiele. Manchmal bowlen gehen und Ausflug machen mit Lebenshilfe-Leute. Und sing ich gerne und noch lieber tanzen. Und ess ich gern, bis ich platze, aber reiß ich meine Riemen!

Vielleicht nicht gerade als Hobby, aber doch als wöchentlichen Termin, der Jonas viel Freude macht, kann man die Sitzung bei seiner Logopädin bezeichnen. Mit sechzehn Jahren hat Jonas selbst nach einer langen pubertären Streik-Phase beschlossen, wieder logopädische Unterstützung in Anspruch zu nehmen, weil es ihn schlichtweg nervte, dass die Leute ihn so wenig verstanden. Das ist, glaube ich, schon lange nicht mehr sein Motor, sondern die über diese Jahre so wunderbar gewachsene Beziehung zu seiner Stephanie. Sie tut ihm einfach gut, und natürlich hat er auch sprachlich enorme Fortschritte gemacht. »Mama, Donnastag kann ich nich dir komm, geh ich lieba Logopi hin! Is wichtich mich, un mags ihm so lieb!« Eine Win-win-Situation!

In einer E-Mail verleiht die Logopädin ihrer Freude Ausdruck:

Januar 2014
... Jonas arbeitet im Moment wirklich supermotiviert mit. Falls ich mal vergesse, ihm eine SMS zu schicken, ruft er bei mir an und fragt nach.

Er hat die Termine wirklich verlässlich gut im Kopf! Ich habe das Gefühl, dass sich auch sprachlich gerade wieder kräftig was verbessert. Jedenfalls sind wir heftig dran, vollständige Sätze zu üben ...

Einem besonderen Hobby ist Jonas seit seiner Kindheit treu geblieben: das »Bücha abeitn« oder »Rollespiel schreibn!«. Seitenweise schreibt Jonas aus seinen Büchern (gern die Geschichten, die er als Film kennt) die Namen der Personen ab, die im Text vorkommen, und ersetzt sie durch Namen, die er aus dem Familien- und Freundeskreis kennt. Erst schreibt er, Seite für Seite, alle Namen raus auf die rechte Seite eines linierten Papiers, fein säuberlich untereinander. Davor kommt ein Doppelpunkt, und dann setzt er links daneben den Namen für den »Darsteller« ein, also die Person, die beim zweiten Durchlesen die Rolle im Buch übernehmen soll. (Wobei er auch für Fremdwörter, die er nicht kennt und deshalb für Namen hält, großzügig Rollen vergibt. Und wenn er sich ganz unsicher ist, ruft er auch schon mal mich oder seine Schwestern an, die ihm dieses Rätsel lösen helfen sollen: »Mama, Clematis, is er Mann oda Fau?«)

Wenn die Liste vollständig ist, er also das ganze Buch auf diese Weise durchgeackert hat, beginnt er, es von vorne zu lesen, nimmt seine Liste zu Hilfe und ersetzt den jeweiligen Namen im Buch durch die Person auf seiner Liste. Von Seite zu Seite und mit immer wiederkehrenden Figuren geht das dann immer schneller, sozusagen auswendig. Auf diese Weise liest er jedes Buch zweimal. Ganz schön aufwendig, so ein Buch zu lesen, aber dadurch macht er es zu seiner eigenen Geschichte und taucht regelrecht darin ein, macht sie sich zu eigen und durch ihm bekannte Personen vertraut. Echt genial! Ich muss wohl kaum erwähnen, wer jeweils die besten und sympathischsten Rollen (ja, Mehrfachbesetzung ist durchaus möglich!) im Buch bekommt! Tipp: Fängt mit »J« an und hört mit »onas« auf!

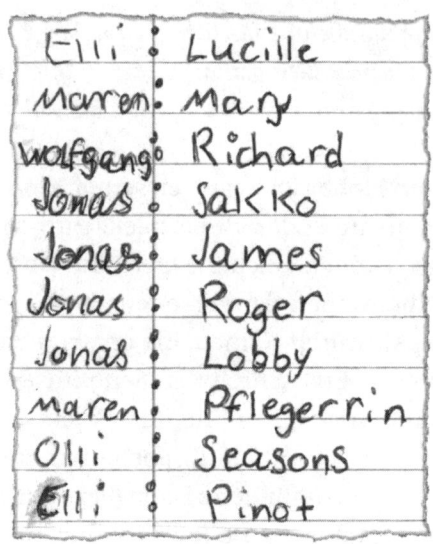

Elli	Lucille
Maren	Mary
wolfgang	Richard
Jonas	Sakko
Jonas	James
Jonas	Roger
Jonas	Lobby
Maren	Pflegerrin
Olli	Seasons
Elli	Pinot

Alle Namen aussuchen, wenn Buch draufstehen Namen, dann vordere und hintere Namen gib ich meine Rolle, wer andere spielt. Macht Spaß bei mir!

Es gibt ein weiteres Kindheitsritual, an das wir nach langer Zeit mal wieder angeknüpft haben:

Silvester 2014

Jonas feiert mit Wolfgang und mir zu Hause, wobei das Feiern gezielt ganz gechillt ausfällt: Wir kochen und essen gemütlich zusammen, machen Spiele, und ein echtes Highlight ist das Sammelalbum mit den Aufklebern, das uns wirklich eine Stunde lang beschäftigt. Ich könnte mich wegschmeißen, wenn Jonas beim Vorlesen der Bilderklärungen einige Worte sehr einfallsreich verwandelt, sodass sich der Sinn des Textes neu definiert: »Tropisch« wird zu »topfrisch«, »Region« zu »Religion«, »recyceln« zu »rezüzzeln«, »Territorium« zu »Terrortum«. Aus »verwüstet« macht Jonas »verwürstet«, aus einer »Schwarzfersenantilope« wird eine »Schwarzfernseherantilope«, »Ureinwohner« sind »Urinwohner«, und der »Seeelefant« ist nun ein »Seelefant«. Sehr schön! Wir haben eine Menge Spaß!

Seit nun schon zwei Jahren geht Jonas einmal im Monat mit einer Gruppe der Lebenshilfe ins Bowling-Center.

Bowlen geh ich eine in Monat hin. Nicht so viele Leute, nur paar. Wir spielen mit dem Bowling und Essen bestellen und trinken. Nimm die Kugel, und schleuder in die Kegel, dem alle umfallen, ist gute Treffer! Manchmal treff ich, aber nicht immer, manchmal schon, guter Jonas, dem anderen freut, ich treffe. Keiner ist Beste, Hauptsache, alle Spaß haben. Hauptsache ist leckeres Essen. Sind coole Leute da, Lisa Beispiel. Sie kann gut tanzen, und tanzen wir immer bei Bowlen. Da ist immer auch Musik laufen, ist coole Musik, ich tanzen kann, ich Lust habe.

Ja, und natürlich das Tanzen, eine von Jonas' größten Leidenschaften! Seit vier Jahren geht Jonas mit großer Begeisterung vierzehntägig in den Tanzkurs der Lebenshilfe.

Ich geh in Lebenshilfe-Haus, und lern ich noch, zu tanzen, und Susanne ist unser Lehrerin und gibt uns Unterrichten zum Tanzen. Der Lehrerin sagt uns dem Tanzschritt, und wir muss tanzen dazu, so, wie dem Lehrer sagt, so muss wir Schüler machen. Lernen wir Rumba, Salsa, Walzer, Cha-Cha-Cha und Rumba. Mein Lieblingstanzen ist Rumba und Walzer, tanz ich mit Mädchen zusammen. Eine von dem Mädchen schnapp ich mir, wir wechseln ab. Zum Lernen mit Down-Syndrom, dem anderen auch behinderte Leute.

Tanz ich liebste allein. Nur mit mir, Jonas, das Beste! Macht mir Spaß, dem Tanzen. Irgendwas gute Musik läuft, erst mal unterrichten und dann teilen wir Gruppe. Eine Gruppe bleibt unten, andere Gruppe geht oben und macht Disco. Machen wir Tänzchen, Tänzchen, Cha-Cha-Cha und immer wilder, und ist gut so, ich liebe es! Jeder kann seiner CD mitbringen, wenn wir Disco Tanzen tänzen. Ich mach Sport auf der Tanzfläche, und ich beweg dann dazu zu Musik und mein Muskeln, und ich wackel meine Po! Das ist lustig!

Einmal im Monat gibt es auch das Angebot der Lebenshilfe, gemeinsam zu essen und im Anschluss in eine öffentliche Disco zu gehen. Jonas versucht, so oft als möglich dabei zu sein.

Lebes haas
alle waren in
Disso getanzt
fläche Jeder hatte
schöne getanzt
dass war laut
alle Leute gelacht
Gute Stimmung
war gut weiter
machn ich war
müde geworden

(Vom) Lebens(hilfe)haus aus waren (wir) alle in (der) Disco. Getanzt (haben wir auf der Tanz-)fläche. Jeder hatte schön getanzt, es war laut, alle Leute (haben) gelacht, gute Stimmung. War gut, (will ich) weitermachen! Ich war müde geworden.

Aber auch außerhalb der Lebenshilfe tanzt Jonas für sein Leben gern: Wie gut, dass er drei Schwestern hat, die ihn immer mal wieder mit in so eine »richtige« Disco nehmen!

November 2014

Katharina, Martin, Elli, Tim und Jonas gehen gemeinsam in Karlsruhe abends aus. Nachdem sie einen leckeren »Hocktell« (Cocktail) getrunken haben, gehen sie in einen alternativen Klub zum Tanzen. Jonas gefällt die Musik, und sofort verschwindet er auf der noch fast leeren Tanzfläche, Elli und Katha an je einer Hand hinter sich herziehend. Als sich der Klub nach und nach füllt, blüht Jonas richtig auf und rockt die Tanzfläche. Nachdem er einige auf sich gerichtete Blicke bemerkt, wird er unsicher und fragt Elli: »Warum dem glotzen bei mir?« Elli beruhigt ihn mit den ehrlich gemeinten Worten, dass so viele ihm fasziniert zusehen, weil er mit Abstand am besten tanzt und sie beeindruckt sind. Jonas grinst breit und zufrieden und legt nun erst richtig los.

März 2015

Eliane führt ihren Bruder zum Essen aus. Dabei äußert Jonas den Wunsch, mal wieder mit ihr tanzen gehen zu wollen. Elli: »Ja, Joni, gerne, aber nächstes Wochenende fahren wir zwei ja erst mal die Oma besuchen, da ist keine Zeit dafür.« Jonas' Augen weiten sich vor Freude. »Oh ja, Oma gehn, so kuul! Un Elli, hab ich Edee: Oma tanz auch gern, könne wir sammn mit Oma Disco gehn!«

Jonas tippt: Wa ich desko wesen Elli und Tim mich abhole Mama Auto Hab ich tanze tanze tanze nix andes Bis we tut mein sieitesechn und essen und trinken war schöne Abed wesen

War ich Disco gewesen. Elli und Tim mich abholen (mit) Mamas Auto. Hab ich tanzen, tanzen, tanzen, nichts anderes, bis wehtut mein Seitenstechen. Und Essen und Trinken. War schöner Abend gewesen.

Und »natööölich« zieht sich das geliebte Tanzen auch überall sonst durch...

November 2014

Elli erzählt mir bewegt von dem Nachmittag, den sie mit Jonas in der Stadt verbracht hat: »Es war so schön mit ihm! Wir waren zuerst essen. Jonas hat sich Schnitzel mit Pommes bestellt. Dann sind wir in seinen Lieblingsladen gegangen wo er normalerweise in der DVD-Abteilung stundenlang alle Filme durchforscht. Aber heute ist er zu den Riesenfernsehern gegangen, und hat fasziniert einem Popsänger zugesehen. Dann hat er sich nach mir umgedreht, die Arme ausgebreitet und gesagt: ›Komm, Elli, tanz mit mir!‹ Das war so cool! Wir haben echt da in dem Laden miteinander getanzt.« Ich sehe die Szene vor mir, wie meine beiden erwachsenen Kinder im menschenvollen Laden miteinander tanzen und ihren Spaß haben, skeptische oder abwertende Blicke einfach ignorierend. Bin richtig stolz auf die zwei! »Mama, ich bewundere Jonas echt für seine Spontaneität und Unkompliziertheit. Immer wieder zeigt mir mein Bruder, wie schön es ist, gemeinsam das Leben zu feiern, ganz egal, wo und wann!«

Dezember 2014

Jonas und ich fahren nach Ellwangen zu meinem Bruder Matthias und seiner Lebensgefährtin Marianne, die beide als Fotografen arbeiten: Fotoshooting für das Cover unseres neuen Buches. Marianne hatte die Idee, im ortsnahen Kino zu fotografieren. Wir haben verschiedene Klamotten für Jonas dabei, die je nach Hintergrund passen sollen. Matthias trägt ein rotes Hemd und ein graues Sakko. Jonas meint: »Oh, Onkel, Kuules du anhas. Wünsche, so was ham!«

»Kein Problem!«, meint mein Bruder spontan. Kurzerhand wechseln die beiden ihre Oberteile. Wir fahren zum Kino, bauen alles auf, setzen Jonas noch seinen Hut auf, geben ihm ein Mikrofon in die Hand, und Marianne kümmert sich sorgfältig um jede Hemdfalte und Haarsträhne. Matthias dreht Jonas in die richtige Position und meint salopp: »Und jetzt grinsen!«

Jonas grinst, hält zehn Minuten dieselbe Position, wirkt aber ziemlich steif. Matthias versucht, ihn durch Witze aufzulockern, aber schnell gefriert Jonas' Lächeln wieder zur starren Maske. Er ist so bemüht, alles richtig zu machen, dass es furchtbar unecht wirkt. Das Tageslicht schwindet schneller, als uns lieb ist, und so ziehen wir in Matthias' Fotostudio um. Auch hier wirkt Jonas etwas steif.

Da kommt Matthias auf die geniale Idee, eine CD aufzulegen. Kaum erklingen die jazzigen Töne, ist mein Sohn wie ausgewechselt, beginnt, sich ganz natürlich zu bewegen und zu tanzen. Nun ist er nicht mehr zu halten: Er tanzt, singt, lacht, strahlt voller Lebensfreude. Das ist der echte Jonas: Er spielt mit dem Hut, dem Mikro, dem Sakko, dreht sich, geht in die Knie, hüpft in die Höhe, lacht, singt mit, obwohl er die Texte nicht kennt. Er geht ganz in der Musik auf. Matthias und Marianne schießen viele wunderschöne Fotos, eine halbe Stunde später haben wir ein geniales Ergebnis im Kasten!

»Hat Spaß mach, Mama! Hut ist kuul, aba nur für Foto machn, will nich sons nich ham, weil is unquem mein Haare! Un brauch ich

diese kuule Kleida, Mama, solche Hemdchen un solche Jacke, bitte kaufs
mir!« Aber gern doch!

ich war also mit Mama
in Lesung gewessen
Und dann war wir
mattias Okel Oft
war dann hatte ~~mich~~
mattias Okel hatte
Foto Parat Hand
geamt Wir ware
in der Kino ~~Film~~
~~gest~~ ich hab
Spass und minikoP
Hut

Ich war also mit Mama in Lesung
gewesen, und dann waren wir
(bei) Onkel Matthias (schon oft
waren wir da), dann hatte Onkel
Matthias einen Fotoapparat
in der Hand gemacht. Wir waren
im Kino, ich hab Spaß mit Mikrofon
und Hut.

Das Wort Langeweile kennt unser Sohn kaum, und wenn sie ihn
doch einmal zu überfallen droht, weiß er sich stets zu helfen. Selbst
ohne Laptop kann er sich sehr gut beschäftigen: mit seinen Büchern,
Musikhören, Skizzenzeichnen, Brettspielen mit sich selbst (gegen
seinen unsichtbaren Freund) oder auch einfach Telefonieren.

Juli 2014

»Mama, hab nur noch fümpf Euho auf mein Händi.«

Ich erwidere empört: »Was?! Das kann doch nicht sein, Jonas! Ich
hab dir doch erst vor ein paar Tagen 15 Euro draufgeladen!«

»Doch, Mama, stimm so! Guck!« Er zeigt mir sein Guthaben.

Ich schüttle fassungslos den Kopf. »Mensch, Jonas, du telefonierst zu
viel. Das wird mir langsam echt zu teuer!«

»Aba, Mama! Was soll sons mache? Langweile rumhocke, oda was?«

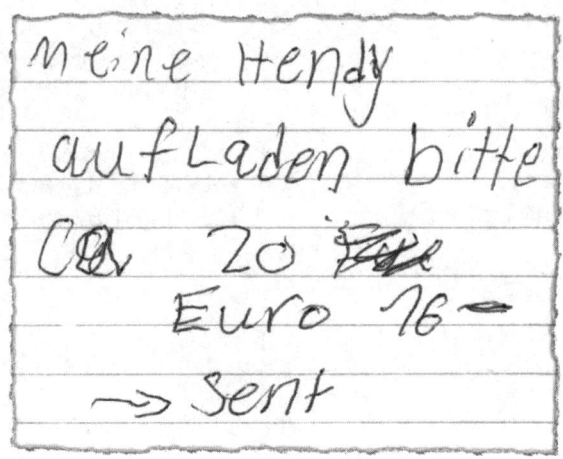

»Essn is sooo lecka!«

Die unvermeidliche Nahrungsaufnahme als tägliches Fest feiern

Essen ist wohl Jonas' größte Leidenschaft – nach wie vor und mehr denn je. Futtern, schmausen, spachteln, schlemmen, schnabulieren... Jonas liebt alle Varianten davon, zelebriert sie regelrecht und ist ein echter Genießer. Das Wort »satt« scheint er dabei kaum zu kennen, obwohl es auch seltene Ausnahmen gibt.

Mai 2013
Ich nehme mir einen Kaugummi aus der Dose und halte sie Jonas hin. »Willst du auch einen?«
*   »Nö, danke, Mama, bin schon satt!«*

Weihnachten 2013
Jonas ist über die Feiertage bei uns zu Hause. Ich will ihn vom Fernseher weglocken und frage, ob er mir beim Kochen helfen mag (und gehe fest von einer positiven Antwort aus, weil er früher sehr gern die Küche in Beschlag genommen hat). »Nö, Mama, glaub ich, schaffs du schon! Brauch nich hefe dir. Schmecks auch, du kochs alleine!«

Nun sind die Betreuer dran, das mit ihm zu regeln. In der ersten WG hat jeder der drei Jungs für sich gekocht, ab und an hat auch eine Mitarbeiterin mit ihnen zusammen gekocht, aber in der Regel hat sich jeder selbst versorgt. Anfänglich hat Jonas noch mit Begeisterung in der Pfanne was zusammengemixt (ich sage nur: »Spanische Eier«, und verweise auf unser erstes gemeinsames Buch »Ich mit ohne Mama«!). Doch da ihm das ewige Geschirrspülen auf den Zeiger ging, ist er immer öfter auf Fast Food umgestiegen, und die Dönerbude um die Ecke wurde zu seinem zweiten Zuhause.

Auch in der neuen WG frühstückt jeder Bewohner für sich. Jonas kommt grundsätzlich ohne Frühstück aus. »Mag keine Füstück nich, hab kei Hunga. Nur bei dir, Mama, oda Leckares in Hotel, du weiß doch, weiß nich mär?!« Und ob ich das weiß! Dafür, dass Jonas morgens angeblich keinen Hunger hat, kann er erstaunlich große Portionen verdrücken, wenn er uns am Wochenende besuchen kommt oder nach einer Lesung am Hotelbüfett die volle Auswahl hat.

Mittagessen bekommt Jonas ja in der Werkstatt (»Eimal gibses Teller voll, un noch eimal Nachschlag is älaub, aba nur eimal, Mama. Schade, is lecka, will gern öfta Nachschlag ham, aba daf nich! Is plöt so!«), und Abendessen gibt es wieder in der WG: die vier unterm Dach vespern Brot, Käse, Wurst miteinander in ihrer kleinen Küche. Am Wochenende kocht dann die diensthabende Betreuerin zusammen mit einem Bewohner für alle ein leckeres Mahl, das dann in den jeweiligen Gruppen wieder für sich eingenommen wird. Jonas hat also inzwischen so gut wie gar keine Kocherfahrung mehr, was ich sehr schade finde. Als die Lebenshilfe einen vierzehntägigen Kochkurs anbot, wollte ich Jonas gerne dort anmelden. Aber das hat er zu meinem Erstaunen vehement abgelehnt: »Mama, wills nich anneren kochn sammen, mach selba mei Ding!« Und Jonas' »Ding« ist nun mal die schnelle Lösung à la Fast Food.

Leckeres Essen: Pizza, Salat, Burger. (Das sind) meine leckersten (Lieblingsessen) für mich (und das) Besondere an meinem Leben.

Inzwischen hat Jonas auch ein ganz festgefahrenes Freitagabend-Ritual entwickelt: Wenn er von der Arbeit nach Hause in die WG kommt, macht er dort sein jeweiliges Amt, geht dann ins Mitarbeiterbüro, lässt sich dort sein Laptop aushändigen, schließt es in seinem Zimmer an und fährt dann mit der Bahn zu »McDoof«, um sein Taschengeld in fette Beute einzutauschen, die er dann wiederum mit nach Hause nimmt und vor seinem Laptop verzehrt.

Die Summe des Taschengeldes ist nicht immer gleich, weil das Geld an seine Aufgaben gekoppelt ist. Auf dem Plan, der im Büro hängt, sind nicht nur seine jeweiligen Aufgaben eingetragen, sondern dort wird auch vermerkt, ob er sie ordentlich beziehungsweise überhaupt verrichtet hat. Also hinter Küchendienst, Duschen, Wäscheamt etc. ist entweder ein ☺ oder ein ☹ gemalt. Jeder Aufgabe wiederum ist ein gewisser Eurowert zugeschrieben. Obwohl Jonas aus pädagogischen Gründen sein Taschengeld dreimal wöchentlich ausgezahlt bekommt, hält er seltsamerweise an seinem Freitagabend-Ritual fest, was bedeutet, dass er das Geld nun doch ansammelt. So fährt er also freitags los und kauft sich entsprechend viele Burger. Wobei das eine ganz klare Sache ist: 5 Euro gibt 5 Burger, 7 Euro gibt 7 Burger...

November 2014
Es ist Freitagabend, Jonas ruft mich an. Im Hintergrund sind laute Geräusche zu hören. »Hi, Joni, wo bist du denn?«

»Mama, du weiß doch, bin Bahn!«

»Ah, fährst du wieder in die Stadt, dein Taschengeld auszugeben?«, frage ich, noch gut gelaunt.

»Nö, Mama, fahr WG hin. War schon Mäkdonnäs.«

»Und, wie viel Euro hast du ausgegeben?«

»Sechsen!«

Ich hoffe, mich verhört zu haben. »Was? Sechzehn? Jonas, sag mir jetzt nicht, dass du dir 16 Hamburger gekauft hast!«

»Nöööö, Mama natöölich nich!« Ich atme erleichtert auf, allerdings viel zu früh. »Mama, hab acht Hamböga un acht Schießböga!«

Natürlich haben wir Jonas schon mehrfach auf dieses ungesunde Verhalten aufmerksam gemacht. Aber davon will er nichts hören. »Mama, ich lieb so, is meine Sache, is mei Köpa! Du nich imma einmische mir, bin äwaxn!«

August 2014

Ich bin mit Jonas übers Wochenende bei meiner Mutter zu Besuch. Sie schenkt Jonas einen Zehn-Euro-Schein mit den Worten: »Davon kannst du dir was Schönes kaufen, ein Eis oder so.«

»Nö, kei Eis, weiß ich Bessere, gell, Mama?« Anschließend grinst mein Sohn mich triumphierend an, während ich genervt mit den Augen rolle.

»Was meint er denn?«, will meine Mutter auch eingeweiht werden.

»Mutti, von zehn Euro kauft sich Jonas zehn Burger!«

»Wie? Auf einmal?« Meine Mutter schaut mich mit weit aufgerissenen Augen an. Ich nicke nur. »Das kann doch nicht wahr sein, oder?« Ich zucke resigniert die Achseln. Jetzt wendet sie sich wieder ihrem Enkel zu: »Jonas, das kannst du doch nicht machen!«

»Doch, Oma, kann ich!«

»Na ja, du kannst dir ja meinetwegen mehrere Hamburger kaufen, aber hintereinander, nicht alle auf einmal!«

»Doch, Oma, das will ich!«

»Aber, Jonas, das ist doch völlig ungesund. Pass mal auf, du könntest dir doch fünfmal je zwei Hamburger davon kaufen.«

»Hä, Oma?« Ich halte mich bewusst raus, lasse die beiden diese Sache besprechen, schließlich habe ich schon zig solcher Diskussionen mit meinem Sohn geführt.

»Jonas, du kannst dir an einem Tag zwei Hamburger kaufen, am nächsten Tag noch mal zwei, dann wieder zwei und so weiter.«

»Nö, Oma, das plöt, will alle kaufn!«

»Aber das geht doch nicht, Kind, du verrenkst dir ja den Magen!«

»Hä?«

»Na ja, ich meine, du bekommst doch dann Bauchweh!«

»Nö, mei Bauch is gut bei mir!« Jonas verlässt den Raum und geht zur Toilette.

Hilfesuchend schaut sich meine Mutter nach mir um. »Warum sagst du denn nichts dazu? Das kannst du ihm doch so nicht durchgehen lassen!«, appelliert sie an meine mütterliche Verantwortung.

Ich erkläre ihr, dass ich das schon hundertmal mit Jonas diskutiert habe, er sich aber nicht reinreden lässt. Deswegen rate ich ja stets dazu, ihm nie mehr als fünf Euro in die Hand zu drücken.

Kaum ist Jonas wieder zurück, fängt meine Mutter wieder mit dem Thema an. »So, Jonas, jetzt machen wir es so: Du gibst mir den Zehn-Euro-Schein zurück, und ich gebe dir dafür zwei Fünfer.«

»Is auch zehn Eujo!«, kontert mein Zahlengenie.

»Ja, und dann kannst du fünf Euro ausgeben und dir die anderen fünf aufheben.«

»Will nich hebn, will kaufn!«

»Dann geb ich eben deiner Mama die anderen fünf Euro, dann kann sie sie für dich aufheben!«

»Nöö, Oma, das wills ich nich, is meine Geld, nich Mama seina! Un basta jetz!«, beendet er das leidliche Thema und steckt sich die Kopfhörer seines MP3-Players in die Ohren.

Ein hilfloser Blick trifft mich. »Wie kann er denn nur so verantwortungslos sein? Er muss doch besser auf sich achten!«

Tja, willkommen im Klub der Ratlosen.

Ich überlege, ob ich einer gewissen Firma mit gelbem M einen Brief schreiben soll. Nein, nicht weil ich der Ansicht bin, dass dort zu viel Müll produziert und Fleisch aus Massentierhaltung verwendet wird, worüber ich mich ärgere, sondern um mich bei ihnen zu bedanken! Keine Ahnung, wann die Firma ihre Preise geändert hat, aber Jonas ist seit Neuestem völlig irritiert, weil seine Rechnung nicht mehr aufgeht. Für zehn Euro bekommt er jetzt anscheinend nur noch sieben (Cheeese-)Burger, hat er sich lautstark bei mir beschwert.

Essen ist mein Ding, ich liebe es, und Mama und Betreuer nicht immer sagen soll, nicht immer eimischen soll meine Leben, ich selber groß bin und mein Körper kümmern. Alles gut so, mein Bauch ist gut und mein Herzen auch, also, kein Sorgen machen bei mir, mein Mamilein! Ich hab dich lieb, das Wichtigste, nicht Thema Essen.

Jonas malt einen Grill-Tisch,
gut belegt mit Würstchen und Steak.

2. »Mei Familie un Feunde sin Wichtichste!«

Jonas und sein Beziehungsnetz

»Mei Familie is Beste bei mir!«

Einblicke ins Leben der Zachmanns

Ich bin auch hübsch, und meine Mama liebt mich, und Gott hat recht gehabt. Diese Familie ist richtige für mich, und dem haben mich lieb. Okay, niemand keiner ist nicht perfekt, dem haben auch Probleme, manchmal auch streiten gibt, aber egal, nicht schlimm. Ist beste Familie bei mir! Immer so bleiben und Amen.

Ich bin wirklich reich beschenkt! Meine Mutter hat es vor vielen Jahren mal amüsiert so ausgedrückt: »Du hast kein einziges Nullacht-fünfzehn-Kind!« Natürlich wäre jetzt die Frage, ob es ein solches überhaupt gibt, weil doch jedes Kind besonders und einzigartig ist, vor allem aus subjektiver Muttersicht. Aber dennoch bin ich schon auch stolz auf unsere außergewöhnliche Familienkonstellation und finde, Gott hat das richtig gut eingefädelt. Ich habe also eine Stieftochter, eineiige Zwillingstöchter und einen Sohn mit Down-Syndrom. Nix Normales, sozusagen. Lauter besondere Kinder.

Da ich dieses Buch ja »nur« als Koautorin schreibe und Jonas im Mittelpunkt stehen soll, beschränken sich die folgenden Geschichten vor allem auf Erlebnisse, an denen er maßgeblich beteiligt war. Und ganz ehrlich: Wolfgang und unsere Töchter sind auch nicht halb so scharf darauf wie Jonas, in der Öffentlichkeit aufzutreten. Sie möchten lieber bescheiden im Hintergrund bleiben, was ihr gutes Recht ist. Doch natürlich haben sie ihr Okay zu diesen Erzählungen gegeben. Als ich die vier bat, für dieses Buch doch ein paar eindrückliche Anekdoten mit Jonas aufzuschreiben, haben sie alle dankbar abgewinkt. Von vier Seiten bekam ich zu hören: »Erzählen gern, aber aufschreiben musst du es schon selbst, das kannst du viel besser.« Nun, Jonas und ich haben unser Bestes versucht…

Papa ist mein Lieblingspapa von ganze Welt. Ohne mein Papa kann ich nicht leben, weil er lieb und streng ist. Kann ich gut brauchen, wenn bockig bin. Aber geht schon, besser geworden ich bockig sein. Aber Mama auch sehr wichtig. Weil du schwanger warst, ich dein Sohn deine Bauch drin war. Du Glück hast, Mama und Papa verliebt sein, ist er hübscher Mann. Ich bin froh euch beiden, euch gefunden habt, Mann und Frau. Und mein Schwestern auch lieb. Papa und Katha ist strengste, aber mich trotzdem lieb hat der beiden. Aber Maren und Elli ist nicht streng, überhaupt nicht. Wie du, Mama. Aber hab trotzdem lieb mein Schwestern, weil ich ein Bruder bin. Und haben sie Glück, weil ich sein Bruder bin. Guter Jonas!

Ein paar Tagebucheinträge vermitteln einen Eindruck von Zachmann'schem Sommerfeeling.

Mai 2012

Wolfgang und ich liegen nach einer Runde Pool auf der Terrasse und lassen uns die Sonne auf den Bauch brutzeln. Plötzlich reißt Jonas von innen das Badezimmerfenster auf und ruft laut: »Mama, Papa, Hiiiife! Stinka schwimms! Schwimms imma Kreis rum in Klo, will nich tauch unta!« *Auch die Nachbarn links und rechts haben den Alarm wohl mitgehört, jedenfalls fallen sie in unser lautes Gelächter mit ein.*

Mai 2013

Jonas deckt den Pool auf und will schwimmen gehen. Ich erinnere ihn daran, dass er ihn danach aber wieder zudecken muss. »Ja, klar doch, mei Mäckaliese!«

Juli 2013

Jonas hilft seinem Papa beim Feuermachen im Grill auf der Terrasse.

»Papi, schuck dich Grill rein, essn wir heute Papa, lecka, lecka. Mei Papa brutzel!«*, scherzt Joni.*

Wolfgang erwidert gespielt empört: »Aha, und wer soll dich dann bitte schön mit dem Motorrad durch die Gegend kutschieren, wenn du mich jetzt grillen willst?«

»Oh, du rech, Papa! Lieba nich machn. Lieba Mama grilln!«

August 2013
Vorgestern Abend, nachdem wir alle draußen auf der Terrasse gegessen hatten, deckte Maren im Bikini den Pool ab und beschloss, noch mal kurz reinzuspringen. Elli ließ den Satz fallen: »Ach, man muss im Leben auch mal was riskieren!«, und sprang kurzerhand mit Kleidern hinterher.

Jonas rief begeistert: »Mach mit, euern Puul-Pati!«, und sprang mit kurzer Hose und T-Shirt rein. Großes Gepruste und Gelächter. Als dann auch mein Mann sich bis auf die Unterhose auszog und hinterhersprang, konnte ich natürlich nicht anders, als Rock und Bluse fallen zu lassen und in BH und Slip auch ins Nass zu hüpfen. Riesengelächter, Rundumgespritze und Mordsgaudi.

`tema.` `Eltern` *ich liebe dich ser dnek an dich mei beste* `Memmsi` *und* `Pepsi`
`tema.` *Oma und opa ich liebe dich ser denkan dich-Opa tot is aba Oma lebs sie mein glük Oma bestekok* (`bester Koch`) *fon welt*
`tema.` `Zwester` (`Schwestern`) *ich liebe dich ser denkan dich alle drei stük und bis mein Häz blatz* (`bis mein Herz platzt`)

Jetzt, da alle Kinder ausgezogen sind, gibt es ja unser alltägliches Familienleben so nicht mehr. Vieles spielt sich nun am Telefon oder eben bei den jeweiligen gegenseitigen Besuchen sowie im Urlaub und auf Festen ab. Auch oder gerade weil wir nicht mehr so regelmäßig alle beieinander sein können, sind die Zusammenkünfte umso kostbarer. Echte Sternstunden. (Wobei ich zugeben muss, dass das Haus ohne Kinder definitiv auch etwas für sich hat. Fühlt sich ein bisschen an wie Flitterwochen auf Dauer! Und sowohl Wolfgang als auch ich lieben die neu gewonnene Freiheit sehr, die wir nun auch entsprechend nutzen. Ganz besonders genieße ich es, nicht mehr jeden Tag und schon gar nicht für so viele Mitesser kochen zu müssen. Das nur so am Rande ...)

Juli 2014

Gestern Abend, kurz nach 20 Uhr, stand Jonas plötzlich überraschend bei uns im Wohnzimmer mit seinem fröhlichen: »Hallo, Familie, euch beidn. Will besuchn euch, Peppi un Memmsi, mir Langweile is! Feut ihr?« *Er hatte kurzerhand mit dem Ersatzschlüssel die Haustür aufgeschlossen und aufs Klingeln verzichtet. Erst, als er sein* »Hallo« *schmetterte, wurde auch Gina, unsere Hündin, auf den* »Einbrecher« *aufmerksam und rannte ihm freudig bellend entgegen. Eigentlich hatten Wolfgang und ich uns auf einen gemütlichen Abend zu zweit gefreut, aber natürlich hießen wir Jonas in unserer Mitte willkommen, zumal er vorausschauend für das Abendprogramm vorgesorgt hatte und uns einen Disney-Zeichentrickfilm entgegenstreckte.* »Könns ihr guckn mit mir, is schöne Film, ich weiß das! Hab extra aussuchn euch beidn!« *Wer könnte zu einem so nahezu selbstlosen Angebot schon Nein sagen?*

Egal, wann und wie oft wir uns alle sehen: Nach wie vor liefert Jonas eine Menge Stoff zum Lachen. Sein genialer Humor und seine Originalität sind ungebrochen, und wir alle schätzen und lieben die kleinen, feinen und herrlichen Momente mit ihm. Hier nur ein paar Kostproben:

Juni 2014

Vermutlich hat Jonas in der Logopädie, die er ja nun wieder wöchentlich aufsucht, den Konjunktiv, die Möglichkeitsform gelernt, jedenfalls wundere ich mich nicht schlecht, als er mir folgenden kleinen Vortrag hält: »Mama, wenn ich ausziehn wöörde, aus neue WG ausziehn wöörde, dann wöörde alles anners. Dann wöörde alle Treuerinne wieda verliern wöörde. Das will ich nich!«

Kaum habe ich am kommenden Wochenende, als Maren und Elli bei uns zu Gast sind, von dieser Episode erzählt, heißt es beim abendlichen Grillen nur noch: »Wenn du mir bitte das Zaziki reichen wöördest ...«,

»Ich wööörde so gern mal das Putenschnitzel probieren« und »Wööördest du so nett sein, mich mal von deinem Schafskäse kosten zu lassen? Dann wööörde ich dir sehr dankbar sein!«. Und wieder mal hat ein Jonaswort in unseren familiären Sprachgebrauch Einzug gehalten. So köstlich kömisch!

November 2014
Jonas darf zum ersten Mal bei Maren in Tübingen übernachten. Am Frühstückstisch fragt sie ihn: »Und, wie schläft es sich in meinem Bett?«
 »Gut, hab schön eingeweich!« (Er meinte »eingeweiht«, es ist jedenfalls alles trocken geblieben!)

Wir waren zusamm mit Jonas, Jannik, Tim, Elli, Maren, Mama, Papa, waren in Kino. Hobbit 3. Das ist subber (super) toll. Das will ich haben auf DVD und Buch 1 und 2 und 3.

Köstliche Kalauer funktionieren natürlich auch per Telefon:

September 2014
»Mama, bald ich Gebuatstag hab. Werd ich noch zweienzwansich. Boah, bin ich alte Knochn!«

Juli 2014
Elli teilt mir am Telefon mit, dass sie ihre Rettungsschwimmer-Prüfung im Rahmen ihres Sportstudiums erfolgreich bestanden hat. Ich freue mich mit ihr. Jonas nimmt mir den Hörer aus der Hand und ruft begeistert: »Hallo, Schwestanhäz, un häzliche Gückwunsch, Badmeistarin!«

August 2014
Ich sitze mit Jonas im Restaurant und hole mein Handy aus der Tasche. »Ich muss mal kurz dringend jemanden anrufen, okay?«
 Jonas: »Wer?«
 »Tami, eine neue Freundin von mir.«
 »Kenns ich den?«

»Nein, glaube ich nicht. Ich wüsste nicht, dass ihr euch schon mal begegnet seid.«

Jonas nimmt mir mein Handy aus der Hand mit den Worten: »Ich ruf den an! Name?«

Ich wiederhole: »Tami.«

Er klickt sich durch meine Kontaktliste, bis er fündig geworden ist. Kurze Zeit später spricht er: »Hallo, ich bin Jonas. Du kenns doch mei Mutta, gell? Ich bin Sohn von mei Mutta. Ja, geht gut bei mir. Mama is auch gut. Du bist Feundin mei Mutta, gell? Aba kenns dich nich, oda? Ja, is gut kennlärn. Sie is nett, mein Mutta, gell? Ja, ich geb ihn dir un viele Grüße bei mir. Tschüss.« Und dann reicht er das Handy an mich weiter.

Februar 2015
Jonas ruft mich eine Stunde später an, nachdem ich ihn in seiner WG abgesetzt habe. »Mama, kommsu mir? Brauch mei Schmuse-Mama!«

Da ich ja nach wie vor meines Sohnes »Liebsling-Taxifaher« bin und wir auch unterwegs zu Lesungen viel Zeit im Auto miteinander verbringen, dürfen ein paar Geschichten auf vier Rädern nicht fehlen.

März 2012
Ich fahre versehentlich an der richtigen Ausfahrt vorbei. »Mama, hassu vergeigelt!«

Mai 2012
Auf der langen Fahrt zu unserer Lesung in Leipzig wird es Jonas langweilig, nachdem er schon geschlafen, gelesen und Musik gehört hat. Da schnappt er sich mein Navigationsgerät und tippt darauf herum. Breit grinsend steckt er es in die Halterung zurück. Die nächste Ansage kommt prompt auf Türkisch, und Jonas lacht sich schlapp, als er meinen verdutzten Gesichtsausdruck sieht. Wieder spielt er am Navi herum, und nun kommen die Ansagen auf Spanisch, später sogar auf Chinesisch. Das klingt wirklich sehr lustig, und wir kriegen uns nicht mehr ein. Jonas lacht vor allem, weil ich immer gespielt verärgert ausru-

fe: »Wo soll ich hin? Was hast du gesagt? Sprich doch deutsch mit mir, ich versteh ja kein Wort!« (Zum Glück bleibt das Bild unverändert, und so weiß ich dennoch, wo ich hinfahren muss.) Ein neues Spiel für unsere weiten Autofahrten ist geboren. Ich freue mich schon auf Norwegisch, Arabisch und Afrikaans.

September 2012

In dem Auto, das ich einer Freundin abkaufe, gibt es eine Sitzheizung (und viele weitere Argumente für den Abschied von meiner uralten blauen Schüssel auf Rädern). Als ich Jonas das erste Mal mitnehme, streicht er sanft über das silberne Metall und bemerkt: »Oh, schöna Auto!«, und nickt, als ich ihn frage, ob er auch die Sitzheizung anhaben will. Nach wenigen Sekunden schreit er fast panisch: »Mama, mach aus, mei Popo bruzzel!«

Dezember 2012

Jonas und ich sitzen im Auto und müssen hinter einem Bus halten, aus dem gerade zwei Männer aussteigen. »Mama, da is Mann für dich! Kannsu ham!« Jonas zeigt auf den ersten.

Ich spiele mit. »Nö, der gefällt mir aber nicht!«

»Dann nimm annern da, is auch hübscha!«

»Nö, der gefällt mir auch nicht. Und außerdem hab ich ja schon einen Mann!«

»Ja, weiß ich: Papa Wolfgang. Aba kannsu tauschn, er dich ärgat!« Und Jonas haut sich lachend auf den Schenkel.

Mai 2013

Jonas und ich spielen auf einer langen Autofahrt zu einer Lesung das Märchen vom Rotkäppchen nach. Jonas legt sich die Hände auf den Kopf zum Zeichen, dass er das Rotkäppchen darstellt. Dann verstellt er seine Stimme und piepst: »Gooßmutta, Gooßmutta, du has sooo goooße Augn! Wahum?«

Ich antworte mit tiefer Wolfsstimme: »Damit ich dich besser sehen kann!«

»Gooßmutta, Gooßmutta, du has sooo goooße Ohren! Wahum?«
»Damit ich dich besser hören kann!«
»Gooßmutta, Gooßmutta, du has sooo goooße Beine! Wahum?«
»Damit ich schneller laufen kann!«
»Gooßmutta, Gooßmutta, du has sooo goooße Arme! Wahum?«
»Damit ich dich besser packen kann!«
»Gooßmutta, Gooßmutta, du has sooo goooße Busn! Wahum?«
Ich pruste laut los ...
Auf der langen Heimfahrt muss ich gähnen.
»Mama, du bis Donnhöschen! Pass dir ähnlich!«
Ich fühle mich geschmeichelt und frage nach. »Wieso? Weil ich so
schön wie eine Prinzessin bin?«
Jonas lacht: »Nö, bissu nich!«
»Oder weil ein hübscher Prinz mich küssen will?«
»Nein, nur Papa küssn!«
»Und warum bin ich dann wie Dornröschen?«
»Weil du imma so penn wills!«

März 2014

Jonas pupst hörbar im Auto. Ich beschwere mich. »Kann nix für, Mama,
hab Bellungen (Blähungen)! Komm du mei Alta, dann weißu auch!«

Mai 2014

Seit Jonas' Kindheit gibt es beim Autofahren ein Ritual, das er mit sei-
nem Daddy ersonnen hat. Oft liest Jonas im Auto, und wenn wir dann
in einen Tunnel fahren, »beschwert« er sich gespielt, dass der Fahrer das
Licht ausgeknipst habe und er nicht weiterlesen könne.

»Ja, gleich mach ich wieder hell, einen Moment noch!«, erwidere ich
dann. Kaum naht das Tunnelende, schnipse ich mit den Fingern in die
Luft, und siehe da: Es wird hell. Als ich mit Jonas in die Schweiz zu
einer Lesung fahre, häufen sich die Tunnel. Jonas hat also viel Grund,
zu »schimpfen«. Lautstark und breit grinsend befolgt er die »Spielregel«.
Tunnel rein, ich schnipse, Jonas schimpft. Tunnel raus, ich schnipse, Jo-
nas bedankt sich.

Nach dem sechsten Tunnel meint er: »Mama, du gemein! Imma Lich aus, wills nich, mich lesn, oda?« Ich spiele natürlich mit. »Weißt du, Jonas, es macht mir einfach Spaß, dich zu ärgern und das Licht ein- und auszuschalten!« Als der achte Tunnel in Sicht ist, übernimmt Jonas das Spiel selbstständig, schnipst vor dem Tunnel und sagt: »So, Jonas, jetz Lich aus, du nich mär lesn kanns! Ätsch!«, und während der dunklen Fahrt jammert er gespielt: »Oh, bitte, Jonas, mach wieda Lich an, ich lesn kann!«, worauf er sich selbst antwortet: »Nein, Jonas, mussu wartn!« Kurz vor Ende des Tunnels stellt er sich dann selbst in Aussicht: »Achtung, Jonas, gleich Lich an, du wieder lesn kanns!«, und schnipst galant bei der Ausfahrt ins Tageslicht. Zu mir gewandt, sagt er: »Mama, du recht! Mach Spaß, Jonas ärgan mit Lich aus un an!«

Juli 2014

Wir fahren in einen Stau. Ich stöhne laut auf. »Mama, tschill mal, gehör so dazu, deine Lebn! Nich schlimm dem Stau, bleib kuul, niese deine Lebn, guck, so!« Und dann zieht er seine Schuhe aus, legt die Füße hoch aufs Armaturenbrett und kurbelt seinen Sitz in die Liegeposition.

Ein Sonntag im Februar 2015

Wolfgang und ich gehen nach dem Gottesdienst in der Stadt essen und in unseren Tanzkurs. Wir sind erst am frühen Abend wieder zu Hause. Unsere Handys hatten wir im Gottesdienst brav abgestellt und anschließend vergessen wieder einzuschalten. Als wir nach Hause kommen, blinken unsere beiden ABs um die Wette. Jonas hat mehrfach versucht, uns zu erreichen. Ich rufe ihn zurück.

»Mama, wo bis du ganze Tag?«, fragt er ganz empört.

Ich erkläre und erzähle.

»Mama, hab vamiss dich un Papa! Hab imma anhufen euch, aber keina da!«

»Tut mir leid, Jonas, wir hatten die Handys aus.«

»Mama, hab Auskunf anhufen, dem suchen euch jetz üba all!«

Ich glaube, mich verhört zu haben, und hake noch einmal nach.
»Wen hast du angerufen?«

»Dem Fau von dem Auskunf sags mir, dem suche euch und sags mir,
wenn euch funden hat!«

Erst bin ich völlig perplex, dann leuchtet mir Jonas' Gedankengang
vollkommen ein: Wen, wenn nicht die Auskunft, sollte man anrufen,
wenn man wissen will, wo die eigenen Eltern stecken?

Feste und deren Vorbereitungen gehören natürlich auch zu den kostbaren Familien-Perlen.

Weihnachten 2013

An Weihnachten haben wir euch übernachten bei Maren Zimmer. Da haben wir Schwestern und Bruder gekocht. Mutter muss verwöhnen, aber hat sie auch gekocht und Ente gemacht mit Füllung drin in sein Popo, aber war lecker. Rest haben wir gemacht!

Nach dem Essen haben wir singen in Wohnzimmer von so Weihnachtsliedern. Und ich und Maren hat geschmückt den Weihnachtsbaum und Katha dazu. Und ich und Elli den Krippen gebaut mit Figuren von Jesus, Maria und sein Vater und Esel. Aber Esel hat nur ein Ohr, weil Gina andere gebissen hat. Sieht lustig aus!

Dann hat jeder Geschenke kriegen, Weihnachtsgeschenke. Und wir haben noch Schrottwichteln gespielt in Küche, wenn dem Jungs kommen, Jannik und Tim und Omi war auch dabei. Sie ganze Weihnachten mein Familie ist. Und Schrottwichteln ist lustig mit den Würfel und immer tauschen, und will keiner haben den Schrott, aber muss alle lachen.

Ganz besondere Highlights sind natürlich unsere Urlaube. Neben kleineren Urlauben in kleineren Grüppchen machen wir alle zwei Jahre Urlaub mit der Großfamilie, also mit zehn Personen: neben uns sechs Zachmännern und -frauen kommen noch die Freunde unserer Töchter und meine inzwischen fast 80-jährige Mutter mit.

Urlaub mit der Großfamilie – von links: Martin, Tim, Oma (verdeckt),
Wolfgang, Jonas, Jannik, Eliane, Katharina und Maren

Frankreich, August 2013
Wir haben Urlaub gemacht alle zusammen. Wir haben See geschwimmen,
Käptn und Schiff gespielt. Mein alte Badehose ist kaputt, ist platzen
im Wasser, war lustig. Wir waren auch Strand und beim Meer, Wellen wa-
ren.

Und haben wir Olympiade gespielt, zwei Mannschaften gegen sich. Mama
und Papa haben den Spiele sich ausgedacht, und war dem ganz lustig. Ich
hab die Früchte essen müssen aus dem Mehl drin, war ich ganz weiß gewesen
beim Rauspicken und Ausspucken, und eklig wars.

Und habe wir teater spille Oma ist die goßmutter und
ichwar dem Rotgebbchen (Rotkäppchen) *ich tage eine*
Rock rotes mein kopf daufso lusig und Martin war dem
böse Wof er sit lusig aus hat er mit mädschenhosse
(Mädchenhose) *an und Tim spillt dem Mutter hohes*
stime ich muss lachen Tim wizig is undhat er Bekeni
(Bikini) *an wie Frau sexi is Maren Tim hatte tanz*
dem Balet so lusigUnd Jannik war Jeger und Elli war

auch dem Wof hat sie tifes Stime war so gut will
wüsche wider hinsugen Olaub mein Familie

Mehlschlucker

Sosehr Jonas es genießt, erwachsen und ausgezogen zu sein, so sehr leidet er auch immer wieder heftig an Heimweh-Ausbrüchen und Schwestern-Vermissen.

Dezember 2011

Eliane ist fast ein halbes Jahr in Neuseeland. Jonas übersteht diese Tortur des Getrenntseins, indem wir viel über sie reden, mit ihr skypen, mailen, Fotos hin- und herschicken, und abends steht er vor seinem Kalender und reibt sich die Hände, wenn er sieht, dass ihr Heimkehrtag wieder ein Stück näher gerückt ist. Im Gottesdienst hat er schon mehrfach im Austauschteil am Mikrofon verkündet, wie sehr er sie vermisst und liebt. So goldig! Auch Maren wird nicht minder vermisst, da sie ja jetzt in Tübingen studiert. Aber weil sie bisher oft am Wochenende noch nach Hause kommt, ist es verkraftbarer.

März 2013

»Mama, wünsche, mei Schwestan wieda hia wohne, alle: Katha, Maren un Elli, mei Nähe. Is sooo weit weg den alln. Ich vermiss dem, mei Schwestan. Bitte, Mama, kannsu sagn, dem wieda hia wohne solln! Bissu Mutta, dem muss horche dir!«

Januar 2014

Maren ist für ein halbes Jahr in Irland. Wieder eine schwierige Zeit für Jonas, der nicht weiß, wohin mit seiner ganzen Bruderliebe. Wir skypen mit Maren, und als er ihr Gesicht auf dem Bildschirm sieht, streichelt er darüber und weint: »Maren, vamiss dich so, du weit weg bis, nich gut so! Wahum du weg bis, Mari?«

Meine Maren

Maren erklärt wohl zum 50. Mal: »Jonas, ich studiere hier, das gehört zu meinem Englisch-Studium dazu.«

»Un wahum du nich zuhückkomms?«

»Doch, ich komme natürlich zurück, aber das dauert noch ein biss-chen. Im Mai bin ich wieder da!«

»Oh, sooooo lang dauer, Maren, mei Häz tut weh, du weg bis, mag dich so lieb, vamiss dich soo!«

»Ja, Jonas, ich vermisse dich doch auch!«

Da leuchten hoffnungsvoll seine Augen auf: »Siehse, dann komms jetzt zuhück zu mir, okä?«

August 2014

Jonas kann Elli, die gerade übers Wochenende bei uns ist, nicht auf dem Handy erreichen. Er versucht es auf meinem Anrufbeantworter.

»Mama, ich muss nich mei Numma nich gebn, du weiß schon, wer ich bin, muss ich nich antwortn. Ähm, Elli, ich wollte Elli redn, un will ich sagn: Wie gehs dir, Elli? Wie gehs bei dir, Elli? Meine Butterblume Elli. Ich mag dich lieb, Elli, un du weiß du auch. Mei liebe Schwestan Elli – lacht –, ich feu mich, du da bis! Bissu da? Elli, hufs bitte mich an, ja? Elli, tschau.«

Meine Elli

Auch per SMS werden unsere Töchter regelmäßig von ihrem Bruder mit Liebesbotschaften »bombardiert«. Nicht zu vergessen sind die fast täglichen Anrufe aus der Schreinerei-Toilette: »Maren, machsu?«, »Elli, wie gehs bei dir?«, »Katha, kommsu mir?«.

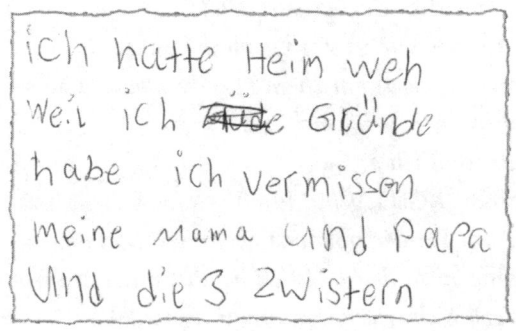

ich hatte Heim weh
Wei ich ~~Ade~~ Gründe
habe ich vermissen
meine Mama und Papa
Und die 3 Zwistern

Wie gut tun dem wunden Bruder-Herz umso mehr Besuche: Meist kommen die Mädchen ja zu uns, aber natürlich durfte auch Jonas schon diverse Ausflüge in die Heimatstädte seiner Schwestern unternehmen. Doch obwohl er seine Schwestern und uns immer wieder sehr vermisst, zeigt er uns doch auch regelmäßig die Rote Karte.

Oktober 2014

Am Wochenende ist Katharina seit Langem einmal wieder bei uns. Freitagabend machen wir zur Feier des Tages eine Flasche Wein mit ihr auf und lümmeln zu dritt im Wohnzimmer, erzählen uns Neuigkeiten. Für Samstagmorgen haben wir ein schönes Frühstück geplant, zu dem auch Jonas dazukommen soll. Um 4.50 Uhr in der Nacht wird Katharina von ihrem Handy geweckt, das eine eingehende Nachricht ankündigt. Jonas schreibt ihr: »Nein ich kommen nicht zum früsstug ich bleib bei mir wg mama hatte mir versbrchen ich desto (Disco) tanzen und sag mama geld brauchen kann für desto und essen.«

Katharina teilt uns also am nächsten Morgen mit, dass ihr Bruder nicht kommen wird. Kein Wunder, er muss ja wohl auch ausschlafen, wenn er um eine solche Zeit noch SMS schreibt. Aber die Sache mit dem Geld ist schon komisch: Für den Disco-Abend mit der Lebenshilfe hole ich ihn immer in der WG ab, fahre ihn zum Treffpunkt, bezahle dort den Beitrag und gebe ihm dann noch Geld mit fürs Essen. Nachts hole ich ihn dann wieder ab und bringe ihn in die WG oder nehme ihn mit zu uns, wenn er bei uns übernachten möchte. Keine Ahnung also, weshalb ich ihm vorher Geld geben sollte.

Also frühstücken wir ausgiebig ohne Jonas. Schade. Um halb elf dann meldet sich Jonas auf meinem Handy. »Mama, wir sehn uns heut, is Disco, du weiß doch, weiß nich mär?«

»Doch, klar weiß ich das!«

»Un du gibs mir Geld, gell, Mama?«

»Ja, Jonas, wie immer, aber erst, wenn wir dort sind.«

»Un is Katha noch da?« Als ich bejahe, bittet er mich, sie sprechen zu können, aber nicht, bevor er mir mitgeteilt hat: »Mama, will mei Schwesta Katha treffn. Katha soll mir komm, mein WG. Hat sie meine Zimma nich gesehn, Mama, noch niiie gesehn, wird höchsn Zeit, Mama!«

Katharina verabredet dann mit Jonas, dass wir alle um 12 Uhr zu ihm kommen und nach der WG-Besichtigung in die Stadt gehen. Jonas führt seine älteste Schwester ganz stolz durch die Räume der schönen alten Stadtvilla. Katharina staunt nicht schlecht. So schön hat sie sich das Haus nicht vorgestellt. Auch Jonas' großes Zimmer gefällt ihr gut, und sie meint anerkennend: »Wow, ist das hier sauber und aufgeräumt, Jonas!«

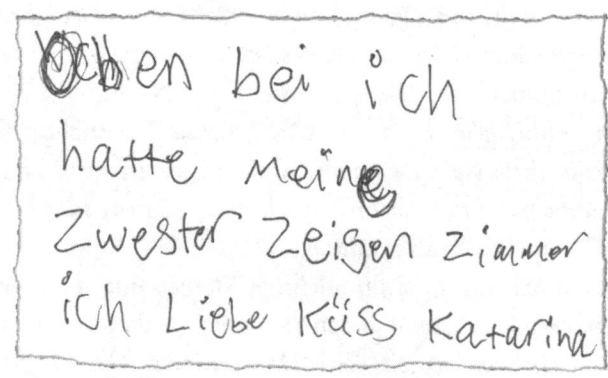

Oben bei ich
hatte meine
Zwesta zeigen Zimmer
ich Liebe Küss Katarina

»Ich mach imma sauba!«, erklärt der Bruder stolz, und mir fällt jetzt erst so richtig auf, dass ich noch kein einziges Mal ein unaufgeräumtes Zimmer vorgefunden habe, wenn ich Jonas hier besuchen komme. Das war in der ersten WG nicht der Fall, da hatte er oft einen richtigen Saustall.

September 2014
»Mama, eigelich geht nich tauschn nich!«
»Wovon sprichst du?«
»Papa sein Fau tauschn, eigelich daf er nich machn!«
»Du sprichst von Papa und seiner ersten Ehe?«
»Ja, eigelich daf er nich annere Fau küssn, daf er nich!«

Meine Katha

»Das war ja auch ursprünglich nicht der Plan. Aber wenn sich zwei Menschen nicht gut verstehen, ist es manchmal besser, wenn sie sich trennen.«

»Un dann dich valiebn hat?«

»Ja, dann haben Papa und ich uns verliebt.«

»Gut so!«

»Ach ja, warum denn?«

»Weil ihr valiebte Paa seid un hübsche Kinda triegn: Maren, Elli un Sohn Jonas, mich!« Ich muss grinsen. »Aba, Mama, foh bin, Papa ers annere Fau hat!«

»Und warum?«, frage ich nach, kann mir die Antwort aber schon denken und freu mich drauf, sie zu hören: »Weil sons kein Katha-Schwestan ham wörde!«

Kaum noch wegzudenken aus unserer Familie sind die jeweiligen Partner unserer Töchter, die nun ja auch schon einige Jahre hier ein und aus gehen. Natürlich hat auch Jonas sie sehr ins Herz geschlossen.

Meine Familie ist meine Freunde. Ich wünsche mir echte Bruder haben. Jannik ist mein Zwillingsbruder. Nicht in echt, aber mein Herzen drin, weil er war nicht Doro im Bauch, sein Mama heißt Christa. Und Maren ist seine Freundin, meine Schwester Maren. Und Jannik gehört er auch unsere Familie Zachmann, aber er heißt nicht Zachmann.

Katharina und Martin zusammen. Dem sind sie ein Liebespaar. Er liebt sie so arg und vielleicht heiraten will. Ich weiß nicht, aber wünsche mir. Martin beste Freund von mir. Klebt er mit mir Bilder in Heftchen, die Kleber von Tiere, viele Kleber!

Und hab ich noch Elli-Schwester. Sein Freund ist Tim, er mag mich auch. Und Tim liebt Elli, er auch unser Familie gehört, und ist er echt nett, macht Spiele mir. Er besucht bei mir, ich Krankenhaus war, aber lange her.

Und hab ich noch eine Mama und eine Papa, dem sind alte Liebespaar, immer knutschen und so. Und mein Mutter und mein Vater schon geheiratet hat, schon lange her, ich Baby war. Und vielleicht ich auch mal heiraten, aber erst eine hübsche Frau mich verlieben, ich warte noch. Ich mag mein Familie, dem allen mag ich. Ich lieb mein Familie, dem allen kuscheln bei mir, ich mag so was gern. So, des alles, mehr gibt es nicht den »Zachmänns«.

November 2014
In Tübingen bei Maren. Wir wollen zu einem Stadtbummel aufbrechen. Jannik und ich warten vor dem Haus, Maren und Jonas sind noch oben in der WG. Da hören wir Jonas' Stimme im Hausflur: »Komm, Maren, ich brings dich dei Jannik-Hochzeitsmann hin!« Er reicht ihr den Arm, sie hakt sich bei ihm lachend unter, und so kommen sie die Treppe hinab. Jonas trällert die bekannte Melodie von Mendelssohns Hochzeitsmarsch »Tam tatata, tam tatata…«, und wir alle lachen laut auf. Unten bei uns angekommen, reicht Jonas seine Schwester weiter: »Hia, Jannik, dei Maren-Bautigam!« Wieder lachen wir.
*   Ich frage: »Joni, woher kennst du denn diese Hochzeitsmelodie?«*

Mein Jannik

»Weiß auch nich, is mei Kopf drin.« Dann wendet er sich an die beiden Verliebten: »So, jetz könn ihr Hochzeit machn, dann Jannik mei Schwaga sein, un Maren aba bleib mei Schwestan! Is gut so!« Also, Jonas' Segen haben die beiden schon mal, falls es eines Tages so weit sein sollte...

Februar 2015

Elli und Tim holen Jonas nachts von der Disco ab, wo er mit der Lebenshilfe-Gruppe war. Normalerweise ist das mein Job, aber ich bin mit meinem Liebsten ein Wochenende fort. Jonas freut sich sehr über diese »Abwechslung« und fällt den beiden regelrecht in die Arme: »Mei Elli, mei Tim, schön, du komms bei mir mich abholn!« Die beiden kutschieren ihn bis vor seine Haustür, doch Jonas mag gar nicht aussteigen. Sie plaudern noch eine Weile im Auto, dann bittet Elli Jonas, auszusteigen, weil sie auch müde ist und heim ins Bett will.

Mein Tim

Tim bietet einen Kompromiss an: »Komm, ich bring dich noch zur Tür.«

»Au ja, des gut!«, freut sich Jonas, hakt sich bei Tim unter und lässt sich zum Haus geleiten, wo er Tim erneut in die Arme fällt, ihn kaum loslassen will und mehrfach glücklich seufzt: »Mei Timmchen, mei Timmi, mei Feund, mei Timmilein, mag dich so aag lieb!«

November 2014

Bei Aldi gibt es für kurze Zeit ein Sammelalbum »Die Welt in Farbe« mit Bildern aus dem National Geographic. Bei jedem Einkauf gibt es die entsprechenden Bilder dazu geschenkt. Sofort kaufe ich das Album für Jonas und hoffe, dass es ihm gefallen könnte, schließlich hat er als Kind jahrelang und mit großer Begeisterung alle möglichen Panini-Heftchen vollgeklebt. Als ich es ihm ein paar Tage später zeige, wischt er meine Hoffnungen mit einem empörten Satz beiseite: »Mama, is nixe mich, is für Kinda! Bin äwaxn!« Ich sammle dennoch weiter die Tütchen mit den Aufklebern, und ein paar Wochen später, als Katharina mit ihrem Freund Martin bei uns zu Besuch ist und sich der ebenfalls anwesende Jonas zu langweilen droht, weil er an unseren Gesprächen nicht teilhaben will, zücke ich das Heft samt ein paar Tüten aus der Schublade. Plötzlich weiten sich Jonas' Augen, und er streckt die Hand danach aus: »Ah, Mama, has du noch? Ja, gib her, will Bilda klebn.«

Wolfgang und Katharina brechen nebst Hund zu einem Vater-Tochter-Spaziergang auf, Martin gesellt sich zu Jonas, und während ich koche, sind die beiden Männer am Küchentisch schwer beschäftigt. Die Rollenverteilung ist eindeutig: Martin darf die Tütchen aufreißen, die Bilder mit den jeweiligen Zahlen nach oben auf den Tisch legen, und Jonas nimmt eines nach dem anderen, liest die Zahl laut vor, sucht sie im Heft, knibbelt den Aufkleber ab, klebt ihn an die entsprechende Stelle und liest dann den zugehörigen Text laut vor. Angesichts mancher Kommentare der beiden muss ich mich schwer zusammenreißen, nicht laut loszuprusten. Bei einer schönen Landschaftsaufnahme meint Jonas: »Oh, will ich Ulaub hingehn!«

Martin: »Das ist in Alaska, Jonas, da ist es immer saumäßig kalt.«

»Oh, dann lieba nich hingehn. Nur Papa vielleich, kann er Ulaub machn in Schnee!« Als ein Bild von einer Brücke über einer hohen

Schlucht in Indien, über die ein Zug fährt, auftaucht, meint Jonas: »Oh, bessa nich fahrn solln, Zug fälls runta, alle tot!«

Martin zeigt auf die Abbildung eines großen Salzsees in Utah, USA: »Schau mal, Jonas, in dem Wasser ist ganz viel Salz drin.«

Jonas: »Is gut zum Suppekochn!«

»Na, die wär dann echt versalzen«, widerspricht Martin mit seinem sympathischen allgäuerischen Akzent.

»Kannsu Zucka reinmache, schmecks lecka!«, gibt Jonas weitere Kochtipps. Dann zeigt er auf ein Robbenbaby. »Oh, süße Tierchen! Is kleina Hund!«

»Das ist doch kein Hund, das ist eine Robbe!«

»Aber is Hund von See, heiß noch mal?«

»Du meinst einen Seehund?«

»Natöölich! Sag ich doch!«

Martin schmunzelt, und ich bewundere ihn für seine Ausdauer, Gelassenheit und Geduld. Immerhin sind inzwischen über 50 Bilder eingeklebt.

»Oh, sieht er kömisch aus!« Jonas deutet auf die Abbildung eines dunkelhäutigen Mannes.

»Das ist ein Aborigine, ein Mann, der in Australien wohnt. Er hat Kriegsbemalung aufgelegt«, erklärt Martin.

»Macht er?«

»Tja, er wird wohl in den Krieg gegen einen anderen Stamm ziehen.«

»Nich gut!«

»Nein, Krieg ist nie gut.«

»Männa kämpfe imma, gell, Matin. Kämpfs du auch?«

»Nein, ich mag Kämpfen nicht!«

»Gut so!«, zieht Jonas Bilanz. »Sons has du auch Knochn in Nase!«, zeigt auf das Bild und lacht sich dabei selbst kaputt. Als eine Geisha abgebildet ist, fragt Jonas besorgt: »Oh, is sie kank, dem Fau? Dem so bleich is!«

Ich amüsiere mich köstlich, während ich den beiden lausche und dabei ganz beschäftigt am Herd stehe. »Kei Lus mär«, meint Jonas schließlich.

»Ach, komm, Jonas. Das sind jetzt nur noch vier Tüten, das packst du schon noch!«

»Okay, Matin, schaff ich!« Jonas greift nach dem nächsten Bild: »Komm schon, Kinder!«

Martin und ich lachen laut. »Welche Kinder denn?«, fragt Martin.

»Ach, die Bilderchen mei Kinderchen!«

»Oh, hier is schön, will ich Ulaub gehn!«

»Das ist in Maryland, USA, da war ich auch noch nie«, meint Martin.

Ich klinke mich ein. »Ich auch nicht, ich war noch nie in Amerika!«

»Okä, gehn wir samm Ulaub hin: Matin, Mama un Jonas! Das wär was!«, träumt Jonas weiter und versteht nicht, warum wir laut lachen.

Mein Martin

Ein ganz wichtiges Familienmitglied, das leider fast 200 Kilometer von uns entfernt wohnt, ist meine Mutter. Schon immer hatte Jonas ein sehr gutes Verhältnis zu seinen Großeltern. Mein Vater ist leider vor einigen Jahren verstorben (über den Tod vom Opa und seine Trauer hat Jonas in »Ich mit ohne Mama« ausführlich berichtet). Umso glücklicher ist Jonas, dass sein »Ömchn« noch lebt.

März 2014

»Mama, gell, Oma is mei Goßmutta?«
    Ich nicke.
    »Un du bis mei Kleinmutta?«
    Ich muss lachen. »Nö, Jonas, den Begriff gibt es nicht.«
    »Aba, Mama, du kleina als Oma!«
    »Ja, das stimmt!«
    »Siehse, ich imma rech.«

tema. Oma ich mag in gern Liebste Oma ich und Zwestern hatte Besch an Oma Ja ~~wasch~~ da wa schön

Thema Oma: Ich mag ihn gern, liebste Oma, ich und Schwester hatte Besuch an Oma, ja, das war schön.

April 2014

Wir spielen zu dritt Karten: Jonas, meine Mutter und ich.
    »Mama, misch du, bis mei Diena!«
    »Klar doch, Euer Majestät!«
    Jonas kriegt sich nicht mehr ein. Dann sticht er seine Oma aus und reibt sich schadenfroh die Hände.

Sie sagt gespielt beleidigt: »Jonas, du bis ja ne janz fiese Möpp!«
Jonas kontert: »Oma, selba miese Mops!«
Ich könnte mich wegschmeißen.

Februar 2013
*Meine Mutter kommt mit Verdacht auf Herzinfarkt ins Krankenhaus,
ich fahre ein paar Tage zu ihr nach Aalen. Zwei Tage später wird sie wieder entlassen, der Verdacht hat sich – Gott sei Dank! – nicht bestätigt.
Jonas am Telefon: »Oh, Oma, bin foh, du nich sterben has. Ich mag dich
so lieb, un bis mein einzige Oma, hab nur ein Stück!«*

Meine Oma

Nun möchten wir noch gerne einen kleinen Einblick geben in unsere, wie ich meine, ganz besondere Mutter-Sohn-Beziehung. Welcher erwachsene junge Mann schreibt seiner Mutter noch Liebesbriefe mit Herzchen und drückt seine Liebe so vielfach originell und deutlich aus, macht so charmante Komplimente? Sicherlich sind einige Leserinnen ganz schön neidisch ... ☺

März 2014
Jonas steigt zu mir ins Auto und legt mir mit den liebevollen Worten: »Hier, mei Mutterchen!« schmunzelnd seinen Lohnzettel auf den Schoß. Auf dem Umschlag hat er eine kleine Liebesbotschaft hinterlassen.

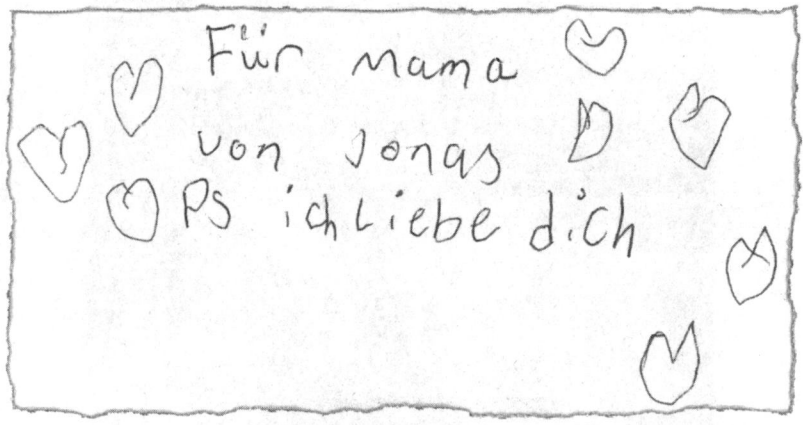

Jonas drückt mir einen dicken, feuchten Schmatzer auf die Backe und strahlt über das ganze Gesicht.

»Was ist?«, frage ich.

»Ach, Mamilein, ich dir valiebt bin! Aba eigelich geht gar nich, weil du mein alte Mutta bis. Aba ägal jetz: Haupsach lieb dir!«

Wir waren bei Frisör, Mama und ich zusammen. Haare schneiden, waschen und so Zeug. Ich hab Strähnchen gekriegt, sehr blond, ist gut so. Und Mama hat neue Zopf gekriegt mit neue Farbe drin und sein Auge zupfe, sein Braue, du wieder sehen kannst, dein Auge nicht zugewachsen. Du hübsche Mama bist.

Februar 2015
»Mama, mag dich sooo lieb! Sag dir, du mei Schatzi bis! Un mei Pinzessin. Un mei Numma eins.« Nach jedem einzelnen Kosewort beobachtet Jonas genau meine Reaktion. Ich grinse immer breiter. Steigerung ist aber noch möglich: »Mama, du bis mei Engelchn, mei Bärchn, mei Snüffelchn, mei Schäfchn.«

»Schäfchen?«, frage ich gespielt empört.

Jonas lacht und setzt noch eins drauf: »Oda noch bessa: mei Ziegebock!«

Haha, sehr lustig!

Meine Mami

Eine besonders schöne Begebenheit begleitete mich noch lange. Im Juli 2014 führte ich zum ersten Mal mein Poesie-Potpourri »Jahreszeiten der Seele« auf, das Jonas zusammen mit allen anderen

Familienmitgliedern im Publikum verfolgte. Plötzlich stand er auf und kam nach vorne, nahm das Mikrofon an sich und betete vor den Zuhörern für mich: »Ich will auch noch was sagn, ich will gern samm betn alle, un schließ eua Augn zu! Lieba Gott, du schenks mir mei Mama un schenks mei Mama ihr Lebn un das alles berührt hat, sie sagt un das schöne Lied un sie alles gesungn hat. Allabeste für dich, Mama, das für dich! Amen!«

Aber natürlich hat Jonas nicht nur lobende Worte für seine Mama übrig. Wir beide können auch immer mal wieder heftig streiten oder uns gegenseitig nerven. Dann weist mich der Herr Sohnemann deutlich auf mein Fehlverhalten hin.

April 2012

Jonas ist zu einem Tagesausflug mit der Lebenshilfe auf einem Schiff nach Speyer angemeldet. Als er fertig angezogen aus seinem Zimmer kommt, staune ich nicht schlecht.

Ich kann es nicht lassen, mich schmunzelnd über sein spezielles Outfit auszulassen. Er trägt ein langärmeliges dickes Fleece-Hemd, darüber sitzt seine schwarze Lederjacke und dazu hat er eine kurze Hose und Flipflops an. Auf der Nase thront seine Sonnenbrille. »Jonas, das passt doch gar nicht zusammen! Oben bist du zu warm und unten zu kalt angezogen!«

»Mama, is April, is Wetta gemisch! Bei mir is obe Winta, unte is Somma! So eifach!« Absolut logisch!

Auf der Fahrt zum Hafen erzähle ich ihm, dass Wolfgang mir vor ein paar Jahren auch so eine Fahrt nach Speyer geschenkt hat und unser Schiff MS Karlsruhe hieß. »Mal sehen, wie dein Schiff heißt«, schließe ich meinen Bericht.

»Mei Schiff heiß Doro Nävesäge!«, erfolgt prompt die Retourkutsche.

Juli 2012

Erster Montag nach Jonas' Auszug. Ich fahre zur HWK, um Jonas von der Arbeit abzuholen und zum Tanzkurs zu bringen. Weil wir das aber so nicht abgesprochen haben, rufe ich ihn vorsichtshalber an, nicht, dass er doch noch in den Bus einsteigt. Jonas nimmt schlecht gelaunt ab: »Was wills du mir?«

»Hallo! Ich will dich abholen und zum Tanzkurs fahren!« Sicherlich wird ihn das freuen.

»Nö, Mama, lass mich!«

»Aber ich stehe schon draußen vor der HWK.«

»Nö, wills nich mit dir fahrn, will Bus fahrn mein Hause!« Als er aus dem Gebäude kommt und mich im Auto sitzen sieht, schaut er demonstrativ in die andere Richtung.

Ich steige aus, gehe auf ihn zu. Er zeigt mir die kalte Schulter. Ich versuche es noch einmal. »Joni, ich wollte mit dir ein Eis essen gehen und dir den Stress ersparen, erst heimfahren und dann wieder in die Stadt fahren zu müssen!«

»Nö, Mama, is plöt! Will Hause gehn!«

»Heißt das, du willst heute gar nicht in deinen geliebten Tanzkurs?«

»Doch, Mama, aber ärs mei Hause fahrn!«

»Aber versteh doch: Du kommst frühestens um 16.30 Uhr in der WG an und musst um 17.00 Uhr schon wieder beim Tanzen sein. Das schaffst du nicht mit Bus und Bahn. Und ich fahre dann bestimmt nicht noch einmal los!«

»Nö, so wills ich nich, Mama, un basta jetz! Lass mich, will Bus fahrn!«

»Geht es dir ums Lesen?« (Er hat sein Harry-Potter-Buch unter den Arm geklemmt.) »Dann kannst du auch ganz in Ruhe im Auto lesen, wir brauchen auch nichts zu reden, wenn du nicht willst.«

»Nö, Mama, is gut jetz, will nich Auto fahrn, will Bus un Bahn fahrn mei Hause!«, spricht er und lässt mich eiskalt stehen, geht über die Straße zur Haltestelle.

Ich setze mich ins Auto, bin fassungslos. Ich war überzeugt davon, Jonas würde sich sehr freuen, abgeholt zu werden, und kann sein Verhalten gar nicht einordnen, ja, ich fühle mich zurückgewiesen. Ich warte fünf Minuten und hoffe, er überlegt es sich doch noch anders. Aber Pustekuchen! Ich steige noch einmal aus, gehe über die Straße zu ihm und versuche ein letztes Mal, ihn zu überreden, mit mir zu kommen.

»Nein, Mama, lass mich, will Bus fahrn!« Endlich kapiere ich, dass hier nichts zu holen ist. Frustriert und gekränkt steige ich wieder ins Auto, wende und fahre vor aller Augen ohne meinen Sohn wieder ab. Hinter der aufgesetzten Sonnenbrille sieht keiner meine Tränen. Ich bin wütend und enttäuscht, fühle mich öffentlich von meinem Sohn geohrfeigt. Jetzt fährt also jeder von uns nach Hause in dieselbe Richtung: er mit Bus und Bahn, ich im Auto. So bescheuert! Ich weiß nicht, ob Jonas das Tanzen schwänzen will (obwohl er doch so gerne dorthin geht), weil er vielleicht einfach k. o. vom Arbeiten ist, oder ob er es einfach vergessen hat, was ich mir jedoch kaum vorstellen kann, weil es ein vierzehntägiges Highlight ist. Oder er ist immer noch davon überzeugt, dass er es zeitlich allein schaffen kann. Ist mir jetzt aber auch egal! Ich weiß nur: Mein Sohn hatte einen klaren Plan vor Augen, und dann kam ich und habe mich ungebeten eingemischt. Da hat er mir eindeutig die Rote Karte gezeigt. Obwohl mir das klar ist, überwiegt das Gefühl, enttäuscht und abgewiesen worden zu sein.

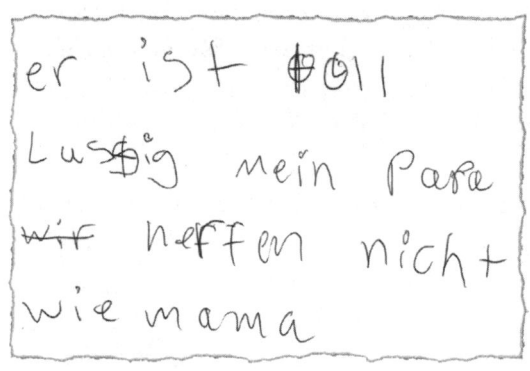

er ist toll (und) lustig, mein Papa, nervt nicht wie Mama

Mai 2012

Ich rufe Jonas auf seinem Handy an. »Na, Jonas, bist du schon in der Bahn?«

»Nö, Mama, bin Bus. Wills du mir?«, fragt er ungehalten.

»Ich wollte dich nur daran erinnern, dass du noch Logopädie hast und ...«

»Oh, Mama, du plöt! Weiß selba!«, und – klick – hat er aufgelegt.
Als er abends heimkommt, meint er triumphierend: »Ätsch, Mama, hab
dir löscht! Kei Mama mär mei Händy!«

»Was? Du hast mich rausgelöscht?«

»Ja, du doof bis!«

»Oh, das ist aber hart! Aber ich kann dich ja trotzdem noch anrufen,
denn ich habe ja deine Nummer. Nur du kannst mich jetzt nicht mehr
anrufen, wenn du meine Nummer gelöscht hast!«

»Ägal, brauch nich mär dei Nummer, du so plöt bis!«, meint er trot-
zig.

»Aha, und was machst du, wenn du ein Problem hast und ich dir
helfen soll?«

»Hä?«

»Na ja, wenn du zum Beispiel mal wieder den Bus verpasst hast und
ich dich abholen soll?«

»Oh, Mama, du rech! Lieba doch dei Numma ham! Bitte machs
wieda rein dei Numma mei Händy! Kannsu bitte speichern dich, liebe
Mama!«, flötet er mit einem Mal wieder mit süßlicher Stimme.

Nach einem Streit tippt Jonas seine Gedanken:

Mama du bis dooof bis immer sag mir ich mache solldas
Will ich nich bin selbr goß meine leben bin ewax-
sen weis nicht meh ich Gebrutsag hab und 22 bin ich
schon Du wisse bin dein Schon kay aber kien Kind
mehr bin ich du mein liebe Mama bisaber auch plöt
bis ich dir sage

```
Mama, du bist doof bist, immer sag mir, ich mache
soll, das will ich nicht, bin selber groß meine
Leben. Bin erwachsen, weißt nicht mehr? Ich Geburts-
tag hab und 22 bin ich schon! Du wissen: Bin dein
Sohn, okay, aber kein Kind mehr bin ich! Du mein
liebe Mama bist, aber auch blöd bist, ich dir sa-
gen!
```

Und doch gibt es immer wieder zwischendurch regelrechte Hilfe-
rufe, die mein Herz mehr als anrühren.

24. September 2014

An seinem 22. Geburtstag fragt Jonas mich: »*Mama, du mei Liebsling-*
mama bis un ich dei Sohn, gell?«
    »*Ja!*«
    »*Bleib ich imma dei Sohn, oda?*«
    »*Ja, immer!*«
    »*Dei Kind?*«
    »*Ja, mein Kind!*«
    »*Is gut so! Mama gradbiegn, ich Mist baut habe. Mama, will nich*
äwaxn sein, is nich so leicht, alles könne. Will lieba dein Kind sein, Ma-
ma, un du sags mir, wie geht meine Lebn. Hmm, Mama? So machn??
Bitte, bitte, mei Mamilein!« *Mein Herz zieht sich vor lauter Liebe und*
Schmerz zusammen, Tränen laufen mir über die Wange. »*Mama, du*
nich tauhich sein, ich dein Kind, Mama!«
    »*Nein, Jonas, ich bin glücklich darüber, dass du mein Kind bist und*
bleibst, auch wenn du erwachsen bist, genau wie deine Schwestern. Und
ich verspreche dir: Solange ich lebe und so gut ich kann, werde ich dir
immer helfen, mit deinem Leben klarzukommen, wenn du das möch-
test!«
    »*Ja, Mama, will ich, brauch dei Hife meine Lebn, is alles so komple-*
siert! Foh, du da bis, Mami, un mir hefn meine Lebn!«

»Dem mags ich alle lieb bei mir!«

Vom Verwandt-, Befreundet-, Tierlieb- und Verliebtsein

Liebe, zugewandte Menschen, die Jonas ebenfalls seit seiner Geburt begleiten, sind natürlich auch seine Verwandten, vor allem die Familie meinerseits. Leider wohnen sie jedoch alle weit weg, sodass wir im Alltag keine Begegnungen haben. Umso bedeutungsvoller sind gemeinsame Feste und unser alljährliches »Clan-Treffen« auf Schloss Rechenberg.

Mein vewande auch mein Familli gehön hab ich noch tante Okels kusine und kuseng vile ekel und dem mag ich lieb Okel is lusigetrffn wi us alle jare essen trige spille machenist schön
Meine Verwandten gehören auch (zu) meiner Familie. Hab ich noch Tanten, Onkels, Cousinen und Cousins, viele Enkel, und dem mag ich lieb. (Hiermit meint Jonas die große Enkelzahl seiner Oma.) Treffen wir uns alle Jahre, essen, trinken, Spiele machen. Ist schön.

Zu unserer Familie, und somit auch zu Jonas' langjährigen Weggefährten, gehören natürlich auch unsere Tiere. Neben sechs Hühnern leben noch unser 17-jähriger Kater »Luna« und die zwölf Jahre alte Hundedame »Gina«.

Februar 2012
Jonas schiebt sich eine Pizza in den Ofen und setzt sich 20 Minuten davor, um den Backprozess genauestens zu beobachten. Gina stellt sich neben ihn und wackelt mit dem Schwanz. Jonas streichelt seinen Lieb-

lingshund und ermahnt ihn zugleich: »Schina, nich bäppeln, is unhöf-
lich! Ess ich Pizza allein. Okä, du dafs popiern, aba nur kleine Stück,
sons kotz du imma!«

```
tema. Mein luna katze ich liebe mein luna sie isbes-
te katze von ganze welt ich mag mein luna immmer
schnur sie mein kraule
```

Mittagsschläfchen mit Luna

Juni 2014
Jonas liegt lesend im Liegestuhl auf der Terrasse. Luna springt auf sei-
nen Schoß. »Luna, du Blödmann, nich mich schrockn! Les ich, siehs du
nich? Les ich mei Buch. Wenn fertich ist, kraule dir dei Bauch. Okä, so
machn?«

Ein anderes – für mich eher trauriges – Kapitel sind Jonas' Freund-schaften. Konnten wir noch im Vorgängerbuch von einigen schönen Beziehungen außerhalb der Familie erzählen, wird es jetzt ein eher kurzer Abschnitt. Jonas hat derzeit keine Freunde, jedenfalls keine dauerhaften und regelmäßigen Beziehungen. Nachdem er unsere Kirchengemeinde verlassen hat, sind alle Kontakte, die er dort hatte, nach und nach eingeschlafen.

24. September 2014

Wolfgang und ich singen Jonas morgens vor der Arbeit ein Geburtstags-ständchen per Telefon. Am Abend treffen wir uns zum Essengehen mit Jonas' altem Freund Michi, den er noch aus unserer Gemeinde kennt. Die beiden haben sich nun schon Monate nicht mehr gesehen, und als wir am Tisch sitzen, funktioniert die Kommunikation nur recht schlep-pend und fast ausschließlich über uns Eltern. Zusammen gehen wir anschließend noch ins Kino. Auch auf der Heimfahrt reden die beiden Jungs fast nichts miteinander, das macht mich echt traurig.

Jonas scheint aber nichts zu vermissen, und als wir ihn vor seiner WG absetzen, umarmt er uns herzlich zum Abschied und bedankt sich für »schöne Tag hab!«. Wieder einmal muss ich mir klarmachen, dass Jonas nicht bereit beziehungsweise in der Lage ist, in Freundschaften zu investieren. Von sich aus kommt er schon seit Langem nicht mehr auf die Idee, sich mit anderen Menschen treffen zu wollen. »Nur mei Fami-lie, sonst nix!«, antwortet er mir, wenn ich ihn darauf anspreche. »Wills kei Feunde, brauch nich, so anstreng, Mama! Lieba allein sein un mei Patrick sammen!«

Allerdings profitiert Jonas nach wie vor auch von den Freundschaf-ten, die seine Schwestern pflegen. Da diese ihn oft auch mit in ihren Freundeskreis genommen haben (und das nach wie vor tun) und auch hier bei uns im Haus regelmäßige Spiele- oder DVD-Abende stattfinden, wenn die Mädchen da sind, ist Jonas mit Begeisterung dabei und begrüßt aufs Herzlichste langjährige Freundinnen und Kumpels von Maren und Eliane, die er schon von Kindesbeinen an kennt. Hier findet gelebte Inklusion statt, und Jonas gehört ganz selbstverständlich dazu.

Jonas mittendrin

Zweifelsohne kennt Jonas auch selbst viele Leute: seine Kollegen, Mitbewohner, viele andere Kursteilnehmer bei der Lebenshilfe..., aber das sind eben auch alles Menschen, die eine mehr oder weniger sichtbare Behinderung haben und mit denen er keinen weiteren Kontakt pflegen möchte. Meine Hoffnung, Jonas würde in der neuen WG durch das Zusammenleben mit einer größeren Gruppe diesbezüglich »auftauen«, hat sich leider zerschlagen. Zwar ist der Umgang dort untereinander weitgehend freundlich, aber im Grunde macht jeder »sein eigenes Ding«, vorneweg unser Sohn, der sich oft bewusst aus gemeinsamen Unternehmungen ausklinkt und sich lieber in sein Zimmer zurückzieht.

Und dennoch kann ich nicht behaupten, dass Jonas allein und einsam ist. Ja, er ist zunehmend ein Einzelgänger, aber kein einsamer. Sein treuester Freund heißt Patrick und ist unsichtbar. Patrick gehört zu Jonas' Leben, seit er denken kann. Patrick ist immer bei ihm, teilt Jonas' Freuden und Schmerz, versteht ihn voll und ganz, ist sein Lebensberater und Seelentröster, wenn von der Familie keiner greifbar ist. Ein Freund durch dick und dünn, mit dem Jonas sich auch fast ständig unterhält. Das sind dann seine genuschelten »Selbstgespräche«, die er immer dann führt, wenn er sich unbeobachtet glaubt oder es Zeit wird, in seine »andere Welt«, in der er mit Patrick lebt, abzutauchen.

Das ist für Menschen mit Down-Syndrom recht typisch: Viele haben imaginäre Freunde, mit denen sie dauernd »im Gespräch« sind, und das sieht dann so aus, als ob sie Selbstgespräche führen. Ich bin froh, dass es Patrick »gibt«. So fühlt sich Jonas nie einsam und allein und hat einen stets treuen Freund an seiner Seite. Ganz besonders gefällt es mir, wenn er Patrick hier und da auch Jesus nennt. Ja, das ist bestimmt auch ganz nach Jesus Geschmack, und eigentlich sollten wir Christen Jesus als ständige Begleitperson in alle Lebensbereiche mit hineinnehmen und unsere Alltagssorgen mit ihm teilen und besprechen! Und wieder mal denke ich: Da hat Jonas mir eine ganze Menge voraus.

Patrick ist mein unsichtbarer Freund. Immer bei mir, Patrick, und Jesus heißt er auch. Er ist mein Freund und hilft bei mir, (wenn) ich Probleme habe. (Ich) hab Spaß (mit) meinem Patrick zusammen, lustig ist er und Witze macht.

Juni 2014

Auf dem nächtlichen Heimweg von einer Lesung in der Nähe von Stuttgart erinnert mich Jonas circa 30-mal an mein Versprechen, noch zu einem »Mäkdonnäs« zu fahren, wo er seinen eben vom Veranstalter geschenkt bekommenen Gutschein einlösen will. Während ich im Auto sitzen bleibe und Musik höre, geht Jonas sich seinen Proviant holen. Anschließend entspinnt sich ein Gespräch über Patrick. »Patrick will nur noch ein Film guckn, Mama. Er is müde.«

»Sehr vernünftig, dein Patrick!«

»Ja, Patrick is gute Feund, du weiß doch, Mama! Wir guckn noch neue Film, du mir schenk has. Wir mache alles sammen, Patrick un ich.«

»Ja, ich weiß.« Ich kann es nicht lassen, ich muss die Frage einfach stellen und bin mal gespannt auf die Antwort. »Wenn du alles mit Patrick zusammen machst, teilst du dann auch deine Burger mit ihm?«

»Nö, ess ich allein!«

»Ist Patrick da nicht enttäuscht?«

»Nö. Kenns er mich doch, Mama! Ess ich imma alles allein!«

Thema Patrick: Er ist unsichtbar deswegen ist (er) der Freund, (den) ich sehen kann, und (sonst) kann keiner (ihn) sehen Ich rede gerne (mit) unsichtbarem Patrick.

»Patrick-Jesus« hilft Jonas auch, wenn es schwierig wird, wenn er unglücklich verliebt ist oder bei der Suche nach einer passenden Partnerin.

Wie sehr weiß ich doch um Jonas' Wunsch, eine Partnerin zu finden. Seit seinem 15. Lebensjahr stellt sich das Thema, immer wieder auch mit viel Tränen und Schmerz verbunden. Mein Sohn ist ein sehr zärtlicher Mensch, der gerne schmust, küsst, Umarmungen verteilt... Ich bin überzeugt davon, dass sich eine zukünftige Frau an seiner Seite niemals über mangelnde Zuwendung und Zärtlichkeiten beschweren könnte. Und natürlich wünsche ich Jonas von ganzem Herzen, dass er die wunderbare Erfahrung machen darf, geliebt zu werden und seine große Liebe einer Partnerin schenken zu können. Zumal er ja auch wehmütig sieht, wie seine drei Schwestern in langjährigen festen Beziehungen stehen. Das hätte er doch auch so gern!

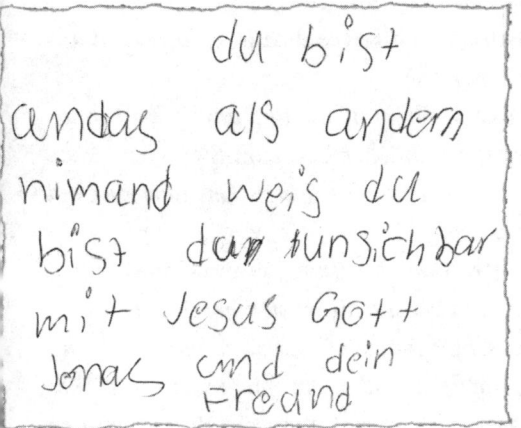

Freie Übersetzung: (Patrick,) du bist anders als (die) anderen. Niemand weiß, (wer) du bist, (weil) du unsichtbar (bist). (So ist es auch) mit Jesus und Gott. (Ich bin) Jonas und dein Freund.

Jonas tut sich bei der Suche nach einer Frau umso schwerer, als er nicht unter »seinesgleichen« suchen möchte: Seine Traumfrau soll bitte keine Behinderung haben, schon gar kein Down-Syndrom. (»Mama, bin selba Daun-Zitron, eina reich so!«) Und eigentlich sollte sie möglichst ein Model sein. Ganz normale Männerträume. Verständlich, aber eben auch nicht einfach ...

Lesung in Wermelskirchen, November 2012
Ganz rechts in der ersten Reihe sitzt eine bildhübsche junge Frau. Jonas kann den ganzen Abend den Blick nicht von ihr abwenden und liest regelrecht nur für sie. Wenn er liest – denn oft ist er total abgelenkt –, sieht er sie nur unverwandt an, und ich muss ihn ständig anstupsen und ihm die entsprechende Stelle im Skript zeigen, wenn er wieder mit Lesen dran ist. Er wird zunehmend unsicherer und schüchterner, so kenne ich meinen Sohn ja kaum.

In der Pause fasst er sich ein Herz und setzt sich mutig neben sie. Ich traue meinen Ohren kaum, als ich höre, wie er ihr seine Gefühle gesteht: »Glaube, bin ich valiebt bei dir! Du bis schöna Fau! Ich valiebt dir!«

Sie lacht laut auf, nimmt Jonas' Hand und antwortet: »Wow, das geht aber schnell bei dir! Ja, ich finde dich auch sehr nett und finde es toll, wie du das hier machst bei der Lesung.«

»Liebs mich auch?«, fragt Jonas hoffnungsvoll.

»Na ja, so schnell geht das nicht, ich kenne dich ja kaum. Und außerdem habe ich schon einen Freund!«

»Oh, schaaade! Aba mag dich trotzem lieb!«, und damit steht Jonas auf und kommt zu mir rüber an den Büchertisch zum Signieren. Auch die zweite Hälfte der Lesung strahlt er sie die ganze Zeit über an und hat nur Augen für sie.

Am Ende der Veranstaltung kommt sie zu uns, nimmt Jonas in den Arm (was er sichtlich genießt) und verabschiedet sich herzlich von uns. Kaum ist sie zur Tür draußen, seufzt Jonas: »Oh, Mama, is sie hübscha Fau! Ich sie valiebt habe. Aba sie liebs mich nich, mag mich nur. Schade!«, seufzt er noch einmal laut und schleppt dann die Bücherwannen zum Auto. Wie viele dieser Körbe musste mein Sohn in seinem Leben wohl schon einstecken? Ich kann sie längst nicht mehr zählen und bewundere Jonas, dass er damit so locker umgehen kann.

Anne und ich sind nur Freunde. Hat sie anderen Freund, sind wir kein Liebespaar mehr. Schade, aber Freundschaft ist wichtig mich. Schade, sie mich nicht mehr liebt. Ich will gern Model-Frau haben, weil sie hübsch ist. Aber ich hab sie nicht gesehen und nix gehört. Ich denke, sie meine Kopf drin. Aber ich will keine behinderten Mädchen haben, weil ich selber behindert bin, einer reicht so. Will ganz normale Mädchen haben, wenn sie mich liebt.

Ich liebe immer noch Maja, sie ist hübsch und selbstständig und kümmert sein Leben. Aber Mama mir sagt, Maja jetzt heiratet anderen Mann. Das ist traurig, ich lieb sie schon mehr lange, aber kann nix machen, ist so. Patrick trösten mich, sagt er, krieg ich noch Frau, aber warten muss. Und Jonas ist Domenico, das bin ich, und das passt gut zusammen: Maja und Domenico, wie meine Bücher, das bin ich, ist mein Name, und ich bin Darsteller.

Maja, ein Mädchen aus unserer Kirchengemeinde, war Jonas' jahrelange unerwiderte große Liebe (siehe den Vorgängerband: »Ich mit ohne Mama«).

Januar 2015

Jonas kauft sich an der Raststätte eine Cola. Ich staune nicht schlecht, als er mit der Light-Version, die er doch eigentlich immer ablehnt, wieder ins Auto steigt, und spreche ihn darauf an. »Wieso hast du dir denn Cola light gekauft, ich dachte, die magst du nicht!«

»Weil dem schönes Name hat, guck Mama.« *Er dreht mir die Flasche zu, ich lese* »Maja« *darauf und muss grinsen.* »Weiß noch, Mama, ich sie valiebt war, ich klein war, aba jetzt nicht mär, Maja is abgehakt!«

»Und warum hast du dir dann diese Flasche ausgesucht?« »Sie is hübscha Mädchn, Mama, du weiß doch, weiß nicht mär?! Cola schmecks bessa mit Maja drauf!« *Na dann...*

September 2013

»Wenn ich mal alt sein wörde, so wie Papa, bins ich auch Papa, oda? Hab dann auch Kinda, oda, Mama?« *Tja, was soll ich dazu sagen?*

Ich kuschel meine Mama, meine Schwestern, mein Papa, mein Hund, mein Kätzchen. Und meine Zimmer! Und Essen ist auch wie dem Kuscheln. Ich esse gern! Und ich kuschel auch gern Carla, mein Freundin. Okay, nur meine Traum, aber ich wünsche mir, ein Freundin haben. Liebsten Carla. Sie ist eine Frau und hübsch. Sie strahlt wie Augen wie Sonne. Und Blumen. Ich kenn sie vom Lebenshilfe von Karlsruhe. Sie arbeitet im Lebenshilfe, sie ist meine Betreuerin, und ich mag sie sehr lieb. Und sie mag mich auch sehr lieb, natürlich! Ich will, sie meine Frau werden, und wir heiraten werden und Kinder kriegen, zwei Stück. Klingt gut! Das wünsch ich mir.

November 2014

Jonas zeigt mir sein neues Handy-Hintergrundbild. »Schöna Fau, gell, Mama?« *Abgebildet ist eine junge, schlanke, dunkelgelockte Frau in Un-*

terwäsche, und darunter erkenne ich deutlich die Buchstaben C & A. Jonas hat einfach die derzeitige Werbung einer der überall in Karlsruhe stehenden Litfaßsäulen abfotografiert. »Mama, will auch so Fau ham un Sex mache un Bäbi ham!« Alles ganz normal ...

Jonas zeigt dieses Bild auch Jannik. Ich lausche amüsiert der Unterhaltung und bewundere, wie Jannik sich galant nicht auf das einlässt, worauf Jonas doch so gern hinauswill.

»Na, Jannik, gefällt dir diesn Fau?«

»Jooo, ganz nett!«

»Ist sie hübscha dei Maren?«

»Nein, Maren ist viiiel hübscher!«

»Aber sieht dem auch so aus, oda?«

»Nö, Maren ist doch blond, und die Frau hier hat dunkle Locken!«

»Un gefäll dir, sie anhat?«

»Sie hat doch fast nichts an!«

»Nau!«, grinst Jonas breit.

»Wünsch du auch, Maren so was anhat?«

»Ja, klar, Maren hat auch Unterwäsche an.«

»Wills du, Maren so rumläuf?«

»In Unterwäsche? Ach, nein, Jonas, das wäre doch viel zu kalt. Da würde sie bloß krank werden!«

»Ja, Jannik, du rech. Bessa was anziehn!«

September 2014

Nach dem Gottesdienst, zu dem Jonas uns ausnahmsweise mal wieder begleitet hat, gehen wir in einem Biergarten essen und haben uns noch spontan mit Sabine und ihrer Familie dafür verabredet. Jonas staunt nicht schlecht, als er Sabine und Karsten, die er beide als Mitarbeiter von den Jugendfreizeiten kennt, nun als verheiratetes Paar und junge Eltern des kleinen Lukas erlebt.

Ja, in zwei Jahren kann schon sehr viel passieren. Auf der Hochzeit der beiden war Jonas auch mit eingeladen, aber die Schwangerschaft von Sabine und die Geburt ihres Sohnes kannte er nur aus meinen Erzählungen.

Das Ganze jetzt live zu sehen, ist dann doch noch mal eine ganz andere Geschichte, und ich spüre, wie Jonas sich in sich selbst zurückzieht und kaum an unseren Gesprächen teilnimmt. Ich weiß nicht, ob er sich ausgeschlossen fühlt, zumal wir alle bemüht sind, ihn immer wieder ganz bewusst mit einzubeziehen, doch merke ich deutlich, wie Jonas sich abkapselt, und, als das Essen kommt, ganz damit beschäftigt ist. Auf dem Heimweg im Auto bricht es dann aus ihm heraus: »Den beiden Liebespaar un Bäbi ham. Ich hab kei Feundin, Mama, imma noch nich Feundin. Aba is gut so vielleich, ich schaffs nich, Feundin ham, Mama. Aba vielleich späta, ich schaffs doch. Un Bäbi ham. Vielleich werd ich auch mal alte Mann, Mama?«

»Ja, klar, du wirst auch mal ein alter Opa mit Runzelhaut und Glatze«, grinse ich.

»Aba ers mal Onkel werdn, gell, Mama? Mei Schwestan Bäbi triegt! Oda?«

Mädlis, das ist perfekt, dass (ich ein) Mädchen heirate. (Sie ist dann) eine Frau und ein Freund (an) meiner Seite, wenn ich Probleme habe.

Februar 2015

»Mama, ich wünsch mir, Feundin ham! Klapp das? Vielleich, wenn neue Leute komm?«

Ich hake nach. »Neue Leute, wie meinst du das?«

»Ja, in HWK neue hübscha Faun komm, wenn dem Somma vobei is un wieda der Ampfang an is. Feu mich, neue Faun, Mama!«

Ja, man soll die Hoffnung nie aufgeben ...

»Hab ich Feund, heiß er Jesus!«

Himmelsangelegenheiten

Mit Jonas' Auszug von zu Hause setzte er gleichzeitig einen anderen Schlussstrich, praktisch von diesem Tag an verließ er auch unsere Kirche, die Freie evangelische Gemeinde (FeG) in Karlsruhe, zu der wir gehören. Das hatte zwei Gründe: Zum einen ist zeitgleich sein geliebter Jugendreferent Steve gegangen, um eine neue Stelle als Jugendpastor in einer anderen Gemeinde anzutreten. »Mama, bin so tauhich, Stief geht. Geh ich auch, komm niiiie mär, Stief nich da is!« Dem neuen Jugendreferenten, einem ebenfalls sehr sympathischen jungen Mann, hat Jonas von Anfang an erst gar keine Chance gegeben. »Wills ihm nich kennlerne, er is nich Stief! Vermiss mei Stief so aag!«

Und der zweite Grund war die Verknüpfung von Erwachsensein und Neue-Wege-Einschlagen. »Bin ich äwaxn, geh nich mär Gemeinde hin!«

»Aber, Jonas, Papa und ich sind doch auch erwachsen und gehen in den Gottesdienst, das hat doch mit dem Alter nichts zu tun!«

»Mama, bei dir is so vielleich, bei mir is anneres, ich Daun-Zitron bin. Is anners bei mir. Geh ich nich mär Gemeinde hin. Un basta jetz!«

Früher mal war Gemeinde gewesen, jetzt nicht mehr, weil erwachsen bin. Und Steve ist nicht mehr da, das will ich nicht ohne Steve, er ist mein Liebste! Will nicht mehr Gemeinde gehen, ist nicht mein Ding, will lieber Hause sein und Ruhe haben. Gottesdienst ist schön, Lieder singen, das gut so, aber will nicht hingehen, weil Wochenende ist, lieber penn ich noch und gucks ich Filme. Sonntag ist meine Ruhe haben. Früher mal, ich klein war, war ich Deeper (Jugendgruppe) gewesen, aber jetzt nicht mehr, kenns ich nicht mehr dem Leute, andere Leute, ich erwachsen bin. Aber ist nicht schlimm, ist okay bei

mir. Ich hab gute Welt und Frieden bei mein Herzen, weil Gott ist da bei mir mein Herzen drin, egal, ich bin in Gemeinde oder nicht.

Ja, ich bin so froh, dass Jonas mit dem Rückzug aus der Gemeinde nicht auch seinen Glauben über Bord geworfen hat. Jesus ist nach wie vor sein Freund, und die beiden sitzen immer noch in einem Boot.

(Ich) glaube an Jesus (und kann) zu (ihm) beten. Ich glaube (an) Jesus. Jesus mag mich, (passt) auf mich (und) meine Herzen (auf).

Februar 2015
Wir fahren zu einer Lesung. Als wir von der Autobahn abbiegen und durch die schöne Landschaft im Taunuskreis düsen, meint Jonas:
»Mama, hia is Jesusweg!«
   »Jesusweg? Wie meinst du das?«, frage ich nach.
   »Mama, Jesus is imma da, bergauf un bergunta, jede Weg!«
   Ja, wie recht er doch hat. Jesus ist tatsächlich immer mit unterwegs, egal, ob mein Lebensweg gerade durch ein dunkles Tal oder auf Höhenwegen verläuft. Eigentlich ist jeder Weg ein Jesusweg, da hat Jonas ganz recht.
   »Siehse, sag ich doch!«, meint er triumphierend, als ich ihm zustimmend meine Gedanken mitteile.

tema. gott und Jesus glauben wir alle in Bibbel und ich auch der Tesament und neue Tesament und alte Tesament dass ist wunder gnade von Gott er liebs mich und den meshen allemein opa tod is er glauben wir in himel ist bei Jesus auch mit seine Hoffenkeit seine grab wir deken an mein opa. wir bete zusammen in himmel und alle sigen mit mir

Thema: Gott und Jesus. Glauben wir alle (an die) Bibel und ich auch. (Darin gibt es) das Neue Testament und das Alte Testament. Das ist ein Wunder:

Gnade von Gott. Er liebt mich und die Menschen alle.
Mein Opa, tot ist er. Glauben wir, er ist im Himmel
bei Jesus. Auch mit seiner Hoffenkeit (Mischung aus
Hoffnung und Herrlichkeit). (An) seinem Grab denken
wir an meinen Opa. Wir beten zusammen zum Himmel,
und alle singen mit mir.

Von der Universität Witten/Herdecke, die eine Untersuchung zum
Thema »Dimensionen der Bedeutsamkeit von Spiritualität bei Menschen mit Down-Syndrom« vornimmt, bekommen wir einen Fragebogen zugeschickt, den Jonas mit viel Freude und Gewissenhaftigkeit ausfüllt. Ein paar Tage später gibt er ihn mir zurück. »Mama, hab Kreuze mach, is gut so!«

Die letzten beiden Teile des Bogens dienen wahrscheinlich der Einschätzung und Zuordnung der Person, wie selbstständig sie ist. Ich bin richtig stolz auf Jonas, wie er alles verstanden und gut eingeordnet hat. Zwar ging er jahrelang mit uns zur Kirche, aber das ist seit seinem Auszug von zu Hause ja praktisch ganz vorbei, insofern stimmt das Kreuzchen bei »nie«. Und auch alle anderen Angaben treffen absolut auf ihn zu – das hat er wirklich ganz klasse gemacht!

Jonas lebt seinen Glauben völlig unverkrampft und aus dem Bauch heraus. Er braucht dazu weder feste Rituale noch fromme Formen. Jesus ist immer und überall dabei, manchmal nennt er seinen unsichtbaren Freund Patrick auch Jesus, das finde ich dann besonders faszinierend.

Ich freue mich sehr, dass Jonas Gottes Liebe tief in sich verankert hat und seinem Schöpfer auch immer wieder Dank ausdrückt für ganz »banale« Dinge, die manch einer für selbstverständlich hält. »Danke, Gott, Hamböga is lecka!«, »Danke, Gott, ich Eistee hab!«, »Danke, Gott, mei Grubbeleita nich mär sauer mir!«...

Dimensionen der Bedeutsamkeit / Spiritualität
bei Menschen mit Down-Syndrom

Wir möchten Sie bitten, die folgenden Fragen anonym zu beantworten, die sich in unterschiedlicher Weise mit für Sie möglicherweise wichtigen Dingen befassen. Die **Teilnahme an der Befragung** ist selbstverständlich **freiwillig**. Alle Aussagen werden **streng vertraulich** behandelt und können nicht mehr mit Ihnen in Verbindung gebracht werden. **Die Belange der Schweigepflicht und des Datenschutzes werden voll gewahrt.**

Bitte lesen Sie sich die Fragen gut durch und versuchen Sie auf dem Bogen passend anzukreuzen (für jede Frage bitte nur ein X). - Es gibt keine „richtigen" und „falschen" Antworten. Jeder Mensch hat andere Erfahrungen gemacht und bewertet sie anders.

Für Ihre Hilfe und Kooperation **herzlichen Dank**!
Silke Broghammer und Prof. Dr. Arndt Büssing

Wie alt sind Sie? ...2.7... Jahre

Ich bin: ☒ männlich ☐ weiblich

Ich habe ein Down Syndrom (Trisomie 21): ☒ ja

☐ nein, ich habe eine andere Beeinträchtigung („Handicap") nämlich ....

Bitte beschreiben Sie hier, wie oft Sie bestimmte Dinge tun (natürlich soweit es Ihnen möglich ist) und kreuzen Sie bitte entsprechend an: X	nie	selten	oft	sehr oft
P31x Ich habe schöne Erfahrungen in meinen Leben gemacht.				X
P29 Ich spüre in mir eine große Dankbarkeit.				X
P30 Mich überkommt oft ein Gefühl staunender Ehrfurcht.				X
P33* Mein Herz ist von großer Freude erfüllt.				X
P34* Wenn ich schöne Musik höre, dann lacht mein Herz mit.				X
B1 Ich gehe mit Freunden aus.		X		
P22 Ich helfe anderen Menschen, wenn sie mich brauchen.				X
P24 Ich denke an Menschen in Not, denen es nicht gut geht.		X		
P21 Ich vertraue auf meinen Schutzengel.				X
F1 Ich bete.				X
P2 Ich gehe gerne zur Kirche (bzw. Moschee).		X		
P10 Ich mache mir Gedanken über den Sinn des Lebens.				X

Bitte überprüfen Sie, in wie weit die folgenden Aussagen für Sie <u>zutreffend</u> sind und kreuzen Sie bitte entsprechend an: **X**	trifft gar nicht zu	trifft eher nicht zu	weder ja noch nein (weiß nicht)	trifft eher zu	trifft genau zu
S22 Ich gehe bewusst und gut mit anderen um.			X		
S23 Ich gehe bewusst und gut mit der Natur um.		X			
S21 Ich gehe bewusst und gut mit mir selbst um.					X
N38x Ich möchte gerne jemanden an meiner Seite haben, der nur für mich da ist.					X
N13x Ich möchte für jemanden liebevoll da sein.					X
N2x Ich möchte mit jemandem über meine Sorgen und Ängste reden können.					X
S40 Ich bin nicht alleine, auch wenn niemand bei mir ist.					X
S4x Ich spüre Gott an meiner Seite.					X

Bitte kreuzen Sie auf oder zwischen den Gesichtern an, wie **zufrieden** Sie mit Ihrem Leben im Allgemeinen sind: **X**

ganz und gar nicht   gering   mittel   sehr   sehr sehr zufrieden

Ich lebe mit meinen Eltern zusammen: ☒ ja ☒ nein

Wie viel Zeit verbringen Sie mit Freunden?
☐ sehr viel ☐ viel ☐ hin und wieder ☒ gar nicht

Wie oft gehen Sie ins Kino?
☐ sehr oft ☐ oft ☒ hin und wieder ☒ gar nicht

Wie oft gehen Sie alleine aus?
☒ sehr oft ☐ oft ☐ hin und wieder ☐ gar nicht

Wie oft fahren Sie alleine mit dem Bus (bzw. Bahn / Straßenbahn)?
☒ sehr oft ☐ oft ☐ hin und wieder ☐ gar nicht

Ich habe einen Arbeitsplatz (z.B. in einem Büro, Werkstatt …): ☒ ja ☒ nein

Diesen Fragebogen habe ich: ☒ alleine ausgefüllt ☐ mit Hilfe ausgefüllt

180

Mai 2015
Wir kommen an einer offenen Kirche vorbei. Jonas beschließt spontan:
»Mama, wart hia, will ich reingehn un redn bei Gott. Komm gleich wie-
da!«, und setzt sich allein in den großen Kirchenraum.

Jonas allein in einer Kirche

Und da Jonas eine echte Freundschaft mit Gott pflegt, nimmt er auch
kein Blatt vor den Mund, wenn er auf seinen Freund sauer ist. Ganz
den Klageliedern in der Bibel gleich, macht er Gott Vorwürfe, wenn
er über ihn verärgert ist. Wie man das eben bei einem wirklichen
Freund auch machen kann, ohne befürchten zu müssen, dass dieser
einen dafür in die Wüste schickt.

Mai 2014
Jonas kommt zu Besuch und fragt gleich nach seiner Schwester, die der-
zeit auch bei uns ist. »Mama, wo is Elli?«
　　»Sie ist draußen im Garten.«

Jonas sieht Elli auf einer Steintreppe sitzen mit einem der Hühner auf dem Schoß. Als er näher kommt, fragt er: »Elli, du tauhich? Seh ich bis hia, du Träne has.«

Eliane erklärt, dass das Huhn leider sehr krank war und gerade vor ein paar Minuten in ihren Armen verstorben ist. Jonas setzt sich neben Elli, und gemeinsam streicheln sie das tote Huhn. Elli legt eine Hand um Jonas' Schulter und fragt, ob sie gemeinsam für das Huhn beten wollen.

»Ja, das gute Edee!« Nachdem Elli Gott für das Huhn gedankt und darum gebeten hat, Gott möge es im Himmel bei sich aufnehmen, macht Jonas auch seinem Herzen Luft: »Oh Manno, Gott! Nich fär, dem Hühna tot! Imma du wills! Nich fär! Imma muss Papa neue Hühna kaufn. Nich fär. Amen.«

Mehrfach hat Jonas am Ende einer Lesung, wenn der Moderator uns bereits gedankt und die Zuhörer verabschiedet hatte, noch einmal zum Mikrofon gegriffen und spontan gebetet: »Danke, Gott, schöne Lesung ham un nette Leute hia un alle aufpassn dem Hause gehn un Segn ham! Amen.« Oder auch: »Danke, mei Gott, bis beste Gott bei mir, imma aufpassn mich un mei Häz un mei Mama un mei Familie un mei Schwestan un mei Papa un alle lieb dir un Jesus auch. Amen.«

Hier und da ist Jonas dann doch mit uns in den Gottesdienst oder zu einer Veranstaltung in die Gemeinde gefahren. Aber wir lassen ihm bewusst die Wahl und respektieren seine Entscheidung. Ich beobachte bei einigen Jugendlichen, dass es eine (oftmals auch recht lange) Phase gibt, wo sie sich bewusst von der Gemeinde (und manchmal auch vom Glauben) abwenden; das hat ja auch viel mit der Abgrenzung zu den Eltern zu tun. Aber nicht selten sehe ich auch mit großer Freude, wie der eine oder die andere von ihnen als junge Erwachsene wieder zurückkommen. Also gebe ich die Hoffnung nicht auf, dass auch Jonas eines Tages den Weg in unsere Gemeinde zurück findet. (Oder in eine andere – Hauptsache, er hat wieder Anschluss –, was sich jedoch schwierig gestalten dürfte, weil

Jonas von sich aus, bisher jedenfalls, keine Initiative ergreifen kann, sich neue Kontakte zu erschließen.)

Dezember 2012
Jonas geht mit uns in ein Gospel-Weihnachtskonzert in unserer Gemeinde. Er war seit seinem Auszug nicht mehr mit uns in der FeG. Viele begrüßen ihn freudig, auch Jonas geht auf den einen oder die andere zu. Genießt das wunderschöne Konzert, klatscht begeistert mit. Kaum ist es zu Ende, raunt er mir ins Ohr: »Mama, will jetz mei Hause gehn, nich mär hiableibn, hia is nich gut für mich!«

Eine Woche später fragt uns Jonas, ob er am Sonntag wieder mit uns in den Gottesdienst gehen kann. Ich freue mich riesig darüber, und natürlich nehmen wir ihn mit. Er setzt sich diesmal aber nicht wie all die Jahre zuvor in die erste Reihe zwischen Pastor und Moderator, sondern nimmt zwischen Wolfgang und mir Platz. Beim Lobpreis steht er auf, schließt die Augen, hebt die Arme zum Himmel und singt aus vollem Herzen mit. Ich muss meine Tränen zurückhalten, bin so bewegt von diesem vertrauten Anblick, den ich nun monatelang vermisst habe, und hoffe, bete und wünsche, Jonas kommt nun wieder öfter mit uns in die Gemeinde.

September 2014
Nachdem mir Jonas spontan bei der Inventur des Gemeinde-Büchertisches geholfen hat und dabei eine wirkliche Hilfe war, sitzen Wolfgang und ich mit ihm im Gottesdienst, der sehr aufwendig und unterhaltsam gestaltet ist: mit einer Liveübertragung in den Garten, wo ein Theaterstück gespielt wird, frischer Moderation und cooler Jugendband. Das Thema lautet: »Worauf baust du dein Lebens-Haus?«, und unser Pastor geht dieser Frage auch in der Predigt nach. Jonas, der neben mir sitzt, hat schon wieder abgeschaltet, denke ich, jedenfalls höre ich ihn nuschelnd mit Patrick sprechen, während er vor sich hinstarrt. Schade, denn die Predigt ist wirklich hörenswert, und die Aufforderung, Jesus als Fundament für sein Leben zu wählen, trifft den Kern. Da fällt der Satzteil: »Jesus, dieser Zimmermann, dieser einfache Schreiner aus Nazareth ...«

Jonas reißt den Kopf hoch, schaut mich fragend an: »Jesus is Schreina? Stimm so, Mama?«, und als ich nicke, reibt sich Jonas freudig die Hände und strahlt: »Kuuuul, Jesus is Schreina, wie ich! Kuuuuul!«

Mein Herz macht einen Hüpfer, und ich bete im Stillen: »Danke, Jesus, dass du es immer wieder schaffst, Jonas zu berühren und persönlich anzusprechen.«

Bei den Liedern steht Jonas als Erster auf und klatscht, tanzt und singt lautstark mit, wie früher. Ach, ich freue mich so und wünschte, unser Sohn käme wieder öfter mit in den Gottesdienst. Meine Hoffnung diesbezüglich wird noch verstärkt, als wir nach dem Gottesdienst erleben, wie einige Erwachsene freudig auf Jonas zugehen und ihn herzlich begrüßen. Noch auf der Fahrt war Jonas' Befürchtung: »Mama, kenns ich keina mär«, und meine Antwort darauf: »Doch, sicherlich kennst du noch viele Leute, vor allem von den Erwachsenen«, tat er ab mit: »Hmm, weiß nich!«

Und nun bestätigt sich, was ich gehofft hatte: Jonas wird wie ein alter Freund aufs Herzlichste begrüßt und erwidert diese Freundlichkeit auch. Kaum ist der Gottesdienst zu Ende, raunt mir Jonas ins Ohr: »Mama, will Hause gehn, nich mär hiableibn.«

»Aber willst du dich denn nicht nach so langer Zeit mal wieder mit alten Freunden unterhalten?«

»Nein, will nich haltn, sin kei Feunde mär, hab kein Feunde mär. Bitte gehn jetzt!«

Juni 2014

Ich gehe mit Jonas und Maren in die FeG zur Fußball-WM-Übertragung Deutschland gegen USA. Im Anschluss gibt es noch ein Konzert mit Andi Weiss, auf das ich mich besonders freue, da ich ihn noch nie live erlebt habe, seine Lieder aber sehr mag. Jonas ist allerbester Laune, aber beim Konzert, wir sitzen in der ersten Reihe, ist mein Sohn zunächst zurückhaltend und skeptisch, er versteht die meist ironischen Witze, die der Sänger zwischen seinen Liedern macht, nicht und schüttelt immer wieder missbilligend den Kopf, gibt laute Kommentare von sich: »Mama, er spinnt! Er kei Ahnung! Was sagt er da? Schmutzige

Wäsche waschn? Is doof, Wäsche muss sauba waschn! So Quatsch sagt er, Mama!« Aber die schöne Musik und die eingängigen deutschen Texte überzeugen ihn dann doch, und er wippt zunehmend mit Kopf und Beinen im Takt, klatscht von Lied zu Lied lauter Beifall.

Andi Weiss fordert hier und da das Publikum auf, im Refrain mitzusingen, und das tut Jonas aus voller Brust. Dann bittet uns der Künstler, unserem Sitznachbar gezielt Gutes zuzusprechen, passend zu seinen Liedtexten, zum Beispiel: »Du bist ein Held!«, »Gib nicht auf, niemals!« und »Du bist geliebt!«. Jonas stimmt jedes Mal freudig zu und ruft laut: »Das stimm!« Sowohl der Musiker als auch das Publikum bekommen das mit und sind ihrerseits amüsiert.

Beim letzten Lied hält es Jonas nicht länger auf dem Stuhl. Er zieht seine Schwester mit hoch: »Komm, Maren, wir tanzn!« Maren zögert zunächst, will hier nicht vor allen Leuten tanzen, andererseits auch Jonas' Wunsch nachgeben. Also zieht sie ihn nach links weg ins geöffnete Foyer und tanzt dort eng umschlungen mit ihrem Bruder. Hinterher sagt Maren zu mir: »Ist das nicht wieder klasse? Jonas macht einfach, wonach ihm gerade ist. Ihm ist es doch egal, was die anderen von ihm denken könnten, er schämt sich nicht für sich. Das war so schön, mit ihm zu tanzen, allein hätte ich mich das nie getraut. Und dann hat er mir noch zugeflüstert: ›Maren, ist schönste Tag meine Lebn heut!‹ Das hat mich total gefreut und berührt!«

Ja, ich denke, über Musik hat Jonas auch einen guten Zugang zu Gott. Er hat eine große CD-Sammlung, und bestimmt zwei Drittel davon sind Lobpreis- und Anbetungslieder. Die hört er nach wie vor rauf und runter und besonders gern mit mir im Auto, dann singen wir laut mit. Dabei macht Jonas auch vor englischen Texten keinen Halt und schmettert nach Gehör mit, es klingt nahezu echt.

ich bin dein Freund Schon
Jesus ~~und~~ Jonas und
Gott vater Papa
ich habe Jesus Lieder
und ich sigen und
Tanzen mit Gott Vater Papa

Ich bin dein Freund,
Sohn Jesus. Jonas und
Gott, der (himmlische)
Vater, Papa. Ich habe
Jesuslieder, und ich
singe und tanze
mit Gott Vater Papa.

3. »Mei Häz un mei annere Köpa«

Offene Fragen und kreative Antworten zum Thema Gesundheit

»Mei Häz nich Odnung is«

Angeborener Herzfehler

Ungefähr 60 Prozent der Kinder mit Down-Syndrom kommen mit einem Herzfehler zur Welt, der ganz unterschiedlich ausgeprägt sein kann. Jonas hat es diesbezüglich recht heftig erwischt: Er wurde mit zwei großen Löchern im Herz und zwei defekten Klappen geboren. Mit acht Monaten wurde er als Baby zum ersten Mal operiert, mit 14 Jahren noch einmal. (In »Bin Knüller!« habe ich ausführlich davon erzählt.) Doch beide Operationen brachten leider nicht das gewünschte Ergebnis, auch wenn einiges »geflickt« werden konnte. Deshalb müssen wir nach wie vor regelmäßig mit Jonas zur Herzkontrolle beim Kardiologen.

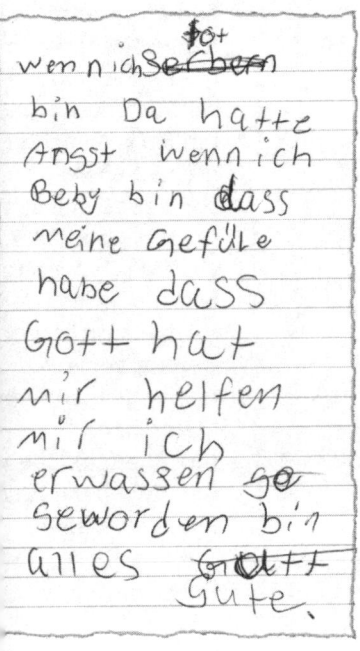

Wenn ich tot bin. Als Baby hatte ich Angst, zu sterben. Ich habe das Gefühl, dass Gott mir geholfen hat, dass ich erwachsen geworden bin. (Jetzt) ist alles gut.

Jonas bedrückt sein Herzfehler zuweilen ziemlich. Er hat sich ein bisschen in den Gedanken verbissen, dass er eine dritte Operation nicht überleben wird. Natürlich wollen wir das nicht als »prophetische Gabe« verstehen und haben ihm schon mehrfach erklärt, dass viele Leute noch weitaus mehr Herz-OPs gut überstanden haben und er ja vielleicht auch gar nicht noch einmal operiert werden muss. Aber ihm das wirklich ausreden oder ihm die Unsicherheit nehmen können wir selbstverständlich nicht, wie auch? Ich bekomme regelrecht Gänsehaut, wenn Jonas solche Sachen von sich gibt:

Meine Familie kann (mich) nicht beschützen, (sie ha[t] es) versucht, (aber s[ie]) können es nicht. Meine Familie liebt mich. Ich auch. Abe[r] es geht nicht um m[ich], sondern um meine Schwestern: Wenn meine Eltern irgend[-]wann sterben wolle[n] bin ich verpflichtet, meine Schwestern z[u] schützen. Vielleich[t] mein Herz nicht gu[t] vielleicht bin ich (a[ls]) Erster sterbenskran[k]. Kann ich nicht wiss[en] wer sterben soll. Hoffentlich können[] meine Eltern (noch lange) leben. Bitte! Ich habe Ang[st] (sie) zu verlieren.

tema. Kankenhaus wenn ich sterbe muss wie Opawenn
ihr mich lieb dann muss los lassen mein leben mein
herzen kank ist mein op wenn ich nomal op haben leben
stunde tot bin mein wusch ist halten euchfamilien
susamen ein

(Freie Übersetzung) Thema: Krankenhaus. Wenn ich
sterben muss wie Opa, wenn ihr mich liebt, dann
müsst ihr mich loslassen (und) mein Leben. Mein Herz
ist krank, und wenn ich noch mal OP habe, (schlägt
meinem) Leben die letzte Stunde, dann bin ich tot.
Mein Wunsch an meine Familie ist: Haltet alle zusammen.

Dabei geht es Jonas in seinen Sorgen nicht nur um das Sterben an
sich. Er macht sich auch Gedanken, wer sich nach dem Tod um wen
kümmern soll.

September 2014
Heute haben Jonas und ich wieder einen Termin beim Kardiologen zur
halbjährlichen Herzkontrolle. Dieser nimmt sich wie immer ausgiebig
Zeit für eine gründliche Untersuchung und meint dann am Schluss: »Ich
bin sehr zufrieden mit deinem Herzen, Jonas! Sieht alles gut und stabil
aus. Du brauchst jetzt erst in einem Jahr wiederzukommen zur Unter-
suchung.« Ich kann kaum fassen, was ich da höre. Seit Jonas zweiter
Herz-OP müssen wir halbjährlich zur Kontrolle kommen, und stets hieß
es, sein Zustand sei nach wie vor dem Stadium 2,5 zuzuordnen, was
so viel bedeutet wie: Es ist okay, wie es jetzt ist, aber beim kleinsten Ru-
cker in Richtung drei muss er erneut operiert werden und eine künstliche
Herzklappe bekommen. »Wie meinen Sie das? Ist das Ergebnis besser als
2,5?«, frage ich deshalb nach. »Ja, ich würde sagen, es ist eine recht stabi-
le 2 mit leichter Tendenz zur 2,5. Das sind die Werte eines fast gesunden
Herzens! Ihrem Sohn geht es so gut wie lange nicht!« Halleluja!!!

Im Auto sagt Jonas zu mir: »Is er nette Arz, Mama, sag er, ich gut
bin!«

»Ja, er ist wirklich sehr nett. Und du darfst dich auch echt freuen, dass es deinem Herzen so gut geht!«

»Hat Gott mach?«

»Ja, das denke ich schon. Gott passt wirklich gut auf dich auf!«

»Oh, danke, Gott!«, ruft Jonas gen Himmel.

»Und die WG ist wirklich gut für dich, das sehen wir ja jetzt.«

»Mama, WG nix zu tun mei Häz.«

»O doch! Seit du dort eingezogen bist, hast du wieder zehn Kilo abgenommen!«

»Ja, is gute Essen lecka da, Mama.«

»Und in der neuen WG hast du ja unter der Woche dein Laptop nicht zur Verfügung, also gehst du früher ins Bett, und das bringt dir mehr Schlaf ein. Das ist deshalb auch so wichtig, weil du ja die Maske nicht mehr trägst.«

»Nö, Mama, wills ich nich mär Maske, brauch nich, kann gut schlafn!«

»Ja, also alles in allem hat sich schon allein aus gesundheitlichen Gründen der Umzug in die neue WG für dich bewährt«, fasse ich zusammen.

»Ja, WG is gut so, Mama. Aber manchma will ausziehn wieda.«

»Jaja, das weiß ich, und du wirst wohl auch nicht die nächsten 50 Jahre dort leben, aber für jetzt ist es ein guter Ort, und vorerst bleibst du da.«

»Okä, bleib ich, Mama.«

Ich bin verblüfft über den ausbleibenden Widerspruch, Jonas scheint sich wohl doch langsam in seine neue Wohnsituation zu fügen. Das freut mich sehr.

Mit einer erneuten Frage reißt er mich aus den Gedanken: »Mama, hat Arz eigzlich Ahnung?« »Du meinst den Kardiologen, bei dem wir grad waren?«

»Ja, hat er eigzlich Ahnung mei Häzn?«

»Jonas, das ist sein Beruf, sich mit Herzen auszukennen. Das macht er schon viele, viele Jahre. Er untersucht ganz viele Kinder und Erwachsene mit Herzfehlern. Wir können uns auf seine Meinung als Fachmann schon verlassen.«

»Aba kann er nich wissn, mei Häz wieda kank werdn, oda?«

»Nein, niemand kann das voraussehen, ob dein Herz wieder kränker wird.«

»Aba Gott weiß, oder?«

»Ja, Gott weiß das. Er hat dich ja gemacht.«

»Aba hat er Fehler mach mei Häz, Mama!«

»Hmm, das glaube ich eigentlich nicht. Ich bin überzeugt davon, dass Gott keine Fehler macht. Ich denke, das soll alles so sein, wie es ist.«

»Aba, mach der Gott mei Häz sund wieda?«

»Das weiß ich nicht, Jonas. Ich weiß nur, dass wir ihm vertrauen müssen und er bisher sehr gut auf dich aufgepasst hat.«

»Ja, Gott pass auf mir, is mei Papa im Himml, mei Feund bei Jesus is er.«

»Das hast du schön gesagt!«

»Aba, Mama, weiß nich, ob gut geht mei Häz, vielleich ich sterbe muss?«

»Hmm, ja, Jonas, das wissen wir alle nicht. Keiner weiß, wann er stirbt. Manche Menschen werden sehr alt, andere sterben schon jung.«

»Muss jung sterbn, Mama?«

»Jonas, das weiß ich nicht, und das hoffe ich natürlich nicht; ich glaube jetzt, nachdem uns der Doktor wieder so Hoffnung gemacht hat, dass es deinem Herzen besser geht, dass du noch recht alt werden kannst.«

»Aba weiß er nich genau, der Dokto, stimms, Mama?«

»Ja, da hast du recht. Das kann er auch nicht mit Bestimmtheit sagen, er kann nur sagen, wie es jetzt im Moment ist. Aber im Moment sieht es sehr gut aus, deshalb sollten wir uns nicht mehr Sorgen machen als nötig.«

»Aba, Mama, wills ich nich sterbn wie Opa. Er auch kanke Häz hat.«

»Das stimmt, aber dein Opa wurde auch 74 Jahre alt. Da hast du noch einige Jahre vor dir, bis du auch so alt bist.«

»Opa is jetz Himml drin, gell, Mama?«

»Ja, das glaube ich!«

»Un komm ich auch Himml, ich sterbs?«

»Ja, bestimmt!«

»Oh, kann ich Opa sehn, un kann ich Opa wieda Karte spiele, das is kuul!« Jonas reibt sich voller Vorfreude die Hände. Ich grinse und lasse dieses schöne Bild auf mich wirken, finde, ich muss da jetzt nichts geraderücken.

Jonas schlägt wieder einen nachdenklicheren Ton an: »Un du, Mama? Wann sterbs du?«

»Das weiß ich nicht, Jonas.«

»Aba du bis noch junge Fau, muss nich sterbn jetz.«

»Ja, ich hoffe, du hast recht. Ich fühle mich auch noch recht fit und gesund, würde schon noch gern ein paar Jährchen leben!«

Jonas lehnt seinen Kopf wieder an meine Schulter und seufzt: »Oh, mei Mamilein, ich wills nich, du sterbs un Papa auch nich!«

»Ja, Jonas, das verstehe ich, das wünscht sich niemand. Ich wünsche mir auch nicht, dass Papa und ich oder unsere Kinder bald sterben müssen.«

»Aba kanns du nich wissn, Mama!«

»Nein, kann ich nicht, und das ist auch gut so, denn dann würde ich mir jetzt ganz viele Sorgen machen und jeden Tag voller Angst leben. Aber so weiß ich, dass Gott auf uns aufpasst, und wenn er will, dass einer von uns sterben soll, dann soll es eben auch so sein.«

Jonas ist nicht einverstanden: »Nein, Mama, das wills ich nich. Lieba Gott sagn, alle lebn wir!«

»Ja, darum dürfen wir ja auch beten.«

Wie aufs Stichwort faltet Jonas die Hände und betet laut: »Lieba Gott, ich nich sterbn will mei Häz kank un mei Mama nich un mei Papa nich un mei Schwestan auch nich, alle drei Stück. Bitte mach alle sund bleibn un keina sterbs, das wünsche ich. Danke un Amen jetz.« Und an mich gewandt fragt er: »Gut so, Mama?«

»Ja, Jonas, das hast du wunderbar gemacht. Ich kann mir gut vorstellen, dass Gott deine Gebete ganz besonders mag!«

»Ja, Gott mags mich, ich weiß, Mama! Kannsu jetz Musik machn, bitte?«, beendet mein Sohn das schwermütige Thema und reicht mir eine CD aus dem Handschuhfach.

Alles bestens meine Leben, aber vielleicht muss noch mal Krankenhaus wegen meine Herzen, kann ich nicht wissen. Aber warten wir, was geschieht wird. Gott passt auf bei mir, ich hoffe, er vergisst nicht!

mei hezfeler fühl an wi nix alles gut mien Hez und bleib so imma Danke Gott mich afpasen ich will nich opieren ncoh mal nie weder.
Mein Herzfehler fühlt sich an wie nichts. Alles (ist) gut (mit) meinem Herz und bleibt so (für) immer. Danke, Gott, dass du auf mich aufpasst. Ich will nicht noch einmal operiert werden, nie wieder.

»Mag dem Maske nich, is doof!«

Schlaflabor mit Folgen

2011 war Jonas sozusagen dauermüde.

September 2011

Als ich am Wochenende mit meinem Sohn unterwegs war, fiel mir seine extreme Müdigkeit wieder auf: Trotz ausreichend Schlaf (neuneinhalb Stunden) hat Jonas auf jeder Autofahrt noch mal mindestens zwei Stunden geschlafen und saß auch morgens nach dem Ausschlafen ewig gähnend am Frühstückstisch, kam einfach nicht in die Pötte.

Tagsüber war Jonas nicht nur müde und antriebslos, sondern schlief auch ständig ein, was natürlich vor allem auf der Arbeit zu häufigem Ärger führte. Unsere befreundete Ärztin riet uns deshalb, mit Jonas ins Schlaflabor zu gehen.

Dezember 2011

Ich bin mit Jonas die zweite Nacht im Schlaflabor. Seine Blutwerte waren sehr schlecht, und das Gerät, das wir vom HNO-Arzt für eine Nacht zur Messung seiner Schlafapnoen zu Hause hatten, hat ordentlich Alarm geschlagen: Von sechs aufgezeichneten Stunden hat Jonas – alle Minuten zusammengerechnet – eine Stunde lang nicht geatmet. Null, einfach gar nicht! Kein Wunder, dass er tagsüber immer so müde und erschöpft ist und bei jeder Gelegenheit einschläft (Auto, Fernsehen, Bahn, Gottesdienst…). Die vergangene Nacht hier im Labor, als Jonas mit allen möglichen Verkabelungen schlafen musste, hat das Bild bestätigt: Jonas hat extreme Schlafapnoen und ist, wie der Arzt mir mitteilte, im höchsten Grade schlaganfall- und herzinfarktgefährdet – und das in seinem jungen Alter!

Das musste ich erst mal schlucken! Meine Güte, Jonas ist 19 Jahre alt und gefährdet wie ein Greis? Heute Nacht nun soll Jonas mit einer Atemmaske schlafen, die ihn mit Sauerstoff versorgt. Bin ja mal gespannt, ob er das mitmacht. Bisher findet er das alles hier recht lustig, die ganze Verkabelung sieht aber auch echt alienmäßig aus. Dann wird so eine Maske wohl in Zukunft sein täglich, äh, nächtlich Brot sein. Ob er sich darauf einlässt?! Meine Güte, hört das denn nie auf, das Sichsorgenmüssen?

```
schlafbor wa lusig mit Mama hingeh und schlef sie
Bett neben mir und vile Kabel mein bauh dem kizel
schwesta nett bei mir mach dem wize magse lusig wie
elefan aus
Schlaflabor war lustig mit Mama hingehen, schläft
sie Bett neben mir. Und viele Kabel (auf) meinem
Bauch, die kitzelten. (Kranken-) Schwestern waren
nett zu mir und machten Witze. Maske (ist) lustig,
(ich sehe damit) wie (ein) Elefant aus.
```

Drei Nächte quälte ich mich mit Jonas in einem Zimmer durchs Schlaflabor (ich finde, es müsste Wachlabor heißen, ich habe dort jedenfalls kaum ein Auge zugetan!), während derer Jonas' Schlaf in allen Einzelheiten per Verkabelung aufgezeichnet wurde und verschiedene Atemmasken an ihm ausprobiert wurden. Jonas machte die ganze Sache recht tapfer und sogar belustigt mit, erlebte mal wieder eins seiner beliebten »Amteua«. Wir wurden dann entlassen mit der Auflage, dass Jonas ab sofort jede Nacht die Atemmaske tragen müsse, die mit elastischen Bändern um seinen Kopf befestigt war und den gesamten Nasen- und Mundbereich einnahm.

Die Maske war so »programmiert«, dass sie Jonas bei der Atmung unterstützte. Wenn sie registrierte, dass er die Luft im Schlaf »anhielt«, also eine Apnoe hatte, wurde ihm mit sanftem Druck Luft durch den langen Schlauch in die Maske gepumpt, sodass er sozusagen zum Weiteratmen gezwungen wurde. Ich wurde genau instruiert, was das Anlegen, Abnehmen und Reinigen anging. Wieder zu Hause mussten wir Jonas am Anfang noch gut zureden, dass das Maskeanlegen nun zu seinem Schlafengeh-Ritual dazugehörte wie das Schlafanzuganziehen und Zähneputzen. Alle paar Wochen hatten wir dann einen Kontrolltermin im Schlaflabor, bei dem der Arzt den im anhängenden Gerät installierten Chip auswertete, der genau verzeichnete, ob und wie lang Jonas die Maske getragen und wie oft sie ihm und in welcher »Dosis« einen »Luftschupps« verabreicht hatte.

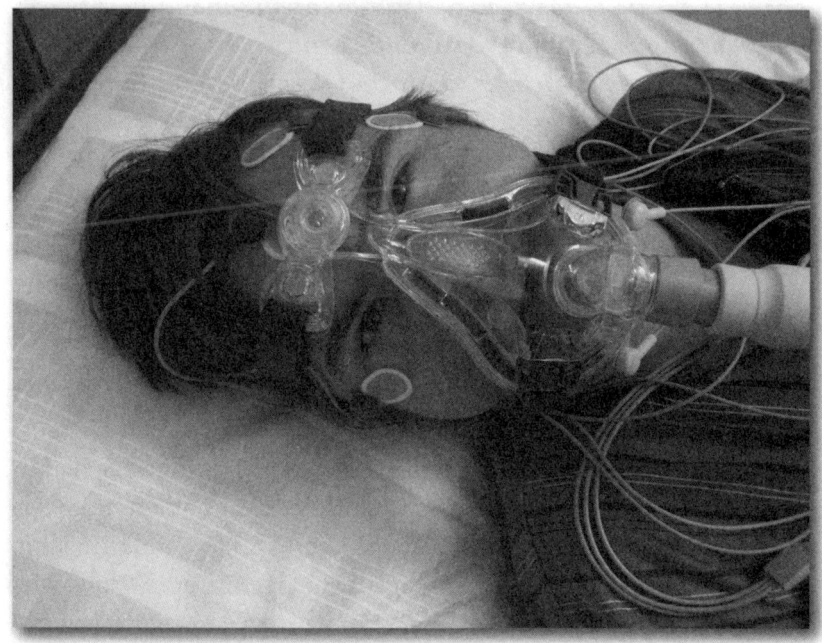

Jonas mit Atemmaske im Schlaflabor

Schon nach wenigen Wochen war eine positive Veränderung zu spüren: Jonas war definitiv wacher und fitter, und auch auf der Arbeit klappte es besser. Inzwischen hatte er sich an die Atemmaske als nächtlichen Begleiter gewöhnt und konnte sie auch alleine auf- und abziehen.

Ein paar Monate später jedoch fing Jonas an, »schludriger« mit der Maske umzugehen, wollte sie immer seltener aufsetzen oder zog sie sich nachts einfach aus.

März 2012

Ich bin mit meinem Latein am Ende! Ich kann Jonas nicht dazu zwingen, die Maske zu tragen, kann sie ihm nicht ins Gesicht tackern oder die ganze Nacht neben ihm hocken, um zu verhindern, dass er sie abzieht. Seine eigene Entscheidung, sie nur noch unter der Woche zu tragen und sich am Wochenende »maskenfrei« zu geben, haben wir als Kompromiss akzeptiert, aber selbst das ist ihm nun zu viel. Er hört einfach nicht auf mich! Herzinfarkt und Schlaganfall sagen ihm nichts, obwohl wir mehrfach versucht haben, es ihm zu erklären. Auch die eindringlichen Worte unserer Hausärztin oder des Arztes im Schlaflabor prallen an ihm ab. Und da ihm sein krankes Herz nicht wehtut und ihm seine ständige Müdigkeit nichts ausmacht, hat er keinerlei Leidensdruck, etwas zu ändern, und kein Einsehen, weshalb die Maske so wichtig für ihn sein soll. Wie können wir ihm das bloß klarmachen? Und wie ihn dazu bringen, sie regelmäßig zu tragen? Vor allem müsste ihm das Anlegen, Tragen und Reinigen der Maske noch in Fleisch und Blut übergehen, bevor er auszieht, denn wer sollte das dann kontrollieren? Und der Auszug kann so schnell kommen, wir schauen uns ja in Bälde schon die erste WG an, in die er theoretisch einziehen kann.

Blöde Maske, will nicht dem anziehen, ist so doof mein Schlafe mit Maske, besser ohne Maske schlafe. Mama schimpft mir, sie ist blöd, will immer Maske anziehen soll. Wegen Herz sagt der, aber mein Herz nichts zu tun, alles gut so. Papa auch sauer. Jonas, musst du Maske anziehen. Dem doof den Eltern, keine Ahnung!

April 2012

Der Termin heute im Schlaflabor war eine einzige Katastrophe! Wie schon die letzten drei Male wurde anhand des eingebauten Chips, der ja alles speichert, festgestellt, dass Jonas die Atemmaske zu wenig und zu selten trägt. Das heißt, er zieht sie sich nachts aus. Wieder redeten sowohl ich als auch die Krankenschwester auf ihn ein, was Jonas jedoch ziemlich unbeeindruckt ließ: »Mama, is mei Lebn! Ich weiß schon, ich

tue! Maske nich so wichtich, also lass mich, nich einmische, bin äwaxn!«
Als die Schwester ihm dann etwas von wegen Herzinfarkt und Schlag-
anfall erklären wollte, hat er mit einer abwinkenden Geste und einem:
»Ach, sie kei Ahnung!« kurzerhand den Raum verlassen. Ich war echt
geschockt, auch über diese Unhöflichkeit. Ich bat dann den Arzt, deut-
liche Worte mit Jonas zu reden, aber der meinte nur, dass das ja keinen
Sinn mache, wenn Jonas gerade so unzugänglich sei.

Nächster Termin in vier Wochen. Mir graust es schon jetzt davor!
Was soll sich denn bis dahin verändert haben? Jonas lässt nicht mit
sich reden, hat eine solche Abneigung gegen die Maske entwickelt und
versteht einfach nicht den Zusammenhang zwischen einem guten Schlaf
und seiner Gesundheit und schon gar nicht, welche Rolle die Maske da-
bei spielen soll. Ich hab keine Ahnung, wie wir ihm das beibiegen sollen,
alles Reden und Erklären hatte bisher keinen Sinn. Auf dem Weg zur
HWK sage ich Jonas deutlich meine Meinung und setze ihn dann bei
der Arbeit ab. Er knallt wütend die Autotür zu. Kaum ist er außer Sicht,
kann ich die Tränen nicht mehr zurückhalten. Sie sind eine Mischung
aus Wut über Jonas' Sturheit und Sorge um seine Gesundheit. Und
auch ein Stück Resignation ist mit dabei. Ich kann und will einfach
nicht mehr dieses ständige Theater mit ihm haben. Darum fasse ich
einen Entschluss: Ich werde diese Maskengeschichte ab jetzt an Wolf-
gang abgeben. Werde ihn bitten, sich zukünftig um die Termine für die
Untersuchungen zu kümmern und Jonas ins Schlaflabor zu begleiten.
Ich will einfach nicht mehr! Schluss. Aus. Ende.

Wolfgang übernahm tatsächlich die »Masken-Geschichte«: Er ver-
einbarte die Termine im Schlaflabor, ging mit Jonas dorthin und
versuchte jeden Abend sein Bestes, dem Sohn die Maske »schmack-
haft« zu machen. Aber selbst der deutlich strengere Vater kam hier
an seine Grenzen, und als Jonas von zu Hause auszog, war uns
beiden klar, dass wir den Kampf verloren hatten. In der WG nun auf
sich selbst gestellt, zog Jonas die Maske anfangs nur noch sporadisch
und dann bald gar nicht mehr auf.

Juni 2013

Ich beobachte, wie Jonas die Maske wieder absetzt. »Jonas, du musst deine Maske zuverlässig aufsetzen, sonst hilft sie nicht«

»Mama, nich imma einmische mei Sache. Stinks mich waltich! Brauch kei Maske mär!«

»Doch, Jonas, du brauchst sie. Sie hilft dir beim Schlafen und Atmen. Bitte setz sie wieder auf.«

»Mama, träum weita!«, zeigt er mir die Rote Karte und dreht sich von mir weg.

Juni 2013

Die Behandlung mit der Maske wurde heute im Schlaflabor abgebrochen, da Jonas sie nur noch verweigert. Der Arzt machte einen Alternativvorschlag: Jonas soll nachts einen mit Styropor gefüllten Rucksack aufsetzen, der verhindert, dass sich Jonas in die gefährliche Rückenlage dreht. Besserwisser Sohnemann will davon aber nichts hören: »Nö, is unquem, mach ich nich!« Wir geben auf.

Dieses Maskenthema ist also nun schon eine Weile beendet, und es kam, wie es kommen musste: Die ständige Müdigkeit, Unausgeschlafenheit und damit einhergehende Gereiztheit nahm wieder zu. Das bekamen alle zu spüren: In der WG gab es häufiger Auseinandersetzungen, auf der Arbeit Stress mit dem Chef, und auch uns gegenüber verhielt sich Jonas oft patzig und war zuweilen ungenießbar. Er schlief wieder überall ein: in der Bahn, im Auto, auf dem Klo.

Erst mit dem Wechsel in die neue WG und der strengen »Laptopregelung« wurde es wieder besser. Seither geht Jonas unter der Woche früh ins Bett (circa 21 Uhr), sodass er ausreichend Schlaf abbekommt. Am Wochenende brennt allerdings nicht selten morgens um drei noch Licht in seinem Zimmer ...

»Mei Köpa is gut so un basta jetz!«

Jonas ist sein eigener Arzt

Was seinen Körper anbelangt, hat Jonas eine ganz eigene und oft andere Einschätzung als ich beziehungsweise auch als diverse Ärzte.

Er mag nur äußerst ungern auf fachmännische Ratschläge hören, da er überzeugt davon ist, selbst sein bester Doktor zu sein. Schon manch graue Haare sind mir gewachsen, weil sich mein Sohn oft querstellt und seinen eigenen Kopf hat. Zu den Themen Ernährung, Zahnpflege, Bewegung, temperaturangemessene Kleidung und vielen mehr hat Jonas seine ganz eigene Ansicht und lässt sich da auch kaum reinreden.

Weis selbe mein Köpa mein fülen is nich Mama weis dem oder papa dem kein anug mein köpa is gut so bauch nich alle sage bei mir einmisse
(Ich) weiß selber, (wie) mein Körper (funktioniert und wie ich mich) fühle. Nicht Mama weiß das oder Papa, die (haben) keine Ahnung! Mein Körper ist gut so, (ich) brauch nicht, (dass) alle mir (was dazu) sagen (und sich) einmischen.

Dezember 2013
Es hat draußen minus zehn Grad. Als ich Jonas von der Werkstatt abhole, sehe ich, dass er nur seine dünne Sommerjacke trägt. Als ich ihn darauf anspreche, meint er: »Mir is warm, Mama, reich mir so, un is mei Liebslingjacke, also! Un Schuhen bin ich bafuß, ohne Socke!«, beichtet er gleich hinterher. Ich verdrehe die Augen. Jonas legt mir den Arm um

die Schulter und erklärt: »Tja, Mama, bin ich Sommatüpen, du Winta-
tüpen!« Na, damit wär das ja hinreichend geklärt.

Im Mai 2011 hatte Jonas einen Unfall während des Praktikums auf dem städtischen Bauhof. Dabei wurde seine rechte Hand eingequetscht, und mehrere Mittelhandknochen waren gebrochen. (Auch davon haben wir in »Ich mit ohne Mama« erzählt.) Inzwischen ist die Hand wieder sehr gut verheilt und einsatzfähig, nur eine wulstige Narbe ist zurückgeblieben, die längst nicht so wüst aussehen müsste, wenn der Herr Patient nicht seinen eigenen Kopf hätte.

April 2012

Als ich zu Jonas ins Zimmer komme, sitzt er lesend am Schreibtisch. Irgendetwas riecht hier verbrannt, ich schaue mich suchend um. Da sehe ich das Fiasko: Jonas hat seinen rechten Arm ausgestreckt auf dem Tisch liegen und seine Schreibtischlampe tief nach unten gebogen, sodass sie mit nur fünf Zentimeter Abstand direkt auf seine Narbe scheint. Ich biege sie schnell zurück und verbrenne mir dabei fast die Finger, so heiß ist das Metall. »Ach, du meine Güte, Jonas, was machst du denn?«, entfährt es mir, als ich die völlig schwarz verkohlte und dicke, wulstige Narbe auf seiner Hand sehe, auf der nun noch einige Brandblasen thronen.

»Mama, is gut mei Nabe, is schön warm Lampe, hilfs bei mir heile wird!« Jonas muss definitiv ein anderes Schmerzempfinden haben, denke ich mal wieder, als ich das Medizinschränkchen nach Brandsalbe durchsuche, und kann mich nur über meinen Sohn wundern. Bei allem Schock, was er sich damit nun angetan hat, verstehe ich aber auch, dass er es nur gut gemeint hat. Schließlich hat sich Wolfgang neulich auch den schmerzenden Rücken bestrahlen lassen. »Jonas, dafür muss man doch die Rotlichtlampe nehmen!« – »Oh, tumme leid, Mama, wuss ich nich!«

Im Januar 2014 klagt Jonas auf der Arbeit immer mal wieder über Schmerzen in seiner Unfallhand. Natürlich nehmen wir das ernst, und ich fahre mit ihm zur Nachuntersuchung ins Krankenhaus.

Inzwischen hat sich Jonas in die Idee verbissen, dass die implantierte Titanplatte unbedingt wieder rausmuss.

War im Krankenhaus wir beide, Mama und ich, wegen meine Hand verletzt. Ich wollte Platte rausmachen, aber Ärztin sagt, muss drinbleiben die Platte. Mein Leben lang für immer ist Platte drin, weil ist Knochen mit Platte zusammengewachsen ist. Aber hab ich manchmal Schmerzen bei Arbeiten, das ist doof. Aber Platte muss drinbleiben. Sagt die Ärztin. Aber hat sie Ahnung? Ich weiß nicht genau. Ich glaub, die keine Ahnung! Platte muss raus, ich weiß besser dem, weil ist meine Hand!

Auf dem Röntgenbild war selbst für mich als Laie gut zu erkennen, wie völlig miteinander verwachsen Knochen und Platte inzwischen sind, es ist also wirklich unmöglich, das Titan zu entfernen. Monatelang haben wir das Jonas immer wieder erklären müssen, bis er es endlich eingesehen oder, besser gesagt, aufgegeben hat.

Wenn es in der HWK irgendwelche körperlichen Beschwerden gibt, können die Arbeiter dort jederzeit die Pflegestation aufsuchen. Jonas hat das auch schon hier und da mal in Anspruch genommen.

Mich nicht gut geht, ich schwindlig war. Hat Ärztin Arbeit meine Blut gemessen, ob Druck drin ist. Sie ist verantwortlich ganze Menschen in Werkstatt, wenn ich nicht gut geht, geh ich ihr hin. Sie ist nette Fauchen. Und hat sie Ahnung, Mama, manchmal ...

Menschen mit Down-Syndrom wird eine hohe Infektanfälligkeit zugeschrieben. Das trifft auf unseren Sohn jedoch überhaupt nicht zu. Jonas ist wirklich das »robusteste Pferd im Zachmann'schen Stall«. Abgesehen von einer Lungenentzündung, die er als Kind hatte, seinem Herzfehler und der Lebensmittelvergiftung, kann Jonas auf eine gute und zähe Gesundheit zurückblicken. Nur sehr selten war er erkältet, was sich bei ihm meist auf zwei Tage Schnupfen beschränkt. Wenn er sich etwas einfängt, dann äußert sich das in Kopfschmerzen, Bauchschmerzen, Fieber und Erbrechen. Eine

Nacht drüber geschlafen – und Jonas ist wieder fit. Unglaublich, das war schon immer so. Wirklich beneidenswert.

März 2015
Jonas erzählt mir samstagmorgens am Telefon, dass er sich am Abend zuvor 13 Burger gekauft hat. Mir wird schon vom Zuhören schlecht. Ich will gerade zu einer mütterlichen Schimpftirade ansetzen, da beruhigt er mich: »Aba, Mama, nich alle schafft hat. Ess ich nur neun!«
»Und was hast du mit den übrigen vier gemacht?«
»Heb ich auf!«
»Nein, Jonas, auf gar keinen Fall! Du weißt doch, was passieren kann, wenn du dir Essen aufhebst!«
»Aba, Mama, wa Döna. Jetz is Hamböga!«, verteidigt er sich.
»Jonas, mit Hamburgern kann das genauso passieren, weil sie auch Fleisch enthalten, das schlecht werden kann.«
»Oh, Mama, du Spielederba (Spielverderber)!«
Ich schlage einen versöhnlicheren Ton an: »Hey, Joni, das ist jetzt echt nicht witzig. Du musst die Burger wegschmeißen, darfst sie auf keinen Fall mehr essen!«
»Mama, zu spät! Hab schon fühstück dem! War lecka, un mein Bauch is gut, kei Sorge, Mama!«
Ich fasse es nicht!

Mama bin ich sund und pasta jetzhab ich gute leben mie köper nicht Krank nur Herzen mamal aber besse woden mein Herzen und makse bruch nicht mer und schlafen gut und essen ich sunde Alle gut mien mutterhen muss keine soge machen
Mama, bin ich gesund und basta jetzt, hab ich gute Leben! Mein Körper nicht krank, nur mein Herz manchmal. Aber besser geworden, mein Herz. Und Maske brauch ich nicht mehr, und schlaf ich gut und esse ich Gesundes. Alles gut, mein Mutterchen, musst (dir) keine Sorge machen!

»Weiß alles selba, nich eimische, mei Sache!«

4. »Bin Star un doch nich Star, ich bin!«

Ein Autor in seinem Element

»Buch schreibe mei Lebn drin, äch krass!«

Kreatives, erlebnisreiches, aber auch recht mühsames Autorensein

wir habe Gedacht ich
und mama zusammen
Abeiten user ~~Bch~~ Buch
~~Schreiben~~ sreiben ich will seine Hotel
Ja mir hat Schon Spaß
mit mama zusammen
sreiben

ich erzäellen über Themen
meine Leben

Jetzt, wo Sie dieses Buch in Händen halten und schon so manchen Einblick in Jonas' und unser Leben bekommen haben, muss ich Ihnen wirklich noch verraten, welche Schwerstarbeit hinter jeder Zeile steckt, Ihnen sozusagen einen Blick hinter die Kulissen gewähren.

Oktober 2013
Jonas beim Schreiben zuzusehen, rührt und quält mich zugleich. Ich sehe, wie er um jeden einzelnen Buchstaben ringt, sich tapfer von Zeile

zu Zeile vorwärtstastet. Jedes Wort, das er (meist ziemlich falsch) ge-schrieben hat, liest er mehrmals laut vor, hängt den nächsten Buchsta-ben dran und liest es wiederum laut nuschelnd vor, bringt es oft schon nicht mehr in Zusammenhang mit dem vorherigen Wort, an das er ei-gentlich anknüpfen wollte, wiederholt sich auf diese Weise mehrfach oder hat den Faden verloren, weiß gar nicht mehr, was er eigentlich schreiben wollte, fängt an anderer Stelle wieder neu an, ist in Gedanken schon einen ganzen Sprung weiter, das Geschriebene passt nicht mehr dazu...

Ich sehe, wie er sich ernsthaft bemüht und am Ende unglaublich stolz auf sein Werk blickt, das fünf Zeilen lang ist und ganze zehn Mi-nuten gedauert hat. Mit vor Stolz geschwellter Brust liest er es mir laut vor und hängt ein überzeugtes »Bin gut, gell?« hinten an. Ich sehe mit Schrecken, dass er schreibmäßig wirklich abgebaut hat seit unserem letzten Buch. Er ist noch langsamer geworden, viel unsicherer, und Wör-ter, die ihm längst vertraut waren, sind ihm nun völlig fremd: Jedes Mal überlegt er neu, wie zum Beispiel der Name seiner Schwester Katharina oder seines Papas Wolfgang geschrieben wird. Immer wieder findet er dafür eine neue Schreibweise, obwohl ihm solche Wörter doch sehr ver-traut sein müssten: Katania, Kathrina, Kataria, Wufgang, Wollfgag, Wofgnang etc. Er scheint sie in seinem Kopf nicht abzuspeichern, kann sie nicht einfach aus einem sicheren Pool abrufen. Ganz zu schweigen von ganzen Sätzen.

Ich werfe mir vor, eine fast einjährige Schreibpause mit ihm eingelegt zu haben, weil wir beide kein Bedürfnis gehabt hatten, nach unserem ersten gemeinsamen Buch sofort weiterzuschreiben. Erst Monate später lag Jonas mir mit dem Wunsch nach einem neuen Buch in den Ohren, dem ich schließlich auch gerne nachgab. Nun erschrecke ich, wie stark er abgebaut hat. Seit seinem Schulabschluss hat er in seinem Alltag auch keinerlei Übung mehr im Schreiben, von seinen Rollenspiel-Drehbü-chern abgesehen, was jedoch keine wirkliche Schreibpraxis ist, weil es nur ums Abschreiben von Namen und Ersetzen derselben durch andere geht. Mein tapferer Held! Ich freue mich, dass er sich dennoch wieder entschieden hat, ein neues Buch zu schreiben, und bin sehr gespannt, was daraus wird.

Imer Schrit um schrit komme wir fertik neue Bch Mama
du gute Abeit mach ich wiso.
Immer Schritt um Schritt kommen wir fertig neue
Buch, Mama. Du gute Arbeit machst, ich sowieso.

November 2014

Jonas strengt sich beim Schreiben im Café wieder redlich an. Nach etwa 15 Minuten hat er eine DIN-A5-Seite vollgeschrieben, die einzelnen Buchstaben sind zum Teil bis zu zwei Zentimeter groß. Stolz blickt er auf sein Werk und seufzt zufrieden: »Ah, ich gut abeitet! Sooo viel schriebn. Guta Jonas!« Ich muss lachen. Jonas ist irritiert. Ich erkläre ihm, dass dieser Achtzeiler von ihm im gedruckten Buch nur etwa zwei bis drei Zeilen umfassen wird, und zeige mit den Fingern etwa einen Zentimeter an. »Mama, spinnsu!?! Guck doch, ganze Seite voll! Is viiiiel mär! Du kei Ahnung!« Tja, wenn's der Chef sagt ...

»Boa, hab ich viiiiel geschrieben.«

Kuchen is lecker, und Trinken: hab ich Colamix, is gut! Und wir schreiben, macht Spaß: Doro und Jonas zusammen haben eine Date, wir schreiben in Café und essen Kuchen dazu, Mama öfter nicht, ist sie zu dick, sagt sie. Quatsch, Mama, du schlankes Frauchen! Aber ich ess Kuchen oder Salat oder Knoblauchbrot, manchmal. Wir reden über alles: über Essen und Trinken und Arbeiten und meine Wohnen und Witz machen. Will ich neue Buch schreiben, weil Mama und ich neue Kapitel weiterschreiben, weil geht noch weiter meine Leben, gibt noch Weiterfolgen. Ist noch nicht beendet, will noch meiner Geheimnisse verlüften!

Und deine, gell, Mama? Und anderes, wenn ich verliebt bin, Beispiel. Verliebt zu sein, weil das was Besonderes ist, will ich gern euch vorlesen bei Lesung, ist spannend und interessant bei mir dem anderen, ich verliebt bin, meine Leben. Ich weiß nicht, wer ich verliebt bin, aber wird noch verlüften im neue Kapitel oder fünften Buch, ich weiß nicht, ich Freundin krieg. Aber wenn ich Freundin krieg, ich erzählen alles, weil stolz bin und glücklich! Aber noch keine Freundin hab, vielleicht morgen oder nächste Jahr, kann ich nicht wissen.

Januar 2014

Wir sitzen wieder zum Schreiben im Café. Klare Ansage vom Chef: »Mama, will dir schöne Schichte äzähln, ich mir ausdach, is Märche. Schreib auf, mei Seggetähin!«, lacht mein »Vorgesetzter« und legt los.

Die Blume von der Erde dreht sich der Spiegel. Dann sich gespiegelt hat, ist flach wie der Wasser und die Blume sich in der Vase spiegelt. Wie hübscher Jonas in Badewanne. Und dann ich der Badewanne raus war, genieß ich jede Tag und Nacht für Nacht und ist ganz dunkel, und dann kommt Mama Doro und sagt sie: »Komm, hübscher Jonas, komm raus in dem Sonne.« Dann folge ich sie, und eines Tages bin ich hellwach und guck ich dem Sterne und sehe dem Laternenschein. Und ein Mensch kommt vorbei und winkelt sich (winkt mir), ich winkel zurück und geht er weiter und weiter und weiter.

Und dann geh ich Haus rein und penne ich ein und träume. Wenn ich geträumt bin, kommt der Geist von Doro und sagt: »Jonas, du bist mein

Sohn, und egal, was du bist, Gott glaubt dir!« Und das gefällt mir. Und Doro ist ein hübscher junger Frau und ist sie erwachsen und denkt an die Laterne und die schönen Sterne blinkeln. Und Doro geht auf dem Straße, aber Vorsicht ist Gebot, weil sehr gefährlich sein, viele Autos und Hunde, die beißen kann. Und dann sie geht nach Hause und träumt weiter in ihren Bettchen und Happy End, das war's!

»Un, Mama, fällt dir mei Schichte? Schön, gell? Machsu neue Buch rein, das will ich!«

Na klar doch, Chef!

Manchmal hat mich Jonas doch sehr überrascht mit den Themen, die er auswählte, über die er schreiben beziehungsweise erzählen wollte.

September 2014
Ich frage Jonas, worüber er heute gerne schreiben möchte nach der längeren Sommerpause, und denke dabei eigentlich an Urlaubserlebnisse.

Prompt kommt die Antwort: »Mei Mist ich baut hab!«

Ich gucke ihn fragend an. »Du weißt doch, Mama, Tür taputt. Weiß nicht mär?« Als ob ich das vergessen hätte ... »Ja, willst du denn, dass diese Geschichte auch ins Buch soll?«

»Natöööölich, Mama, Leute wissn, ich doof bin un bockn hab!« Tja, mein Sohn ist nun mal eine sehr ehrliche Haut! Also dann:

August 2014
Während Wolfgang und ich am Bodensee mit unseren Rädern eine Woche Urlaub machen, steht Jonas anscheinend etwas neben sich. Maren und Eliane »wohnen« in ihren Semesterferien wieder bei uns, hüten Haus und Hof, versorgen die Tiere und sind natürlich auch für ihren Bruder Ansprechpartner. Er scheint nach seinem Holland-Urlaub mit einer integrativen Jugendgruppe noch nicht wieder den rechten Antrieb gefunden zu haben, in den Alltag, sprich: den Arbeitsrhythmus, hineinzufinden. Hat anscheinend mehrmals geschwänzt oder kam wieder deutlich zu spät. Auch aus der WG hat er sich mehrfach unabgemeldet

entfernt, ohne seine Ämter wahrzunehmen, wie unsere Mädchen am Telefon berichten.

Zum Glück kann ich hier im Urlaub keine E-Mails abrufen und den AB nicht abhören, bin aber sicher, dass sich da inzwischen so manche Beschwerden von HWK und WG angesammelt haben. Die Mädchen haben jedenfalls schon einige Anrufe erhalten. Schon verrückt – da kann ich noch so im Urlaub sein wollen; wenn was mit Jonas nicht rundläuft, landen die Beschwerden bei mir, na ja, es geht natürlich auch um das reine Bescheidsagen, damit wir auf dem Laufenden sind, aber es steckt ja auch immer die Erwartung dahinter, dass wir unseren Sohn wieder zur Vernunft bringen könnten. Irgendwie. Und das ist wirklich leichter gesagt als getan! Dieser erwachsene Mann will sich schon lang nichts mehr von seinen Eltern sagen lassen, von niemandem eigentlich. Aber er kriegt sein Leben ganz allein nun mal auch nicht auf die Reihe, ist auf Hilfe angewiesen, was er aber mehr unbewusst spürt, als es einzusehen.

Jedenfalls sind Wolfgang und ich grad stinkesauer auf ihn, weil Maren uns berichtet hat, dass er in unser Haus regelrecht eingebrochen ist. Er war wohl fast jeden Tag die Mädchen besuchen. Für heute aber hatten sie ihm gesagt, er brauche nicht zu kommen, weil sie nicht da seien. Trotzdem erschien er, und als ihn keiner hereinließ und er den Ersatzschlüssel nirgends finden konnte, hat er kurzerhand mit einem Gartenwerkzeug die Terrassentür »gesprengt«, hat so lange auf den Rahmen eingeschlagen, bis dieser nachgegeben hat. Zum Glück hat er nicht die Glasscheibe zertrümmert und sich dabei noch selbst verletzt.

Am Telefon eben hat Wolfgang Jonas gegenüber deutliche Worte gebraucht: »Du hast dich wie ein Einbrecher verhalten, das geht absolut nicht! Ich bin echt sauer auf dich! Die Tür ist jetzt kaputt, und du wirst mir helfen, sie zu reparieren, und die Kosten dafür ziehe ich dir vom Taschengeld ab. Das hätte auch ins Auge gehen können, du hättest dich schwer verletzen können! Jonas, wenn wir nicht da sind, müssen wir uns doch noch mehr auf dich verlassen können als sonst. Ich will, dass du jetzt zurück in deine WG fährst und nicht bei uns übernachtest. Morgen wirst du ganz zuverlässig und pünktlich arbeiten gehen, und wenn wir

morgen Abend aus dem Urlaub zurück sind, kannst du zu uns kom-
men, und wir reden über alles. Aber für jetzt ist es genug!«

Habe richtig Tür (zur) Terrasse (einge-)schlagen, und dann später bin ich drin,
aber wenn ich drin bin, (merke ich): alles kaputt gemacht. Meine Schuld. Ich
wollte meinen Eltern beweisen, (dass sie mit mir etwas) anfangen können. (Er
meint damit, er hätte auch die Verantwortung für das leere Haus und
die Tiere übernehmen können in unserer Abwesenheit.)

Ich hätte gerne gehabt, dass Jonas mehr Texte selbst getippt hätte,
aber davon war er nicht wirklich überzeugt.

Oktober 2014

Als Jonas noch zu Hause wohnte und wir am ersten Buch saßen, hat er
einige Texte direkt in mein Laptop getippt. Nun, da er ausgezogen ist,
schreiben wir fast nur noch auf Papier, meist im Café. Wenn er bei uns
zu Besuch ist, nutze ich öfter die Gelegenheit, ihn vor mein Laptop zu
setzen. So entstehen ein paar kleine, aber feine Textschnipsel. Als ich Jo-
nas mal wieder in der WG besuche und mich später verabschiede, zieht
er ein langes Gesicht und meint: »Oh, schade, Mama, du gehn muss.
Mir Langweile is!«
   »Ach, Joni, tut mir leid, aber ich muss jetzt wirklich los. Papa und
ich haben doch noch Tanzkurs. Du kannst dich doch auch gut allein
beschäftigen, oder du gehst runter zu den anderen und machst mit je-
mandem ein Spiel.«
   »Nö, wills ich nich anneren, lieba allein sein!«
   »Okay, dann kannst du ja lesen, oder wie wär's mal mit Schreiben?«
   »Schreibn?«
   »Na ja, für unser Buch!«
   »O nö, Mama, nur dir sammn schreibn.«
   »Wieso, das wäre doch mal toll, du könntest einfach drauflosschrei-
ben, was dir gerade in den Sinn kommt, oder von deinem Tag erzählen.«
   »Nö, wills nix zähln!«
   »Tja, eigentlich könntest du sogar mal an deinem Laptop schreiben.«

»Läptop?«

»Ja klar, so, wie wir das daheim bei uns mit meinem machen.«

»Nö, Mama, du kei Ahnung, geht meina Läptop nich!«

»Na klar, auf jedem Laptop kann man schreiben!«

»Nö, meina nich, nur Complutaspiele un Filme guckn!«

»Ach was, Jonas, du hast auch ein Schreibprogramm. Ich kann es dir gern mal zeigen, und dann kannst du da auch Briefe oder Texte schreiben.«

»Nö, Mama, das wills ich nich. Nur dir sammn schreibn, un meina Läptop geht nich schreibn nich. Ich weiß das, is mei Läptop, nich deina!«

Seufzend gebe ich auf.

Früher hieß das Laptop bei Jonas »Tipptop« – eigentlich logisch, schließlich tippt man darauf.

Und es gab auch einige »Arbeitstreffen«, an denen überhaupt, ganz und gar und wirklich absolut nichts lief. Niente. Zero. Rien ne va plus.

Januar 2014
»Mama, vagess mei Gehirn, is nix drin! Kommt nix raus meine Kopf!«

Oktober 2014
»Welche Thema schreibn wir, Mama?«, fragt mich Jonas, sobald wir in »unserem« Café sitzen und er sein Notizbuch aufgeschlagen hat.
»Ja, worüber willst du denn gern schreiben?«
»Kei Ahnung, Mama, sags du mir!«, spielt er mir den Ball zurück.
»Hast du keine Idee?«, frage ich noch mal.
»Nö, Mama, will nur sitze hia un esse un trinke, nix schreibe! Nix los meine Lebn!«

Manchmal war es dann hilfreich, eine Art Interview zu führen. Ich habe Sätze angefangen, und Jonas sollte sie beenden.
Es macht mir Spaß...

...Schwimmbad gehen, daheimbleiben, chillen, Film gucken, essen und trinken.

Was ich gar nicht mag...

...ärgern, das mag ich nicht! Schön brav sein und hören, Gruppenleiter sagt, sonst Ärger gibt.

In meiner WG...

...alles prima, alles cool und mach ich mein Dienste, Wäscheamt und Putzen und Küchendienst und so was.

Wenn ich einen Wunsch frei hätte, dann würde ich gerne...

...selbstständig Auto fahren und Fahrschule gehen.

Mein Leben ist...

...das ist kompliziert, so oder so manchmal durcheinander, ist nicht so leicht, meine Leben. Fühl mich, Superstar zu werden oder Down-Syndrom, aber geht dem zusammen? Manchmal, ich fühle mein Herzen traurig sein, weil nicht weiß, ich hingehöre.

»Mama, feu mich Lesung!
Is wichtich mich!«

Das Autorenteam auf Tour

Als im März 2012 unser erstes Gemeinschaftswerk »Ich mit ohne Mama« erschien, hätten wir beide uns nicht träumen lassen, wie viel Resonanz wir darauf erhielten und immer noch erhalten. Zwei dicke und prall gefüllte Ordner mit Leserbriefen und ausgedruckten E-Mails stehen im Regal.

Ich beziehungsweise wir bekamen Anfragen für Interviews, Radio- und Fernsehaufnahmen. Romanautor Titus Müller lud mich als Talkgast in seine Sendung »Auserlesen« ein; ein großer christlicher Fernsehsender, der ERF, kam und begleitete Jonas mit der Kamera durch einen ganzen Tag, um einen Film für »Gott sei Dank« zu drehen, und wir waren beim ERF in der Schweiz, wo Jonas nach einem Interview für die Sendung »Fenster zum Sonntag« in Europas größtem Holzofen Pizza backen durfte. Über 80 Lesungen haben wir bisher in Deutschland, Österreich und der Schweiz miteinander über die Bühne gebracht. Unfassbar!

So manche Sorgen im Vorfeld hätte ich mir sparen können.

Dezember 2011
Irgendwie unheimlich: Es gibt bereits sechs Buchungen für unsere gemeinsame Lesung, obwohl das Buch noch nicht einmal auf dem Markt ist. Wohin mit der Angst, Menschen zu enttäuschen? Wie wird das werden, mit Jonas Lesungen zu machen? Wird er dem Druck standhalten? Kann er sich an Vereinbarungen halten? Was ist, wenn er mittendrin aufgibt und die Bühne verlässt? Oder sich weigert, sie überhaupt zu betreten? Auweia, worauf habe ich mich da eingelassen?

März 2012

Premiere! Puh, geschafft! Unser erster Lese-Marathon liegt hinter uns –
und es war sooo gut! Jonas hat alles gegeben, er war wirklich genial!
Heute war etwas die Luft raus, er war müde und k. o., aber er hat sich
dennoch total angestrengt und sein Bestes gegeben. Ich bin so stolz auf
meinen Sohn! Gestern hatten wir ein 30-minütiges Interview auf der
Leipziger Buchmesse mit dem Vertriebsleiter des SCM Verlags. Alles war
spontan und unabgesprochen und hat so gut geklappt! Im Anschluss
standen die Leute in einer langen Schlange, um sich das Buch von uns
signieren zu lassen. Allerdings war es Jonas' erster Besuch auf einer
Buchmesse, und er hatte sich darunter wohl etwas anderes vorgestellt.
In Karlsruhe heißt Jahrmarkt oder Kirmes nur Messe, oder genauer
»d'Mess«. Als wir zwischen den vielen Ständen umhergingen, hielt er
gezielt Ausschau: »Mama, wo is Karussell? Seh ich nur Bücha!« Zum
Glück bot ein Stand ein Glücksrad an, bei dem Jonas mitdrehen durfte
und sogar zwei Softdrinks gewann. Seine Welt war wieder in Ordnung.

Abends hatten wir dann unsere Premiere: erste gemeinsame Lesung
im Ring-Café in Leipzig vor einem vollen Saal. Ich war unglaublich auf-
geregt, Jonas sichtbar entspannter, keine Ahnung, wie er das macht, aber
eigentlich kennt er ja sowieso kein Lampenfieber. Alles hat gut geklappt,
Jonas war charmant, witzig, spontan und bester Laune, auch die Abläu-
fe saßen, es gab keine nennenswerte Panne. Das begeisterte Publikum
bedankte sich mit tosendem Applaus. Im Anschluss genossen wir es, dass
die Veranstalter uns zum Essen eingeladen hatten, doch fiel mir auf: Bei
Jonas war die Luft raus, und seine Laune drohte zu kippen. Er wollte
sich nicht mehr unterhalten müssen, konzentrierte sich ganz auf seine
Lasagne. Ich dagegen badete mich gern in den positiven Rückmeldungen
und genoss das Lob. Was für ein Geschenk, wenn monatelange Arbeit
die erhofften Früchte bringt. Nun wünsche ich, dass das Buch den Weg
in die Menschenherzen findet.

Heute sind wir nach Detmold weitergefahren und haben auf einem
unbeschreiblich schönen Verwöhn-Abend für Eltern von Kindern mit
Down-Syndrom gelesen. Zwischendurch befürchtete ich, die Lesung
könnte kippen, weil Jonas regelrecht eifersüchtig auf einen jungen Mann

mit Down-Syndrom war, der am Tisch neben mir saß und mit dem ich mich nett unterhielt. Als er dann noch fragte, ob er meinen Nachtisch haben könne, weil ich ihn nicht mehr schaffte, beschwerte sich Jonas laut: »Mama, ich dein Sohn, nich er! Mussu mir dei Nachtisch gebn!« Ich teilte ihn dann zwischen den beiden »Rivalen« auf, und damit waren sie beide zufrieden.

Reich beschenkt und voller Eindrücke lebendiger Begegnungen und Gespräche kamen wir gerade in unser Hotel zurück. Jonas hat sich gleich auf sein Zimmer verzogen, will noch einen Film auf seinem Laptop schauen. Ich schreibe diese Zeilen und bin so voller Dank und Glück, dass ich platzen könnte! Auch vor Stolz auf meinen Sohn, dem ich das alles zu verdanken habe und mit dem ich das zusammen erleben darf. Gott, du hast mich überreich beschenkt!

Dass in Jonas ein wahrer Künstler und Entertainer steckt, ahnten wir schon, als er noch klein war. Dass er aber dermaßen »die Bühne zu rocken« und sich in Hunderte begeisterter Zuhörer-Herzen zu lesen vermag, hätte ich nicht zu träumen gewagt. Ich versteige mich zu der Behauptung: Das ist Jonas' eigentliche Berufung! Hier ist er ganz in seinem Element.

Wenn Uhrzeit ist, holt Mama mich ab, und dann fahren wir los. Erst mal fahre wir Hotel hin und unsere Sachen rausnehmen Auto, wo wir brauchen. Und uns einrichten in dem Zimmer. Dann uns fertig machen mit Duschen und Hübsches anziehen, dann es ab zur Lesung mit Doro und Jonas. Sind wir berühmt, Mutter und Sohn. Wir erzählen aus dem Buch und lesen vor, und dann zeigen Bilder von mir von Krankenhaus und Lustiges, Beispiel Spinat im Gesicht, und dann machen Pause, zwanzig Minuten. Mama sagt, »mitten ins Herz hinein getroffen« und ich bin wunderschöner Sohn, weil ich Down-Syndrom bin. Das ist gut so, und Gott liebt mir, ich bin. Und mach ich Tänzchen vor dem Leute, aber nur, wenn Platz ist. Macht mir Spaß, und Leute klatschen bei mir, ich bin guter Tänzer!

Wenn Pause ist, wir reden einfach bei dem Leute, kaufen die Bücher, und wir schreiben in den Büchern rein und schreiben die Leute in dem Gästebuch

rein. Ich freu mich, Mama immer vorlesen bei mir dem Gästebuch steht, weil ich nicht lesen kann dem sein Krackelschrift! Und schreibt dem Leute immer: Gut gemacht, toller Jonas! Freu mich, dem loben bei mir und ich guter Jonas bin.

Dann, wenn Pause fertig sind, machen wir weiter mit dem Lesung. Und dann Feierabend und fahren wir Hotel und machen, was wir wollen: essen gehen, rausgehen, chillen, und dann bin ich meine Zimmer und Mama seine Zimmer. Ich gucke Fernseher oder DVD von meine Laptop, und dann penne ich, und dann morgen stehe ich wieder auf und gehen wir frühstücken. Ist immer lecker und gut, leckere Sachen gibt es! Ich liebe es! Und dann fahren wir wieder heim. Das alles! Ich liebe Lesungen machen, beste ist mit Hotel. Ohne Hotel ist auch gut, aber mit ist besser, weil gibt es lecker Frühstück, und ich kann pennen und gucken ich will meine Zimmer.

Februar 2013

Ich staune, wie Jonas immer mehr Bühnensicherheit erlangt und sich auch zunehmend besser auf die ständig wechselnden Gegebenheiten einstellen kann. Wir wissen ja nie, was uns erwartet, wenn wir am Veranstaltungsort eintreffen. Mal ist es ein kleiner Raum, mal ein großer Saal; mal wünscht der Veranstalter das volle Programm, beim nächsten Mal vielleicht nur die gekürzte Fassung.

Die ersten Male waren diese jeweiligen Veränderungen schwer hinnehmbar für Jonas. Da hat er sich zum Beispiel geweigert, weiterzusprechen, wenn er kein eigenes Mikrofon bekam. (Wie gut, dass der Techniker des Hauses noch schnell eines herbeizaubern konnte!) Oder er hat mittendrin seinen Tanz abgebrochen, weil es ihm plötzlich doch zu eng erschien. Einmal, in einem kleinen Raum, als wir ohne Mikrofone lesen sollten, hat er sich geweigert, anzufangen. Hat die Arme vor der Brust verschränkt, sich zurückgelehnt und gebrummt: »Brauche Mikro!« Ich konnte ihn dann mithilfe des Publikums davon überzeugen, dass seine bassige Stimme auch ohne technische Unterstützung laut genug und bis in die hinterste Reihe zu hören war.

Inzwischen bekomme ich nicht mehr grundsätzlich einen Schweißausbruch, wenn Jonas seine Extrawünsche äußert oder zu »bocken« droht. Bin gelassener geworden. Wolfgang meinte neulich anerkennend, dass er mich dafür bewundere, wie ich so spontan und meist recht gelassen wirkend mit Jonas' »Ausbrüchen« vor Publikum umgehen könnte. Das wäre nichts für ihn! Tat mir gut, das zu hören. Aber Jonas hat da auch eine echte Entwicklung durchgemacht.

Bei einigen Lesungen am Anfang unserer »Autorenteam-Karriere« begleitete uns Wolfgang und spielte bei der Veranstaltung Gitarre. Irgendwann hat er sich dann aber aus zwei Gründen ausgeklinkt: Erstens wurden es zu viele Anfragen, und das konnte er mit seinem ebenfalls vollen Terminkalender nicht mehr in Einklang bringen (und es wurde auch jedes Mal ein logistisches Problem, weil wir ja für unsere Tiere zu Hause Pflege organisieren mussten), und zweitens hat sich leider seine Verkürzung der Handinnensehne (Erbkrankheit) zunehmend verschlimmert, sodass er heute gar nicht mehr Gitarre spielen kann.

Baden-Baden, März 2012

Auf der Fahrt zur Lesung meint Jonas vom Rücksitz aus: »Hab stopfe Nase. Mama, has Nasesprä?«

»Nein, Joni, im Auto hab ich kein Nasenspray!«

»Aba brauch ich, kann nich lese mit stopfe Nase!« Er klingt auch wirklich sehr nasal.

»Okay, dann müssen wir eben an einer Apotheke halten«, beschließe ich, und kurz darauf biegt Wolfgang auf den Parkplatz einer solchen ab. Ich husche hinein und besorge das Spray. Reiche es Jonas nach hinten und frage, ob ich ihm zeigen soll, wie es geht.

»Nö, Mama, weiß alles selba, kenn mich aus!«, kommt es empört zurück. Also schnalle ich mich brav auf dem Beifahrersitz an, und weiter geht die Fahrt. Kurz darauf ruft es von hinten: »Sprä is taputt, Mama, geht nich!«, und Jonas streckt mir die kleine Flasche nach vorn. Ich untersuche sie und sage lachend: »Jonas, du musst schon erst den Deckel abnehmen! Dann geht's!« Wolfgang lacht laut auf.

Jonas kämpft noch eine Weile mit der ihm unbekannten Technik. Wolfgang hat am Steuer auch seinen Spaß an unserem kleinen Na-

senspray-Theater und fasst die Komödie noch einmal zusammen: »Erst schiebt er sich den Deckel in die Nase, dann presst er die Flasche aus!«, und schüttelt dabei breit grinsend den Kopf.

Aber Jonas gibt nicht auf. Gefühlte zehn Minuten später hat er den Dreh raus, und wir hören das Zischgeräusch, gefolgt von einem lauten »Aaah, tut guuut! Mama, kann jetzt doch lesn, Nase nich mehr stopf!«. Na, dann bin ich ja beruhigt.

Später bei der Lesung macht Jonas mir hier und da Komplimente, schmust mit mir, legt seinen Kopf an meine Schulter. Alles ganz normal. Aber diesmal dreht er sich zu Wolfgang um, der Gitarre spielend ein Stück von uns weg sitzt, und fragt grinsend: »Na, Papa, bissu eifasüchtich?« Kleine Retourkutsche...

Manchmal gab es schon bei der Abfahrt Hindernisse zu überwinden.

Samstag, im November 2012
Wolfgang und ich wollen Jonas abholen zum Herbstmarkt im Sellawie. Wir haben ausgemacht, dass Jonas mit mir zusammen den Crêpestand bedient, was ihm ja sehr viel Spaß macht. Zur verabredeten Zeit stehen wir vor Jonas' Haustür. Er reagiert weder auf das Klingeln noch auf unseren Handyanruf. Das gibt's doch nicht, schon wieder dieses blöde Spielchen! »Dann fahren wir eben ohne ihn, ich mach mich doch net zu seim Aff!«, entscheidet der durch und durch badisch sprechende Mann an meiner Seite. Ich gebe Jonas noch eine letzte Chance und rufe ihn an. Er drückt mich nach dem zweiten Klingeln weg. Okay, das war's dann. Wir fahren los. Ich bin echt sauer und enttäuscht, hatte mich so auf das gemeinsame Crêpe-Backen mit Jonas gefreut, wir sind da auch ein gut eingespieltes Team. Und überhaupt verstehe ich ihn nicht: Er hatte sich doch so auf den Tag im Sellawie gefreut: auf das Mithelfen, die Leute, den leckeren Flammkuchen, die eine oder andere Limonade...

Wir sind fast am Ziel, als Jonas mich per Handy anruft: »Oh, Mama, hab nachdach, will lieba doch mitkomm dir un Papa sammn Sällawie gehn. Hols mich ab?«

»Nein, Jonas, tut mir leid, aber das kommt jetzt eindeutig zu spät. Wir sind schon gleich da und fahren jetzt nicht noch mal zurück. Wir haben mehrfach bei dir geklingelt und dich angerufen, aber du hast ja nicht mal mit uns gesprochen. Sorry, aber jetzt musst du den Tag eben anders verbringen.«

»Oh, Mama, tumme leid!«

Ja, mir tut es auch leid, zumal ich weiß, wie sehr er jetzt wieder mit sich selbst hadert. Aber soll es diesbezüglich je einen Lernerfolg geben, müssen wir da jetzt auch hart bleiben.

Am nächsten Tag, Sonntag, fahre ich wieder zu Jonas. Wir haben verabredet, dass ich zu ihm komme, um ihm beim Packen für unsere einwöchige Lesetour zu helfen. Bevor ich losfahre, rufe ich ihn auf dem Handy an. Keine Reaktion. Als ich dann vor seiner Haustür stehe, öffnet er mir auch wieder nicht aufs Klingeln. Auch keiner der anderen Jungs reagiert. Ich merke, wie ich schon wieder sauer werde und dieses Spielchen satthabe, dass er mich so stehen lässt.

Plötzlich klingelt mein Handy. »Mama, du mich angehufen has?«

»Ja, Jonas, denn ich stehe schon wieder vor deiner Tür!«

»Oh, Mama, wuss ich nich! Schön, du da bis, komm rein!«, und ssssssss, brummt der Türöffner.

Kaum oben in der Wohnung, mache ich meinem Ärger Luft: »Jonas, ich mag es nicht, wenn du mich immer so vor der Tür stehen lässt. Das ist einfach unhöflich und unfair, schließlich überfalle ich dich nicht einfach, sondern wir haben das miteinander ausgemacht.«

»Ja, Mama, du rech. Ich nix hört hab, du da bis.«

Okay, das will ich ihm noch mal durchgehen lassen. Also packen wir seinen Koffer und haben viel Spaß dabei. Und verabreden uns für den kommenden Tag um 10.00 Uhr zur Abfahrt.

»Mama, feu mich Lesungen gehn mit gaaaanz viel Hotel!« Ja, das kann ich mir vorstellen. Ich freue mich ebenfalls sehr.

Am nächsten Morgen rufe ich Jonas um 9.30 Uhr an, will ihm sagen, dass ich es auf 10.00 nicht schaffe und erst um 10.30 zu ihm komme, da mir ein wichtiger Anruf dazwischenkam. Aber Jonas nimmt wieder nicht ab. Ich versuche es alle Viertelstunde ohne Erfolg, er geht einfach nicht *an das Telefon in der WG. Komisch. Und sein Handy ist ausgeschaltet. Schon wieder dieses doofe Spiel? Aber er hat sich doch so sehr auf unsere Tour gefreut! Dann fallen mir die verschiedensten Erklärungen dafür ein, weshalb er gerade nicht ans Telefon geht: Er steht unter der Dusche, sitzt auf dem Klo, spielt PC oder hört Musik mit dem Kopfhörer, schläft wohl möglich noch tief und fest – oder hatte einen Herzinfarkt. Das ist dann immer das Horrorbild, das am Schluss meiner Visionen auftaucht.*

Um 10.20 Uhr ruft Jonas mich an. »Mama, du mich angehufen?«

»Ja, mehrfach. Wieso gehst du nicht dran?«

»Oh, hab nich hört, Mama. Bin draußn!«

»Draußen?«

»Ja, vor Haus. Waate dich. Du sags, komms du zehn Ua, Mama!«

Und wieder mal bin ich total beschämt. Mein Sohn hat seit 9.30 Uhr vor dem Haus auf mich gewartet. Als ich zehn Minuten später bei ihm bin, bin ich so gerührt bei seinem Anblick: Er steht mit noch feuchten Haaren vom Duschen in Jacke und seinen feinen Lederschuhen an der Straße, den großen Koffer und seine Laptoptasche neben sich, seinen Rucksack auf dem Rücken. Als ich aussteige, umarmt er mich herzlich und freudestrahlend, ist kein bisschen sauer, dass ich ihn diesmal so lange habe stehen lassen.

»Oh, Mami, feu mich, du komms. Fahn wi los zu Lesetur, is so toll mit viele Hotel, Mama!« Die Vorfreude steht ihm ins Gesicht geschrieben, und voller Elan wuchtet er seinen Koffer auf die Rückbank.

Jonas hat ja, wie Sie vielleicht auch schon bemerkten, einen unglaublich schönen und ansteckenden Humor. Und »natööölich« packt er den auch auf Lesungen aus und zaubert den einen oder anderen herrlich spontanen Gag aus dem Ärmel, wenn auch oft unbeabsichtigt.

Graben-Neudorf, März 2013
Kaum beginnen wir mit unserer Lesung, nimmt Jonas den ersten Schluck aus seinem Glas und verzieht angewidert das Gesicht: »Iiiiih, schmeckses Klowassa!« Das Publikum schmeißt sich fast weg vor Lachen.

> am wocheende habe ich
> 2x Lesung gemart
> ich bin Star und
> mama auch Star
> wir Lessen auch
> gerne mit uns und
> dass geht meine
> Leben an in Buch
> dass ist lusig und

Gegen Ende schaut Jonas mich die ganze Zeit grinsend von der Seite an, während ich lese, und flüstert irgendetwas Unverständliches. Nach einer Weile meine ich schmunzelnd: »Jonas, du bringst mich ganz aus dem Konzept!« Er zieht die Augenbrauen vielsagend hoch und grunzt: »Oooh, Korsett!« Ich breche fast zusammen vor Lachen. Keine Ahnung, woher er dieses Wort kennt.

Stuttgart, November 2013
Jonas liest die Textstelle vor, in der jemand über ihn sagt: »Jonas, du kannst Menschen sehr bewegen und verändern!« Spontan fügt er erklärend und mit einer Spur triumphierenden Trotzes hinzu: »Wenn ich will!«

Ich weiß nicht mehr, wann Jonas damit anfing, aber plötzlich ersetzte er auf der Bühne das Wort »Mama« durch »Mutti«, sehr zu meiner Verblüffung, denn so nennt er mich nie! Das zieht er bis heute kon-

sequent durch, auch bei den Texten, die das Publikum per Beamer-
projektion mitlesen kann. Da steht im Originaltext Mama, und der
Schelm liest jedes Mal Mutti, grinst sich dabei eins, weil er genau
weiß, dass ich es nicht gerne höre.

*Wir sind weit gefahren, vier Stunden oder so, dann haben wir Lesung gemacht
in der Stadt und Hotel geschlafen. Haben wir gelesen und sag ich Mutti mein
Mama, und ich ärgere ihm, weil macht mir Spaß! Gibt auch Grund dafür,
weil Oma die Mutter ist, und Mama sagt Mutti zu Oma, und ich sag dir,
du mein Mutter bist, mein Mutti auch. Mama lacht, ich Mutti sag, aber sie
mag nicht, ich sag, trotzdem ich mach so, weil Spaß macht.*

Friedrichshafen, Mai 2014

*Es geht um die Stelle, wo ich Jonas frage, wie er sich das vorstellt, mit
Papa und mir im Hotel zu übernachten, wenn er kein Einzelzimmer
haben will. Er liest seinen Text vor:* »Kei Poplem, Mama: Du un Papa
schlafn außn, ich inne Mitte!« *Das Publikum lacht wie erwartet laut
auf, und Jonas grinst. Dann fügt er spontan hinzu, noch breiter grinsend:* »Aba mach ich lieba nich dem Bett schlafn, is Liebespaar dem
beidn! Ohoho!«, *und vielsagend reißt er dabei die Augen auf. Ich könnte
im Erdboden versinken.*

Laichingen, Juli 2014

*Jonas liest einige seiner Stärken vor. Mittendrin hält er inne, schaut ins
Publikum, hebt den Zeigefinger und warnt:* »Achtung, jetzt komms gefährlich für Faun!«, *und dann liest er weiter:* »Kuscheln un schamant
küssn.«

Lichtenstein, November 2014

Jonas liest einen Liebesbrief an mich vor, der folgendermaßen endet: »Du
bis beste Mama von Welt!« *Mein Kommentar:* »Ich schmelze dahin!«
Jonas ergänzt: »Ich schmelze mit!«

Spaichingen, November 2014
Jonas liest die Sätze, die in unserem Text von Papa Wolfgang kommen,
plötzlich mit einer megatiefen Brummbärbass-Stimme. Das Publikum
schmeißt sich weg vor Lachen. Ben Becker ist ein Sopran dagegen.

Walheim, Januar 2015
Ich habe einen regelrechten Frosch im Hals auf der Bühne. Weil ich
meine Dose mit den Hustenbonbons nicht gleich aufbekomme, streckt
Jonas die Hand danach aus, um mir zu helfen, und kommentiert: »Oh,
lahmi Schnecki!« Vor der Pause erklärt Jonas, wie der Ablauf funktio-
niert. Als er wie immer auf unser Gästebuch hinweisen will, schaut er
mich fragend an. »Mama, wo Gessenbuch?« In diesem Moment fällt
mir siedend heiß ein, dass es zu Hause auf meinem Schreibtisch liegt.
»Ach du meine Güte, Jonas, ich hab's vergessen!« Jonas seufzt laut auf,
tippt mir mit dem Zeigefinger mehrfach an die Stirn: »Oh Mama, lauta
Löcha drin dei Kopf!«

Wenn Jonas auf einer Lesung längere Passagen liest, wird sein Text auf
einer Leinwand gezeigt, sodass man seine Aussprache besser verstehen
kann.

Mit Interviews bekommt Jonas auch immer mehr Übung, obwohl er diese Situation nicht so genießt wie das Lesen an sich.

Leipzig, März 2013
Nach der Lesung bei der Lebenshilfe Leipzig haben die Menschen im Publikum die Möglichkeit, uns Fragen zu stellen.
Dazwischen fragt Jonas das Publikum ständig: »Un? Noch Fage?«
»Schreibt ihr ein neues Buch?« »Oh, dauert noch, ers muss wir schreibn, aba bald komm neues Buch! Aba muss wir ers Zeit habn un schreibn, ist viiiiiel Arbeit, gell, Mama?«

Hier hat Jonas zum ersten Mal öffentlich von der Idee eines neuen Buches erzählt – noch bevor er mich davon ins Bild gesetzt hatte. Zu dem Zeitpunkt hatten wir jedenfalls definitiv noch keinen einzigen Satz verfasst. Und manchmal dreht Jonas den Spieß auch einfach um.

Mai 2012
Jonas und ich haben per Telefon ein Interview mit der Berliner Morgenpost. Die freundliche Dame stellt verschiedene Fragen, aber schon bald nimmt mein Sohn das Heft selbst in die Hand und löchert seine Interviewpartnerin mit eigenen Fragen. »Has du Haustiere? Has du Hoppies? Has du Mann? Wo wohns du? Oh, Bärlin! Mama, sie is Haupstadt!« Jonas ist schwer beeindruckt!

Nicht nur auf der Bühne, auch hinter den Kulissen gibt es immer wieder herrlich originelle Momente mit Jonas. Hier ein paar Beispiele.

Ölbronn, November 2014
Nach der Lesung in einer kleinen, schnuckeligen Kirche, in der uns eine Jugendband musikalisch begleitet hat, wird im Anschluss das Podest, auf dem wir Akteure standen, wieder abgebaut. Da drückt einer der Jungs Jonas einen Akkuschrauber in die Hand mit den Worten: »Hey, du bist doch Schreiner, du kannst uns doch sicher helfen!« Das lässt sich

Jonas nicht zweimal sagen und zieht unzählige Schrauben aus den zusammengebauten Paletten. Als einer der Männer ihn lobt, sagt er: »Klar, ich gute Schreina bin, mei Chef stolz de mir!«

Metterzimmern, November 2014
Im Anschluss an unsere Lesung bedankt sich der Pfarrer ganz herzlich bei uns. »Und, Jonas, ich habe noch ein ganz besonderes Geschenk für dich.« Er zaubert einen kleinen Karton mit der Aufschrift »Pizza« hinter seinem Rücken hervor. Jonas reibt sich die Hände. »Wow, Pizza für mich!«

»Ja, aber eine ganz besondere!«

Als Jonas den Deckel öffnet, entfährt ihm ein enttäuschtes »O nein, Süßes mag ich nich!«. Diese »Pizza« besteht ausschließlich aus buntem Gummizeug.

Nun ist der Pfarrer sichtlich irritiert. »Oh, das tut mir leid, ich dachte, ich mache dir damit eine große Freude! Hmm, das muss ich wohl wiedergutmachen.« Während er noch einige Worte an die Zuschauer richtet, schiebt Jonas mir die Gummipizza rüber. »Da, Mama, kannsu ham!«

Plötzlich geht die Tür zum Gemeindesaal auf, und Renate, die die Lesung mit mir organisiert und uns beim Aufbau geholfen hat, kommt mit einem Teller herein, auf dem zwei Schnitzelbrötchen mit Salat und Fähnchen dekoriert sind. Wieder reibt sich Jonas die Hände. »Oh, is für mich?!« Der Pfarrer dankt Renate für die Wiederherstellung seiner Ehre, und Jonas stürzt sich auf die leckeren Burger.

Bei der anschließenden Signierstunde riskieren einige Leser Fettflecken in ihrem gerade neu erstandenen Buch, als sie es Jonas zum Signieren hinhalten, der noch immer mit Essen beschäftigt ist ... Als der Saal leer ist und wir mit dem Zusammenpacken der Bücher und Technik beginnen, kommt Renate abermals mit einer leckeren Überraschung herein. Neben die unterschiedlichsten bunten Häppchen stellt sie mehrere Getränke. »Vielleicht habt ihr ja jetzt Hunger!« Wir greifen gerne zu.

»Möchtet ihr für die Fahrt noch etwas mitnehmen?«, fragt sie später in ihrer mütterlich zugewandten Weise.

»Nein, danke, das war jetzt wirklich reichlich.«

»Aber vielleicht etwas zu trinken?« Jonas nickt freudig und langt ordentlich zu: Neben Fanta- und Colafläschchen will er auch noch einen Flaschenöffner einheimsen.

»Stopp, Jonas!«, entgegne ich. »Der Flaschenöffner bleibt hier! Der gehört hier ins Gemeindehaus. Ihr habt in der WG sicher auch einen!«

»Nein, Mama, ham wir nich! Brauch ich aba, kann nich trinke sons heut Nacht!« Allgemeines Schmunzeln in der Runde.

»Jonas, wenn du den Flaschenöffner mitnimmst, nennt man das Diebstahl«, erkläre ich ihm ganz gelassen.

»Oh, bin ich nich Dieb, aba brauch ich!« Er lässt den Flaschenöffner über der geöffneten Papiertüte baumeln und ringt mit sich. Dann fragt er die Anwesenden: »Klaus ich oda schenks mir?« Wir lachen alle laut auf angesichts der unerhörten Dreistigkeit.

»Den brauchst du nicht zu stehlen, den kannst du gerne mitnehmen, davon haben wir noch eine ganze Menge in der Küche!«, rettet uns Hochwürden. Und, plumps, landet der Öffner in der Tüte.

»Danke, o viele Dank! Du nette Mann bis! Stimm, gell, Mama?«

Jaja, das ist gar nicht so einfach mit dem Schenken. Und für mich auch schon einige Male recht peinlich gewesen, wenn Jonas offenkundig enttäuscht das Gesicht verzieht oder eine entsprechende Bemerkung macht, wenn er Pralinen, Schokolade oder andere Süßigkeiten bekommt, die er nun mal partout nicht mag. Aber andererseits ist das ja eine der Qualitäten meines Sohnes, die ich immer stolz betone: Er ist einfach immer echt, authentisch, maskenlos und fassadefrei. Man weiß immer genau, woran man bei ihm ist.

Beim Signieren am Büchertisch steckt eine Dame Jonas fünf Euro zu und sagt: »Das darfst du in deine Sparbüchse tun!« *Jonas erwidert:* »Hab kei Spabuxe, kauf lieba was! Aba danke, passt so!«

Chemnitz, November 2012

Während wir sein Buch signieren, klopft ein Mann Jonas kumpelhaft auf die Schulter und lobt: »Mensch, du bist ja jetzt echt ein Star!« Jonas entgegnet leicht irritiert: »Nö, bin kei Star! Bin ich!«

Ich mach gen lesug und anere bgeisert von mir macht spas dem kltsche bei mir und guter Jonas und meine Famille is gut so meine Mama macht mir samen lesug das ist gut ich leibe es und krieg ich geschek oder dvd oder aneres ich gut bin

Ich mache gern Lesungen, und andere sind begeistert von mir. Das macht Spaß, wenn sie für mich klatschen: Guter Jonas und meine Familie ist gut so. Meine Mama macht mit mir zusammen Lesungen, das ist gut, ich liebe es und krieg ich Geschenk oder eine DVD oder anderes, weil ich gut bin.

Köstlich und einmalig sind auch manche organisatorischen Ansagen, die der Herr Chef gerne auf der Bühne übernimmt.

»Ihr könnt alle Bücha ham, wir brauche nich mär!«

»Komms ihr Pause bei mir un mei Mutter, wenn ihr Popleme hab eua Lebn, Mama sags euch, machn soll!«

»Hintn gibes Trinkn un lecka Essn, haut rein!«

»Jetz is Pause, 15 oda 20 Minute oda 15 oda 20, weiß nich genau, müss ihr guckn, wann wieda losgeht, ich geb dem Zeichn, ich bin de Chef!«

»Un kaufs ihr noch Bücha, wir ham noch welche, aba müss ihr Geld bezahln, sonst gibes nich Bücha! Un ess ihr noch Salat, is lecka un hab gute Abend un mach euch genießbar! Tschüss!«

»Schön, da wars ihr alle, un gute Haseweg un Segn von Gott un sein Gnade un hab euch lieb. Das wars, Ende jetz!«

Obwohl unsere Lesungen in der Regel immer nach dem gleichen Schema ablaufen und wir nur hier und da mal Texte austauschen, ist dennoch keine Lesung wie die andere. Vor allem für mich ist das jedes Mal ein größeres Abenteuer, da Jonas definitiv nicht zu steuern oder zu manipulieren ist und ich kaum aufhalten kann, was dann passiert, wenn sich Jonas entscheidet, vom Programm abzuweichen. Adrenalinausstoß pur.

Lesung nachmittags in Bern, März 2013

Jonas liest seine Parts in einer quietschenden Mickey-Mouse-Stimme. Ich bin irritiert und flüstere ihm zu, er solle das lassen. Doch er wehrt mich mit den Worten: »Mama, lass mich!« ab, natürlich per Mikrofon hörbar für den vollbesetzten Saal. Weiterhin liest er mit verstellter Stimme und lässt meine »bösen Blicke« einfach an sich abprallen. Nach einer Weile wird es ihm wohl selbst zu anstrengend, er räuspert sich und liest mit normaler Stimme weiter. Meine Erleichterung hält jedoch nicht lange an, denn nun wird er immer schleppender und nuschelnder, man versteht seine Worte kaum noch. Jede Begeisterung, jede Betonung fehlt, er macht einfach »Dienst nach Vorschrift« und liest völlig unbeteiligt, lustlos und sichtlich gelangweilt seine Parts. Ich könnte ihn schütteln.

Zwar verstehe ich, dass er sehr müde ist (schließlich waren wir gestern noch in Leipzig und sind die ganze Nacht durchgefahren), aber immerhin konnte er im Auto schlafen, während ich seit über 30 Stunden kein Auge zugemacht habe, mich aber dennoch zusammenreißen kann. Aber natürlich ist mein Nervenkostüm heute auch dünner als sonst, und ich kann nicht so gelassen reagieren wie üblich. Denke, er will mich ärgern und provozieren. Dabei geht es nicht um eine mangelnde Bereitschaft, sich zusammenzureißen, sondern schlichtweg um das Unvermögen dazu, wie mir nach einem Überschlafen der ganzen Situation klar wird. Aber im Moment auf der Bühne, wo 250 Augen auf uns gerichtet sind, habe ich den Anspruch an ihn, dass er seine Sache gutmacht, Müdigkeit hin oder her.

Irgendwie schaffen wir es, den ersten Teil hinter uns zu bringen, und in der Pause stärkt sich Jonas an Fanta und angebotenen Hotdogs. »Mama, jetzt kann bessa machn, vasprech dich!«, und tatsächlich: Die zweite Hälfte klappt hervorragend. Jonas ist wie ausgewechselt, bestens gelaunt und kann das Publikum regelrecht mitreißen. Was so zwei Hotdogs doch vermögen! Natürlich bin ich erleichtert und froh, dass Jonas die Kurve gekriegt hat, aber ich bin zugleich auch verärgert darüber, dass er es so »versemmelt« hat und ich mich immer so machtlos seinen Launen ausgesetzt fühle.

Und noch ein Widerspruch wird mir klar: So oft betone ich, dass ich Jonas' unverstellte Ehrlichkeit und Offenheit so schätze, sein maskenloses Sein. Und so oft schon habe ich versucht, mir eine Scheibe davon abzuschneiden. Aber auf der Bühne vor großem Publikum finde ich es einfach nicht okay, zu gähnen, selbst wenn ich noch so müde bin. Ich kann mich nicht nicht zusammenreißen, will funktionieren, mein Bestes geben und es gut machen. Jonas hat diesen Anspruch anscheinend nicht an sich. Wenn überhaupt, dann reißt er sich mir zuliebe zusammen. Aber eigentlich ist ihm gerade viel mehr nach Albernsein, Gähnen und Nuscheln, und dabei ist ihm auch völlig egal, was die anderen über ihn denken könnten. Das bewundere ich doch immer so an ihm, dieses Unabhängigsein vom Urteil anderer. Und doch ist es nun gerade dieses Verhalten, das mich so stört. Tja, Doro, da hast du noch eine Nuss zu knacken!

Alzey, Februar 2014

Am Ende der Lesung angelangt, liest Jonas noch einen Segenstext vor, den er aus einem meiner Bildbände ausgesucht hat. Darunter setzt er per Mikrofon in einem Satz: »Amen un jetz is Schluss, weil hab ich grad Hose kack, nur bisschn, aba is Dochfall, tumme leid!«, verlässt die Bühne und rennt mit auf den Hintern gepresster Hand zur Toilette. Mir fehlen die Worte!

Auf dem Heimweg (ich habe Jonas eine Plastiktüte und ein Tuch untergelegt) fragt er mich: »Mama, wa schlimm, ich Dochfall hab?«

»Nein, Jonas, dafür kannst du ja nichts. Geht es dir jetzt besser, oder hast du auch Bauchweh?«

»Ja, Mama, mir nich gut. Kann ich dir schlafn heut? Mei alte Zimma? Will nich WG schlafn, ich kank sein. Will nich allein sein in WG. Keina mich kümmer. Un Dochfall is sooo peinlich!«

Aber vor großem Publikum ins Mikrofon zu sagen, dass er grad in die Hose gemacht habe, ist meinem Sohn anscheinend nicht peinlich. Verstehe einer diesen Kerl!

Neunkirchen, Februar 2014

Noch während wir den Büchertisch und die Technik aufbauen, stellt sich uns einer der jungen Musiker vor, der uns bei der Technik unterstützen wird. Er heißt ebenfalls Jonas.

Kaum beginnen wir mit der Lesung, als Jonas die Vorstellung unterbricht und dem Publikum erklärt: »Ich bin Jonas Zachmann, nix anneres. Drübn is er annerer Jonas, is er auch nett, aba ich bin ich, Jonas Zachmann!« Damit das nun auch für alle im Saal klar ist! Wir lesen drauf los. Kaum sage ich zum ersten Mal »Jonas«, unterbricht mich mein Sohn: »Mama, mussu sagn: Jonas Z. oda Jonas Zachmann, sons annere nich wissn, wen Jonas meins du, mich oda annern!« Und wehe, ich mache das nicht konsequent den ganzen Abend, sonst folgt sofort ein Rüffel des Chefs, der darauf besteht, dass alle wissen, von wem jetzt gerade die Rede ist.

Wir (hatten) vorgestern Abend eine Lesung mit Jonas Zachmann und Doro Zachmann. Mit Übernachtung im Hotel. Und dann waren wir in der Lesung, aber wir haben zwei Jonas, das ist lustig. Dann, (am) Anfang, habe ich gesagt, (dass) ich der richtige Jonas (bin).

Knittlingen, März 2014

Die Bühnendeko ist sehr originell, wir sitzen sozusagen in einer Dönerbude. Ein großes Schild mit der Aufschrift »McJonas« hängt über uns, Dönerfleischspieße aus Styropor, Coladosen und Ketchupflaschen runden das Bild ab. Im Interview zu Beginn der Lesung wird Jonas von der Moderatorin gefragt, was er denn am liebsten isst.

»Pizza«, kommt es ganz selbstverständlich.

»Und was noch?«, will sie wissen.

»Nudel un Salat un Mäkdonnäs!«

Sie lässt nicht locker: »Aha, und was ist mit Döner?«

»Nee, mag ich nich so!« Die Moderatorin ist sichtlich verwirrt. »Aber im Buch steht doch, dass du so gern Döner isst! Deswegen haben wir dir hier doch extra eine Dönerbude gebaut!«

»Mag ich aber nich mär!« Ich sehe mich genötigt, einzugreifen und die unglückliche Moderatorin zu retten. »Jonas hatte vor ein paar Monaten eine heftige Lebensmittelvergiftung durch einen Döner und sich deshalb etwas, ähm, umorientiert.«

Abgesehen von diesem Stolperstein zu Beginn, den ich der Moderatorin gerne erspart hätte, verläuft die Lesung reibungslos und gehört mit zu unseren Highlights, denn eine große Liveband mit der Sängerin Bianca App (von der Volksmusikgruppe »Die Schäfer«) spielt zehn wunderbare Lobpreissongs, zu denen Jonas regelrecht abgeht, tanzt und laut mitsingt. Kein Wunder, dass Jonas sich in die hübsche und sympathische Bianca verliebt hat, tagelang redet er nur von ihr. – Vor der Lesung waren wir mit der Band und dem Orgateam essen, damit sich alle schon ein bisschen kennenlernen konnten. Und bei den Proben der Lieder hat Bianca mit Jonas zusammen getanzt und geschäkert. Während der Lesung – sie sitzt in der ersten Reihe – hält sie Jonas immer wieder den Daumen hoch, um ihm zu zeigen, wie toll er das mache.

Bretten, Februar 2015
Ein mit viel Kreativität vorbereiteter Abend in einer sehr jungen und dynamischen Gemeinde. Jede Lesung mit Jonas ist für mich ein großes »Amteua«. Heute jedoch fällt mir Jonas' Unberechenbarkeit erneut auf. Es ist wie mit der viel zitierten Pralinenschachtel in Forrest Gump: »Man weiß nie, was man (für Antworten) bekommt.« Jedenfalls geht das Interview mit der Moderatorin ziemlich in die Hose, weil Jonas die Fragen entweder gar nicht oder nur äußerst knapp beantwortet. Und der erste Teil der Lesung verläuft sehr schleppend, weil Jonas eine regelrechte »Null-Bock-Haltung« an den Tag legt. Doch nach der Pause mit vier Stücken Pizza, die er zuerst verschmähte, und einer Runde Tischkicker, zu der man ihn überreden musste, rockt er die Bühne.

An einer Textstelle, der eine Liebesbotschaft von ihm an mich vorausgeht, liest er weiter: »Ich schmelze dahin.«

»Hey, das ist mein Text!«, mokiere ich mich gespielt. »Ich schmelze dahin, weil du so süß bist!«

»Ach so, Mama! Du rech!«

Das Publikum kann sich selbst aussuchen, wobei er mir recht gibt: mit der Textpassage oder dass er süß ist! Ständige Küsschen auf meine linke Backe runden das Bild vom »süßen Sohn« ab. Das Publikum ist begeistert.

Und ich denke mir: Ja, aber Jonas ist eben nicht immer nur der süße Sohn, er hat, genau wie alle anderen, auch schlechte Tage und mal miese Laune, kann verletzend und unausstehlich sein (womit ich nicht den ersten Teil der Lesung meine, wo er einfach nur unmotiviert war). Er ist eben auch nur ein Mensch und ganz normal!

Auf der Rückfahrt schneide ich das Thema noch mal an und frage, was denn am Anfang mit ihm los gewesen sei. Erst nach einer Weile bricht es aus ihm heraus: »Mama, is sie hübscha Fau, un kei Feundin hab. Ich tauhich bin.« Und dann weint Jonas laut auf.

Klar, die Moderatorin! Das hätte ich doch gleich schnallen müssen! Wieder eine bildhübsche junge Frau, die ihn umarmt, mit ihm tischkickert, auf dem Sofa ganz nah bei ihm sitzt, sich für ihn interessiert, mit ihm redet – und letztlich doch nichts von ihm, als Partner, wissen will. Sein ewiges Dilemma! Er hat einfach keine Chance bei einer »normalen« Frau und wünscht sich doch nichts sehnlicher. Mein Herz weint mit Jonas, und nun verstehe ich, was ihn die gesamte erste Hälfte so blockiert hat.

Einige der Pleiten und Pannen, die wir bei Lesungen erlebt haben, gehen jedoch auf mein Konto. Ich sage nur »Löcherhirn« und »Schusseline«, wie man mich zu Hause zuweilen liebevoll betitelt: Die Powerpoint-Präsentation stürzt mittendrin ab, weil ich vergessen habe, den Stecker in die Buchse zu stecken, und der Akku nun leer ist. Oder ich habe das Netzteil zu Hause liegen gelassen, den Kassenschlüssel vergessen, die große Laufmasche in der Strumpfhose erst auf der Bühne bemerkt ... Jaja, niemand »is nich päfäk«, wie mein Sohn es so schön ausdrückt.

Doch immer wieder werden wir auch mit wunderbaren Begegnungen beschenkt, die noch lange nachwirken.

Karlsruhe, Juni 2013

Gleich zu Beginn begrüßt uns die Krankengymnastin, die Jonas zwei Jahre zuvor nach seinem Handunfall in der Klinik wochenlang mit Krankengymnastik und Lymphmassage versorgt hat. Jonas erkennt Veronika auch sofort wieder, fällt ihr in die Arme. »Oh, hab dich so miss, mei Kanknnastin!« Am Ende der Lesung liest Jonas seinen letzten Satz und hängt spontan noch was dran: »Oh, danke, lieber Gott! Ich liebe diese Leben! Un mei Kanknnastin!«

Wenkheim, Februar 2015

Eine siebenköpfige Familie lädt uns ein, in ihrer Kirchengemeinde eine Lesung abzuhalten. Als wir dort ankommen und die Familie näher kennenlernen, staune ich nicht schlecht: Sie haben fünf Kinder zwischen achtzehn und einem Jahr, das jüngste mit Down-Syndrom. Mutter und Vater sind »richtig gut drauf«, herzlich, sympathisch, offen, dynamisch und total unkompliziert. Als sich der Abschied nähert, hält ihr zehnjähriger Sohn Jonas fest und meint fast weinerlich: »Bitte bleib noch, geh noch nicht! Ich wünschte, du könntest hierbleiben, ich find dich soooo cool!« Jonas lacht und sagt: »Ja, bin kuul, aba muss jetz heimgehn, weil ich nich wohn bei euch!«

Als uns die Familie zum Auto begleitet, meint Jonas zu mir gewandt: »Mama, wünsche, diesn Familie born sein, ich Bäbi war!«

Ich antworte gespielt entrüstet: »Wie jetzt? Schon sind wir Zachis abgeschrieben?«

»Nein, Mama, nich schriebn, aba diesn Familie mir auch gut gefalln, wünsche Brüder ham un dem mich kuul findn!« Natürlich kann ich das gut verstehen, und als Jonas noch anfügt: »Mama, du mei Lieblingmama, un diesn Familie mei Ärsatzfamilie sein!«, kann ich aus vollem Herzen zustimmend nicken.

Ja, immer wieder machen wir so wunderschöne Erfahrungen auf unseren Touren, und etliche schöne Kontakte und Begegnungen haben sich dadurch schon ergeben, deutschlandweit. *Schade, dass wir sie nicht alle wirklich lebendig und aufrecht halten können. Und doch hat Jonas sie alle in seinem Herzen gespeichert und spricht immer mal wieder von der einen oder anderen Herzens-Begegnung auf Augenhöhe. Was für Geschenke!*

Und natürlich ist auch das Tanzen bei Lesungen ein Bestandteil. Das war Jonas' geniale Idee:»Mama, will tanzn bei Lesung!«Auch dabei erlebten wir etliche schöne Geschichten.

Bei Lesung gemacht waren zwei hübsche Mädchen mit Musik gemacht. Dem einen an Klavier, den anderen mit Flöte. War schöne Musik, und ich tanzen dazu. Muss ich richtig einbauen mein Gefühle mit Tanzen, weil so schön ist, ich tanze gern und macht mir Spaß. Muss ich Takt bleiben, dem Musik machen, den Mädchen. Aber so schön, ich liebe es!

Bad Urach, Februar 2013
Wir sind zu dritt nach Bad Urach gebucht: Jonas und ich erzählen und lesen, Wolfgang begleitet uns auf der Gitarre. Wie immer entscheidet Jonas vor der Pause ganz spontan, ob er eine Tanzeinlage zeigen will. Da hier eine große Bühne mit viel Platz ist, flüstert er mir zu:»Mama, wills ich jetz hia tanzn!«Also schalte ich die Musik ein, und Jonas legt los. Es dauert nicht lange, bis ein Mann, der etwas älter zu sein scheint als Jonas und ebenfalls Down-Syndrom hat, die Treppe zur Bühne hochgeht und dort ebenfalls zu tanzen beginnt. Jonas schaut ihn interessiert, aber auch sichtlich verwirrt an, tanzt aber tapfer weiter. Das Publikum beobachtet interessiert und amüsiert, wie die beiden Tänzer sich einerseits ignorieren und andererseits durch immer gewagtere Bewegungen einen Konkurrenzkampf führen und die »Show« jeweils für sich entscheiden wollen. Und doch grinsen beide, und es kommt keine Verbissenheit auf. Als das Lied zu Ende ist, klatschen sich beide Männer mit einem High-Five ab und werden vom Publikum ordentlich bejubelt und beklatscht. Jonas kommt wieder zu uns, während sich der fremde Tänzer galant verbeugt und noch mal einen Extraapplaus für sich abholt.

Jonas ist total verwirrt. »Mama, eigelich so nich plant, oda? Eigelich tanz ich, nich annere Mann, oda?«

»Ja, Jonas. Aber schau, er hatte spontan auch Lust, zu tanzen!«

»Okä, Mama, aba war Außenname (Ausnahme)! Näxe Mal tanz ich wieda allein!«

Nun kommt dieser andere Mann zu uns, nimmt mir das Mikrofon aus der Hand und beginnt, einen langen und sehr genuschelten Monolog zu halten, den kaum jemand verstehen kann. Ich kämpfe mit mir: Einerseits will ich ihm diesen Moment ungestörter Aufmerksamkeit lassen, wo er doch ebenfalls sichtlich die Bühne liebt, andererseits frage ich mich, wie ich das auf eine gute Weise stoppen kann, damit wir in unserem Programm weitermachen können. Ich blicke um mich, sehe von keiner Seite aus Hilfe nahen. (Hätte ja sein können, dass ein Elternteil oder Betreuer sich aus dem Publikum löst, um den Mann wieder zu sich zu holen).

So greife ich schließlich ein, nehme ihm das Mikrofon aus der Hand, bedanke mich bei ihm für die Tanzunterstützung und sein Erzählen und bitte das Publikum noch um eine Extraportion Applaus für ihn. Wieder eine galante Verbeugung, aber kein Anzeichen in Sicht, dass er die Bühne verlassen und sich wieder auf seinen Platz setzen will. »Mama, geht er nich!«, beschwert Jonas sich schon bei mir. Also frage ich den Mann, ob er lieber hier auf dem Boden Platz nehmen will oder wieder zurück zu seinem Stuhl gehen möchte, um den Rest der Lesung zu hören. Da zieht er dann doch den Stuhl vor und geht zurück ins Publikum, nicht ohne dabei in alle Richtungen strahlend »seinen Fans« zuzuwinken. Ich schmunzle, schließlich erinnert mich dieses Verhalten doch auch sehr an meinen Sohn, obgleich dieser im Moment eher zähneknirschend dasteht.

Wolfgang lobt mich im Anschluss in den höchsten Tönen: »Toll, wie du das gelöst hast! Ich hatte schon befürchtet, der andere Tänzer wollte gar nicht mehr von der Bühne gehen. Es wäre mir sehr schwergefallen, ihm das Mikro wegzunehmen, wo er es doch augenscheinlich genossen hat. Aber du hast das ganz feinfühlig und im genau richtigen Moment gemacht. Das habe ich echt bewundert!« Ein Lob vom Herrn Gemahl und Psychotherapeuten, was könnte es Schöneres geben?

Leipzig, März 2013
Jonas macht wieder sein Tänzchen. Als eine junge Frau mit Down-Syndrom die Bühne betritt, um ebenfalls zu tanzen, bleibt er erst verdutzt stehen, dann breitet er die Arme weit aus, geht auf sie zu und zieht sie in Tanzhaltung an sich. Als sie sich nun zusammen im Takt wiegen und drehen, klatscht das Publikum tosend Beifall.

Übrigens: Die Choreografie entsteht beim Tanzen immer im jeweiligen Moment, das ist kein einstudierter Ablauf! Jonas lässt sich einfach von der Musik treiben und drückt seine Empfindungen auf kreative Weise aus. So wird es mir auch nie langweilig, weil jeder Tanz neu ausfällt, stundenlang könnte ich meinem Startänzer zusehen. So supergenial!

Aber was wären unsere Lesungen ohne Zuhörer? Als ich vor 16 Jahren mit dem Schreiben und kurz darauf auch mit Lesungen begann, freute ich mich riesig, wenn zwanzig Leute den Weg zu der Veranstaltung gefunden hatten. Inzwischen füllen wir ganze Säle, und das geht vor allem auf das Konto meines genialen Sohnes, da mache ich mir nix vor!

Unser Gästebuch (wir haben inzwischen das zehnte fast voll) ist natürlich auch immer ein treuer Begleiter auf Lesungen, und Jonas kündigt es meist sehr charmant an.

»Hia is unsa Gessenbuch, könn ihr schreibn, ihr wollt, muss nich, is freiwillig, aba wünsche mir. Also, schreib rein!«
»Wir ham noch Gessenbuch hia. Könn ihr schreibn für mich, ob ihr mich magt oda valiebt seid bei mir!«

Und das taten auch schon etliche Gäste. Hier folgt nur eine klitzekleine Auswahl besonders schöner Einträge:

Nagold, 11. Mai 2012: Lieber Jonas, du bist zwar nett und witzig, und ich mag dich auch, aber leider bin ich viel jünger als du. Ich bin nämlich erst zwölf. Darum kann ich deinen Heiratsantrag (den du mir beim Si-

*gnieren ins Buch geschrieben hast) leider nicht annehmen. Liebe Grüße,
Deborah*

*Dinslaken, 20. Juni 2012: Vielen Dank für diesen tollen Abend mit euch!
Ich verschlinge zurzeit eure Bücher und bin so dankbar dafür! Sie geben
mir Kraft, um positiv in die Zukunft zu blicken. In eine tolle Zukunft
mit unserem Aron (sieben Monate), der ebenfalls DS hat. Liebe Grüße,
Monique*

*Söllingen, 21. September 2012: Hallo, Jonas, ich habe mich sehr gefreut,
dich heute Abend erlebt und besser kennengelernt zu haben. Ich würde
mich sehr freuen, wenn du weiter in meinem Team in der Schreinerei
mitschaffen würdest! Zweites Standbein Schreiner, denn wie der Schreiner kann's keiner! Dein Chef aus der HWK*

*Bochum, 10. Mai 2013: Zuerst sah ich eine gut gelaunte Autorin und
einen grummeligen jungen Mann. Doch was sich in der darauffolgenden
Stunde entwickelte, war herzzerreißend und rührend. Wie du, Jonas,
immer mehr Freude ausgestrahlt hast und jeder spürte: Da hat einer
verdammt viel Lust am Leben!*

*Das war schön und ehrlich, und ich musste ständig über mich selbst
nachdenken. Du hast mich wirklich sehr inspiriert und mir gezeigt, dass
es keinen Grund gibt, ehrliche Gefühle zu verstecken. Danke, dass du so
echt und maskenlos bist! Gregor*

*Hattingen, 30. November 2013: Jonas, du bist einer der genialsten Ge-
danken Gottes! Birgit*

*Gräfenhausen, 31. Januar 2014: Oh, Jonas, dein Satz »Ich bin mein
Lieblingsmann!« ist das Mutigste und Klügste, was ich seit Langem
gehört und gelesen habe! An diesem Thema knabbere ich schon mein
ganzes Leben! Ich wünsche mir, diesen Satz eines Tages auch mit derselben fröhlichen Inbrunst sagen zu können wie du. Danke, mein Vorbild!
Jens*

Alzey, 22. Februar 2014: Ja, Jesus ist für alle gut! Jonas, da hast du recht! Aber Jonas ist auch für alle gut! Und da hab ich recht! Ulli

Aue/Vogtland, 7. April 2014: Als Hebamme bin ich bestürzt darüber, dass viele Babys mit DS nicht mehr leben dürfen. Danke, dass ihr uns zeigt, wie lebenswert das Leben mit DS ist! Eure Lesung müsste eigentlich in allen Schulen und Gemeinden zur Pflichtveranstaltung gemacht werden, das würde sicher in vielen Köpfen so manches geraderücken! Claudia

Ölbronn, 29. November 2014: Jonas, du bisch echd a coole Sogge! :) Yvonne

Ja, es macht so viel Spaß, mit meinem Sohn auf Lesetour zu sein. Besonders genießen wir beide, wenn es mehrere Lesungen hintereinander sind und wir dadurch größere Touren durchs Land machen. So führte uns im November 2012 eine von den Alpha-Buchhandlungen organisierte Lesewoche durch Sachsen und NRW. Das war natürlich der Oberhammer: Jede Nacht in einem anderen Hotel, (nicht nur) Jonas war total entzückt! Auch ich genoss unsere Tour sehr, denn tagsüber hatten wir ja auch Zeit, uns die Städte anzuschauen: Chemnitz, Iserlohn, Wermelskirchen und Gießen. Das war wie ein kleiner Urlaub, den wir sehr genossen haben!

2014 durften wir im April eine Woche touren mit den Zwischenstationen Aue (Sachsen), Lößnitz, Bredstedt (bei Flensburg), und zum krönenden Abschluss lasen wir noch auf Sylt. Und »natööölich« haben wir auch noch privat zwei Tage angehängt, denn beide waren wir noch nie zuvor auf der idyllischen Insel.

Immer wieder dürfen wir diese schöne Erfahrung machen, durch unsere gemeinsame »Arbeit« reich Beschenkte und Gesegnete zu sein!

Ich freue mich ganz besonders, dieses Jahr im Mai mehrere Tage hintereinander mit Jonas auf der ersten »Erlebnismesse

Inklusion« in Hannover dabei sein zu dürfen. Das wird bestimmt wieder ein Highlight, und ich bin schon sehr freudig gespannt auf die Begegnung mit den vielen verschiedenen Künstlern mit Handicap.

Auf Sylt entdeckt Jonas ein Plakat
zu unserer Lesung.

Interviews sind allerdings so eine Sache: Einerseits mag Jonas ja Listen und von daher auch untereinandergestellte Fragen, die er schriftlich oder mündlich beantworten soll (falls er dazu gerade Lust hat, versteht sich!). Andererseits versteht er manche Fragen nicht und braucht dann eine »Übersetzung«, oder er mag Fragen nicht beantworten, weil er gerade »kei Bock« auf das Thema hat... Also, alles nicht so einfach. Hier aber mal ein Interview, das er (noch) motiviert mitgemacht hat:

Die Zeitschrift »Ethos« schickte Jonas einen Fragebogen, für den er die Antworten mir diktierte.

Viele kennen dich aus dem Buch »Bin Knüller!«. Unterdessen bist du zwanzig Jahre alt geworden. Wie sieht dein Leben heute aus? Was machst du beruflich, wo lebst du?

Gut, meine Leben! Ich arbeite in Schreinerei. Ich lebe Karlsruhe in Männer-WG mit zwei anderen Männern zusammen, ist gut so, ich mag dem. Ist cool in meiner WG. Und Betreuer hab ich auch noch.

Was gefällt dir an deiner Arbeit?

Bohren macht Spaß und fegen. Mit dem Holz arbeiten.

Früher hast du gerne Fußball gespielt. Was machst du heute in deiner Freizeit am liebsten?

Film gucken, rausgehen in Stadt und DVD einkaufen, bowlen, tanzen.

Du kannst gut zeichnen. Nimmst du dir dafür noch Zeit?

Ja, manchmal, wenn ich Zeit habe und manchmal Lust.

Du hast viel Humor. Erzählst du uns ein lustiges Erlebnis?

Ich hab geschlafen und bin Bett rausgefallen, plumps! War lustig!

Sicher gibt es auch Dinge, die dich stressen, die du nicht magst. Was ist das?

246

Streiten. Und wenn den von Presse, Zeitung oder so was immer seine Fotos macht bei mir, ohne mich zu fragen. Das mag ich nicht! Den sollen mich fragen, dann ist okay bei mir!

Die meisten Menschen sind anders als du, sie haben kein Down-Syndrom. Leidest du darunter? Fühlst du dich manchmal ausgeschlossen oder unverstanden?

Ja, wenn die lachen bei mir, mich auslachen, das ist doof! Oder wenn dem glotzen bei mir, ist nicht gut für mich, mein Herzen traurig ist.

Es gibt Dinge, die mag man an seinen Eltern, andere nicht. Was findest du an deinen Eltern toll, was weniger?

Beides, toll und doof! Toll, wenn sie mich besuchen in meine WG. Ich mag mein Eltern gern, sie lieben mich auch. Doof, wenn sie Weihnachten nicht bei mir feiern. Mama soll nicht immer einmische in meine Leben, sie sagt immer: »Jonas, du musst früher Bett gehen, du so müde!« Das mag ich nicht.

Unternimmst du öfter was mit deinen Schwestern?

Ja, wenn sie da sind, aber nicht oft, weil sie wohnen andere Stadt weit weg. Wir gehen in Stadt, schwimmen oder Kino, das ist cool!

Was bedeutet dir Gott?

Gott bleibt, wie ist, und ist immer bei mir und liebt mich, egal, wie ich bin, auch ich Down-Syndrom bin, ist egal. Und Unterstützung bei meinen Eltern und Gott an meiner Seite, das ist gut. Er passt mein Herzen auf, weil Herz krank bei mir.

Was wünschst du dir für die Zukunft?

 **Verliebt** sein, eine Freundin haben und meine Eltern loslassen und kein Streit mit meiner Freundin und mit ihr was unternehmen.

Februar 2015

»Mama, wenn diesn Buch fertich is, neue Buch, dann mär Lesung machn, gell?«

»Du willst noch mehr Lesungen machen?«

»Ja, viiiiiel mär, Mama!«

»Ach, Joni, das haut doch nicht hin. Du arbeitest doch die ganze Woche, und du willst doch auch nicht jedes Wochenende auf Tour sein, oder?«

»Ne, Mama, nich imma Wochnende, aber gaaanz oft. Weil mach Spaß, Hotel is beste!«

»Aha, und was ist mit Lesungen ohne Hotel?«

»Auch gut. Hauptsache, mit mei Mamilein sammen!« Ich fühle mich geschmeichelt.

5. »Weiß nich, ich hingehör! Aba weiß alles selba!«

Auf der Suche nach sich selbst

»Bin ich Daun-Zitron, bin Besonneres!«

Eine Achterbahnfahrt der Gefühle

März 2012

In den letzten drei Tagen, rund um den Welt-Down-Syndrom-Tag, hatte ich fünf Interviews mit verschiedenen Zeitungen und Radiosendern. Ich wünschte, die Welt würde sich auch an anderen Tagen mehr für Menschen mit Down-Syndrom interessieren. Was ist das nur für eine Gesellschaft, die einerseits ein neues Gesetz zur Inklusion, also Gleichstellung aller Menschen, beschließt und zeitgleich Abersummen von Geld in die Entwicklung von Bluttests steckt, mit denen das Down-Syndrom schon im frühen Stadium beim Embryo festgestellt werden und somit regelrecht ausgerottet werden kann?! Wie geht das zusammen? Wie kann zur gleichen Zeit der Wunsch entstehen, diese besonderen Menschen zu inkludieren, ihnen dieselben Rechte zuzugestehen, und sie andererseits am besten erst gar nicht leben zu lassen?

Kaum vorstellbar, dass es in einigen Jahren vielleicht gar keine Menschen mit diesem zusätzlichen Chromosom mehr gibt, weil schlichtweg keine mehr geboren werden. Dieser Gedanke stimmt mich zutiefst traurig, die Welt weiß gar nicht, was sie sich da antut, welch großer Verlust das sein wird. Und dabei geht es ja nicht nur um das Down-Syndrom, sondern auch um andere Formen von Behinderung. Warum meint der Mensch, er müsse Gott ins Handwerk pfuschen? Wieso maßen wir uns an, über Tod und Leben entscheiden zu dürfen? Mit welchem Recht nehmen sich Menschen heraus, den Lebenswert eines anderen einschätzen und beurteilen zu können? Gibt es einen Menschen mit Down-Syndrom auf dieser Welt, der sagt, er wäre wohl besser nicht geboren? Ich kenne keinen einzigen! Alle, die ich kenne, und das sind inzwischen doch sehr viele, lieben ihr Leben weitgehend, genießen es meist in vollen Zügen, versprühen auffallend bewundernswerte Freude an ihrem Dasein, haben ein oft beneidenswertes Selbstwertgefühl, ohne es als solches benennen zu können. Unser Jonas jedenfalls liebt sich und sein Leben, auch wenn ihm sein Anderssein immer mal wieder zu schaffen macht.

Das Thema Down-Syndrom ist ein heikles Terrain. Seit Jonas' Pubertät, als er begriff, dass er »anners den annern igewie« ist, beschäftigt er sich mehr oder weniger intensiv damit. Es gibt Phasen, in denen er ziemlich damit ringt und hadert beziehungsweise einfach nur genervt ist von diesem Thema und am liebsten nicht darauf angesprochen werden will.

Rutesheim, Februar 2013
Nach der Lesung kommt eine ältere Dame auf den Büchertisch zu und streckt den Arm nach Jonas aus, will ihm über den Arm streichen, schaut dabei aber nur mich an mit den Worten: »Wisset Se, unsre Nachbare hat au so a Mongolids! Se sen halt so herzenslieb, ma musse oifach gernhao!« Immer noch schaut sie nicht Jonas an, sondern nur mich und merkt deshalb (zum Glück) gar nicht, wie Jonas mit genervtem Gesichtsausdruck immer weiter nach hinten ausweicht.

Lesung Hattingen, November 2013
Wir lesen in einer Autowerkstatt, die sich auf behindertengerechte Umbauten spezialisiert hat, und sitzen zwischen Hebebühne und Werkbank. Geniale Atmosphäre, mit viel Lichteffekten ausgeleuchtet. Musikalisch werden wir von zwei jungen, hübschen Mädchen an Klavier und Querflöte begleitet. Vor der Pause spricht Jonas ins Mikro: »Vor alle Leute Pause machn, will noch tanzn, un dem beidn machn Musik für mich. Los Mädels!« Normalerweise tanzt Jonas zu zackigen Discobeats, die er sich jeweils vorher ausgesucht hat und die ich vom Band laufen lasse. Aber heute hat er umentschieden und bewegt sich sehr anmutig und kreativ zu den eher ruhigen Klassikklängen. Einfach toll!
In der Pause kommt eine ältere Dame zu Jonas, der gerade seine Gulaschsuppe schlürft, und stellt sich ihm als Lehrerin an einer Sonderschu-

le vor. Sie richtet eine Frage an ihn: »Jonas, kannst du mir einen Rat geben, wie ich mit meinen behinderten Schülern umgehen soll?« Doch Jonas lässt sie eiskalt abblitzen: »Will nich Binderung redn!«, dreht sich von der Frau weg und schiebt sich einen weiteren Löffel Suppe in den Mund. Mir ist die Situation unangenehm, und ich sehe an ihrem Blick, dass die Frau verletzt ist. Sie fühlt sich von Jonas abgewiesen. Im zweiten Teil der Lesung kann ich sie nicht mehr ausmachen, und ich fürchte, sie hat die Veranstaltung verlassen. Das fände ich dann aber doch sehr überzogen als Reaktion, zumal sie selbst Erfahrung mit behinderten Kindern hat und sicher nachvollziehen kann, dass ein Teller leckere Suppe weitaus interessanter als ein Gespräch über Handicaps sein kann.

Oktober 2014
Jonas ist bei uns zu Besuch und geht auf die Toilette. »Mama, hassu lesn für mich?« Ich zeige ihm die Heftchen im Ständer und überlege, welche der hauptsächlich christlichen Zeitschriften ihn wohl interessieren könnte. Da habe ich eine noch bessere Idee und ziehe die neueste Ausgabe von »Leben mit Down-Syndrom« hervor. »Nö, Mama, wills nich lesn, is Langweile. Bin selba Daun-Zitron, weiß alles! Inneressier mich nich, lieba annere lesn!«, spricht's und schnappt sich eins von Wolfgangs Motorrad-Magazinen.

Ist mir schwer, Down-Syndrom haben, will ganz normale Menschen sein, ganz normale Junge. Will behandelt werden andere auch, aber Down-Syndrom hat keiner Rechte und unterschiedliche Meinung von dem Down-Syndrom und normaler Menschen. Der denken, der sind dumm, aber stimmt nicht so, ich bin nicht dumm, bin schlauer Kerl und vieles gelernt habe. Und dem oft gemein bei mir, weil auslachen, das finde ich doof, das will ich nicht.

November 2013
Jonas und ich haben eine Lesung in Karlsruhe in einem Optiker-Geschäft – auch mal eine andere Location! Alles läuft gut, die Lesung ist jedoch mit 20 Personen nur recht dünn besucht. Aber der Stimmung tut das keinen Abbruch. Hinterher gehen wir beide noch essen beim Italie-

ner um die Ecke. Kaum haben wir unsere Bestellung aufgegeben, kippt Jonas' Stimmung, und er fängt heftig zu schluchzen an. Vor lauter Weinen kann er gar nicht reden, und so lasse ich ihn erst einmal in Ruhe. Verunsichert und irritiert drehen sich so manche Köpfe in unsere Richtung, aber das ignorieren wir beide. Ich halte Jonas einfach nur im Arm und lasse ihn weinen. Endlich beruhigt er sich ein bisschen und kann sagen, was los ist. Er will nicht in die neue WG ziehen, will kein Down-Syndrom mehr haben, will sein altes Leben als Kind zurück.

»Mama, war alles eifach, jetz is so kompelziert mei Lebn!«

Ja, das verstehe ich gut. Dabei gibt Jonas dem Down-Syndrom die Schuld an allen seinen Problemen und fantasiert, wenn er es nicht hätte, blieben ihm alle Probleme erspart. Veränderung steht nun an, und die mag er nicht, sie macht ihm Angst. Aber es ist beschlossene Sache: Jonas muss aus der WG ausziehen, wir brauchen mehr Betreuung für ihn, einen festeren Rahmen, mehr Sicherheit und Stabilität, auch, wenn er das ganz anders sieht und lieber jeden Tag allein mit sich und seinem Laptop wäre. Und mit Patrick natürlich. Mein Mutterherz weint mit, ich leide elendig, wenn Jonas leidet, und doch kann ich ihm den Schmerz nicht nehmen und ersparen. Am Wochenende wird Jonas zum Probewohnen in die neue WG ziehen, geplant sind sechs Wochen. Ich kann nur hoffen und beten, dass Jonas sich darauf einlässt.

Im Januar 2014 schickte mir Jonas' Gruppenleiter in der Schreinerei einige Notizen, die er sich während eines langen Gesprächs mit Jonas gemacht hat, als dieser wieder einmal ziemlich verzweifelt war:

Gedanken von Jonas über seine Zukunft
An die Zukunft zu denken, fällt mir schwer. Ich weiß nicht, was ich machen soll. Ich weiß nicht, ob ich auf mein Herz oder mein Gewissen hören soll. Gewissen und Zukunft gehören zusammen.

Zukunft heißt für mich
Eltern, HWK, pünktlich kommen. Ich muss hören, was der Gruppenleiter mir sagt, und nicht andersherum. Ich darf selbst entscheiden in

meinem Leben, was ich machen will, selber glücklich und selbstständig sein. Ich will meinen Körper akzeptieren. Ich will ein ganz normaler Junge sein, ich will keine Schwierigkeiten mit Down-Syndrom haben und nichts damit zu tun haben. Down-Syndrom hat keine Rechte!

Ich will nicht bockig, kein Sturkopf mehr sein! Ich möchte nicht Sturkopf genannt werden, weil es mich verletzt. Irgendetwas stimmt mit meinem Körper nicht!

Meine Herzmeinung sagt dazu

Ich weiß nicht, wer meine Eltern sind. Doro und Wolfgang sind nicht meine Eltern, die Zwillinge sind nicht meine Schwestern, nur Halbschwester Katharina ist die echte Schwester von mir. Meine Herzmeinung macht mich erst wütend, dann traurig.

Ich weiß nicht, was ich glauben soll in dieser ganzen Welt! Wichtig ist, dass ich glücklich bin. Ich muss herausfinden, wie ich glücklich werden kann. Ich wäre glücklich, wenn ich ein ganz normaler Junge wäre und anderen Menschen helfen könnte, aber nicht mit Down-Syndrom. Ich will ein Held sein, aber ein Held kann man nur sein, wenn man kein Down-Syndrom hat.

März 2014

Lange dachte ich, dass die Lesungen Jonas nicht nur viel Spaß machen, die Anerkennung ihm guttut, sondern er sich selbst auf der Bühne ja auch zuspricht, dass Gott ihn liebt, so, wie er ist. Aber in letzter Zeit kommen mir öfter Zweifel, weil er hinterher manchmal sehr traurig ist und im Auto das Thema Down-Syndrom anspricht. »Mama, ich wills nich mär Daun-Zitron ham! Will lieba nomale Junge sein!«

Ich frage ihn, ob es denn dann nicht stimme, was er soeben noch auf der Bühne gesagt hat, nämlich, dass Gott ihm sage, dass er gut ist, wie er ist. »Doch, Mama, stimmses so! Gott liebs mir, ich weiß schon. Aba manchma tauhich sein, ich Daun-Zitron bin.«

Jedes Mal weint mein Herz, wenn er das sagt. Ich wünschte so sehr, dass Jonas wieder ein komplettes Ja zu sich finden möge, so wie früher. Das meint er wahrscheinlich auch, wenn er mir sagt: »Mama, wünsche

*wieda früha sein, Kind sein. Ich kei Poplem hab!« Aber dann denke ich
wieder, dass das ja ganz normal ist: Welcher Mensch kann sich schon
selbst bedingungslos und uneingeschränkt annehmen? Hadern wir nicht
alle immer mal mehr, mal weniger mit uns selbst?*

Jonas ist ein echter Grenzgänger »zwischen den Welten«. Eigentlich
mag ich die Einteilung »Behinderte« und »Nichtbehinderte« überhaupt nicht, denn sie gaukelt vor, es gäbe Menschen ohne Behinderung, was ich jedoch nicht glaube. Ich bin davon überzeugt, dass
jeder Mensch behindert ist im Sinne von: nicht perfekt, nicht voll
funktionstüchtig, in irgendeiner Form eingeschränkt. Auch wenn
man mir keine »Behinderung« im klassischen Sinne nachsagen
oder ansehen kann, fühle ich mich immer wieder be-hindert, komme öfter, als mir lieb ist, an meine eigenen Grenzen und kann daran nichts ändern, weil diese Einschränkungen, diese Schwächen,
genauso zu mir gehören wie meine Stärken. Egal, ob physisch, geistig oder psychisch, jeder Mensch hat irgendwo seine »Schwach-
stelle«, einen oder mehrere Punkte, wo er mit sich selbst hadert
oder sich wünscht, über diesen, seinen eigenen Schatten springen
zu können. Genau das versuche ich Jonas auch immer wieder zu
sagen, aber er teilt die Welt auf: in schwarz und weiß, gut und böse,
behindert und normal.

*Ich will nicht mehr behindert zu sein, will ein ganz normaler Junge sein,
äh, ein Mann sein, aber ganz normale, kein Behinderung haben. Und hat er
gesunde Herzen und nicht krank und nicht mehr Krankenhaus gehen, mein
Herz Problemen hat, das wünsch ich mir.*

Im Alltag macht Jonas wirklich einen großen Spagat: Montags
bis freitags arbeitet er in der »Werkstatt für Behinderte«, und am
Wochenende steht er dann oft auf einer Bühne und wird als »Star«
beklatscht. Das muss man erst mal zusammenkriegen. Immer wieder hat Jonas damit nachvollziehbare Schwierigkeiten und sagt:
»Mama, weiß nich, ich bin?! Weiß nich, ich hingehör!?« Natürlich

frage ich mich dann auch, ob ich ihm mit den Lesungen zu viel zumute, ob sie überhaupt gut für ihn sind, wenn er solche Mühe hat, sich selbst in diesem vermeintlichen Gegensatz wiederzufinden.

Oktober 2012

Hatte wieder ein langes Gespräch mit Ingrid, meiner lieben Freundin und Betreuerin unseres Sohnes. Sie meint, was Jonas bei den Lesungen erlebt, also diesen Hype, dieses Superstar-Gefühl, lässt ihn nur schwer in seinem »wirklichen« Leben ankommen. Er badet sich in diesem »Was-Besonderes-sein-Gefühl« und passte für ihn nicht mit seinem Alltagsleben zusammen, also dem Wohnen und Arbeiten mit Menschen mit Behinderung. In dieser Realität spiegelt sich das Besonders-Sein nicht wider. Im Gegenteil, Jonas empfindet sein Behindertsein als Makel. Er ist, wie ich es auch immer wieder erlebe, ein Grenzgänger zwischen den Welten: Da er sich weniger behindert fühlt als alle anderen Behinderten, dockt er bei ihnen nicht an, und zu der Welt der »Normalen« hat er auch keinen richtigen Zugang, da bleibt ihm so manches verschlossen und verwehrt.

Nirgends gehört er so richtig dazu. In der HWK klinkt er sich auch nicht wirklich ein; auch wenn ihm die Arbeit in der Schreinerei gut gefällt, will er möglichst wenig mit seinen Kollegen zu tun haben, arbeitet am liebsten allein vor sich hin. Hat dort keine Freunde, trifft sich mit niemandem privat. Das tut er ohnehin nicht, auch die Kontakte zur Gemeinde hat er alle abgebrochen, geht nicht mal mehr mit uns in den Gottesdienst, geschweige denn in die Jugendgruppe. Da stellt sich mir die Frage: Hat das mit den Lesungen zu tun? Tue ich ihm damit keinen Gefallen? Hindert ihn diese Erfahrung wirklich daran, in seinem realen Leben, also außerhalb der Bühne, anzukommen? Kaum auszudenken, wenn ausgerechnet ich es wäre, die ihm solche Steine in den Weg legt. Ich muss diese Frage auch für mich klären!

Etliche Gespräche mit etlichen Personen später (wie dankbar bin ich für unseren Familienrat und darüber hinaus auch für Freunde und andere Menschen, die Jonas gut kennen) bin ich wieder

der Meinung, dass die Lesungen Jonas guttun. Nicht nur, weil er sich selbst immer sehr darauf freut und so viel Spaß daran hat, sondern auch, weil sie ihn aus seinem »Alltags-Trott« herausholen und ihm immer wieder wirklich schöne Highlights ermöglichen. Allerdings musste ich auch verstehen, dass ich ihn nicht mit zu viel Terminen überfordern darf, und habe nach und nach weniger Buchungen angenommen. Da bin ich meiner Ingrid schon dankbar fürs Augenöffnen.

Inzwischen ist auch ein bisschen Routine eingekehrt und das »Star-Gefühl« etwas abgeflaut. Aber natürlich tun Jonas auch die vielen Ermutigungen und Lobe gut, die er als Autor und Bühnenheld erfährt. Er fühlt sich zu Recht dadurch aufgewertet, nimmt die Anerkennung gerne an (wer nicht?), und es ist gar nicht mehr zu zählen, wie oft wir zu hören bekommen, dass wir mit unseren Lesungen anderen Familien viel Mut und Hoffnung machen, die eigenen Herausforderungen anzunehmen.

Dadurch sind wir selbst auch immer wieder reich Beschenkte! Jonas ist ein wirklich toller Botschafter, wenn er auf der Bühne völlig überzeugt sagt: »Bin Daun-Zitron, aba is nich schlimm, is okä bei mir. Gott sag's mir, ich gut bin, einzichatig un ganz besonners bin.« Regelrechtes Gänsehautfeeling macht sich da im Saal breit, sicht- und spürbar!

 *Lesung ist wichtig mich, dem Leute sagen, ich gut bin, ich behindert bin, aber ist okay so. Hab ich coole Leben und will immer Lesung machen, weil Spaß hat ich und anderen. Und Hotel gehen ist Beste! Mit Mama zusammen Lesung machen, das gut so, will ich immer haben. Dem Leute lachen und klatschen mich, aber nicht auslachen, das ist doof. Aber dem freut, ich guter Jonas bin und egal, Down-Syndrom oder nicht. Dem haben auch Probleme dem sein Leben, aber muss viel lachen und schöne Abend ist. Mama, wann nächste Lesung hinzugehen? Freu mich!*

Ein Ereignis, bei dem Jonas' »Grenzgängertum« auch für ihn selbst sehr spürbar wurde, war der Besuch im Musical »Tarzan«.

Dezember 2013

Wir haben unseren Kindern und meiner Mutter zu Weihnachten Tickets für das Musical »Tarzan« in Stuttgart geschenkt. Unzählige Male haben wir den gleichnamigen Disneyfilm mit den Kindern geschaut, als sie klein waren. Jetzt, im schönen Theatersaal sitzend, genieße ich die emotionale Atmosphäre, die schöne Musik von Phil Collins, das unglaublich tolle Schauspiel der Künstler, ihren Gesang und ihre Bewegungen. Die Affen werden so echt nachgespielt, dass ich fast den Eindruck habe, mitten im Dschungel zu sein. Jonas, der neben mir sitzt, ist ebenfalls hin und weg und reibt sich ständig die Hände oder drückt meine Hand vor Freude. Und doch bekomme ich mit, wie er sich immer mal wieder eine Träne aus dem Gesicht wischt, und ich könnte mir vorstellen, dass er sich sehr mit Tarzan identifizieren kann. Dieses Menschenkind, das in einer Affenfamilie aufwächst, ist mehr und mehr auf der Suche nach sich selbst. Erst, als Jane und ihr Vater auf Forschungsreise in den Dschungel kommen und Tarzan zum ersten Mal in seinem Leben Menschen sieht, versteht er, wo seine eigentlichen Wurzeln liegen. Ich glaube, Jonas geht es genauso: Er ist auch immer wieder auf der Suche nach sich selbst, fragt, wo er hingehört: in die Welt »der Normalen« oder in die »der Behinderten«? In beiden Welten fühlt er sich nicht wirklich zu Hause, und nirgends kann er so richtig andocken.

War gut, den Affen haben gut gespielt und gesungen, und gab Leoparden, hat gekämpft. Die Tarzan muss den Papa beweisen, er gut ist, und dann er überzeugt. Tarzan ist Mensch, kein Affe, okay, halb Affe, halb Mensch oder so. Er ist anders den anderen, er hat Probleme sein Leben, er anders ist und er gehört zu Menschen. Aber seine Menschen tot. Da kommt Jane und sein Vater in Dschungelwald. Tarzan hat Jane gerettet von großer Spinne, jetzt dem beide verliebt sind. Affenpapa hat versprochen, alle Affen zu schützen, aber jetzt er ist tot. Tarzan ist weggegangen seine Affenfamilie, weil sein Papa ist böse ihm.

Und Tarzan sagt zu Jane: »Bleib bei mir, Jane!« Er ist vertraulich und ist er traurig, seine Affenmama nicht mehr sehen kann. Du gehörst mein Herz, hat seine Affenmama gesagt, und ich mag dich sehr lieb, auch, du Mensch

bist. Dann ist sie traurig und Tarzan auch traurig. Das war romantisch der Theater oder Musical. Tarzan und Jane sind sie Liebespaar geworden, und das bedeutet eine Beziehung mit beiden. Und Jane überlegt: Er mir alles gezeigt, was ich Wald machen kann und Affensprache. Und jetzt liebt sie Tarzan, und trotzdem jeder macht Fehler, aber den beiden lieben sich.

Und Tarzan ist wie ich, bin ich auch ein Tarzan, nicht ich Affe bin, aber weiß auch nicht, ich hingehöre. Und hat ich auch Probleme wie Tarzan, ich muss weinen, weil mein Gefühle wie Tarzan ist. Und war tolle Musik, und alle singen, auch die Tarzan singt, und die klettern, die Affen, überdrüber alle Publikum und tanzen. War so toll. Will noch mal hingehen!

Im Tarzan-Musical

Problemen möchte man gerne ausweichen, das ist ganz normal! Bei Jonas sieht das dann öfter so aus, dass er Menschen, die ebenfalls Down-Syndrom haben, regelrecht aus dem Weg geht. Er will keinen Kontakt zu ihnen haben, nicht mit ihnen reden, ist ihnen gegenüber total verunsichert und verhält sich teilweise sogar ablehnend. Vielleicht fühlt es sich für ihn so an, als halte man ihm einen Spiegel vor, in dem er sich aber selbst nicht wiedererkennt. Obwohl Jonas ja von seinem Down-Syndrom weiß, findet er, dass er es nicht so »aag« hat wie andere, dass er weit weniger behindert ist als die Übrigen.

November 2012
Jonas fängt an, zu weinen, als wir auf das Thema Down-Syndrom kommen. Nach einer Weile, als Jonas sich wieder etwas beruhigt hat, sage ich: »Jonas, für mich bist du ein ganz normaler Junge!« Ich wiederhole auch, was ich Jonas sonst zu dem Thema sage: dass jeder Mensch mit einer Behinderung leben muss, etwas, das ihn ausbremst. Doch am Ende unseres langen Gesprächs schnauzt er mich wütend an: »Mama, du kei Ahnung!«, und ich verstehe. Ich kann ihm diesen Schmerz nicht wegnehmen, genauso wenig wie das Down-Syndrom selbst.

Ja, das ist ein ganz normaler Prozess, den wir alle mehr oder weniger durchmachen müssen. Das ganze Leben ist ein schrittweises Abschiednehmen von Möglichkeiten und Wünschen, die uns nicht gegeben und erfüllt sind, das merke ich mit zunehmendem Alter immer mehr.

Und die Kunst, nicht daran zu zerbrechen, besteht darin, immer wieder neu zu einem Ja zu finden und sich bewusst zufrieden zu erklären mit dem, was ist. Das klingt immer viel leichter, als es in der Praxis dann tatsächlich ist. Und da sind wir alle stets Lernende, und wahrscheinlich bleiben wir diesbezüglich auch bis an unser Lebensende Schüler. Jedenfalls kenne ich keinen wirklichen Meister auf diesem Gebiet. Wobei Jonas das an den meisten Tagen sehr gut hinbekommt und ein ganz tiefes Ja zu sich hat, ein sehr gesundes Selbstwertgefühl. Aber eben auch nicht dauerhaft und lückenlos. Eben ganz normal!

Mai 2013

Nach einer Lesung spreche ich Jonas im Auto darauf an, dass er wieder mal zwei jungen Menschen mit Down-Syndrom ziemlich unhöflich begegnete, während er mit einem kleinen Jungen, der ebenfalls ein Chromosom mehr hat, herzlich spielte und schmuste. »Mama, will nich anneren sammen sein Daun-Zitron. Kinda schon, dem süß sin, aba nich Waxenen. Der sind wie ich. Aba doch nich wie ich. Bin ich Jonas, der anneren heiß annere Name. Das gut so. Will nich dem sprechn un so was, der kömisch sind. Sind dem mär bindert ich (als ich)!«

Begegnung auf einer Lesung:
zwei mit einem Chromosom mehr

ich Leben ~~bleiben~~

bleiben und dass
werden ich auch tun
wegen DaunZidron
dass ist anders

wenn ich DaunZidron
~~bleiben~~ haben will
dann der ~~g~~ gott
und der gott
hilf mir Gott
hat nie Feller
gemart aber der
Gott hat mir ~~bist~~

Ich (will am) Leben bleiben,
und das werde ich auch tun.
Wegen Down-Syndrom, das ist
anders. Wenn ich Down-Syndrom
haben will, dann der Gott
(gibt es mir?), und der Gott
hilft mir. Gott hat nie Fehler
gemacht, aber der Gott hat mir
früher geholfen, ich Baby war
und Herz operiert habe.
Mein Herz (ist) krank, wegen
Down-Syndrom, das (ist) blöd,
aber der Gott passt mir auf.

Drei Sätze, die Jonas im krisenhaften Winter 2013 fallen ließ, habe
ich als besonders gruselig im Ohr: »Geh ich Kankenhaus un weg-
machn Daun-Zitron!«, »Ich hab Daun-Zitron, weil Mama so Kind
habn will mit Daun-Zitron!« und: »Am Ampfang mei Geburt, wir
ham falsch macht. Ganz den Ampfang is der Fehla!«

Gott sei Dank habe ich solche oder ähnliche Sätze nun schon lange nicht mehr von Jonas gehört. Im letzten Jahr scheint er innerlich
wieder zur Ruhe gekommen zu sein, ist wieder ausgeglichen, meist
gut gelaunt und hat zu seinem gesunden Selbstbewusstsein zurückgefunden. Das Thema Behinderung geht ihm allerdings richtig auf
den Keks, er will eigentlich nicht mehr darüber reden und auch nicht
groß darüber schreiben.

Mich interessiert nicht mehr, ich Behinderung hab. Das unwichtig! Ich mag nicht mehr, dem immer reden und fragen bei mir. Ist alles gut so und mich Ruhe lassen, ich Down-Syndrom bin. Das nervt, den Thema! Ist egal, was bin, Hauptsache, mir gut geht und anderen Menschen auch. Keiner ist perfekt, aber ist gut so! Gott mag mich, ich bin! Und reicht so! Also, genieße ich meine Leben! Jeder ist, wie ist, und ist anders. Andere hat gesunde Herz, ich kranke Herz, kann nichts für, ist so bei mir, aber ist okay, weil Gott mir aufpasst, aber will nicht immer reden. Und Schluss jetzt!

Und dann gibt es wieder Zeiten, da macht seine Behinderung Jonas überhaupt nichts aus, da steht er nicht nur dazu, sondern ist regelrecht stolz auf sich und sein Besonderssein. Diese Achterbahn der Gefühle nimmt auch mein Mutterherz immer wieder ganz schön in Beschlag.

Fulda, 21. März 2015
Auf dem Weg nach Fulda erzähle ich Jonas, dass wir am Abend in einer Kirche lesen werden und am nächsten Morgen in diese Kirche auch zum Gottesdienst eingeladen sind.

»Oh, das gut, bin dabei!«, freut er sich.

Okay, denke ich, Doro, du musst nun auch mit der ganzen Wahrheit rausrücken. »Das ist ein besonderer Gottesdienst. Denn heute ist ja Welt-Down-Syndrom-Tag, und darum soll es morgen auch im Gottesdienst gehen.«

»O nein, nich wieda Daun-Zitron!«, seufzt Jonas schwer und beschließt dann: »Geh nich hin!«

»Aber warum denn nicht?«

»Imma Daun-Zitron, gell? Imma, imma, imma! Will nix davon hörn, hab selba, weiß schon alles!«

Nachdem ich noch zwei Anläufe mache und zum zigsten Mal den Sinn des Welt-Down-Syndrom-Tages erkläre (es gibt ja auch einen Muttertag, Vatertag, Tag der Kinder etc.), zieht Jonas sich immer mehr zurück, und ich gebe auf. Die Lesung am Abend verläuft nicht sonderlich gut. Jonas ist regelrecht schwermütig, wirkt müde und bedrückt, das merkt auch das Publikum. In der Pause will er nicht angesprochen werden, reagiert fast patzig auf Fragen der Zuhörer.

Als ich im zweiten Teil das Thema Herzfehler anspreche und wir auch Bilder aus den Krankenhauszeiten zeigen, beginnt Jonas, zu weinen. Er erklärt dem Publikum: »Vielleich muss noch mal opariert werdn un sterbs ich dann!« Betroffenes Schweigen im Raum, auch ich schlucke schwer. Immer stärker scheint sich Jonas in den Gedanken hineinzusteigern, dass er eine erneute OP (für die es derzeit aber gar keinen Anlass gibt) nicht überleben würde. Ich frage Jonas, ob wir weitermachen sollen oder ob er eine Pause braucht, aber er tippt mit dem Finger auf unser Skript, wischt sich die Tränen aus dem Gesicht und entscheidet: »Mama, mach weita, is gut so!« Wir wechseln das Thema, und Jonas hält bis zum Schluss durch, dennoch bleibt eine gewisse Schwere an ihm haften, heute ist von seiner Leichtigkeit, Unbeschwertheit und Fröhlichkeit nicht viel zu sehen. Das ist auch okay so, er soll ja nicht den »Clown« machen, und ich liebe die unverstellte Authentizität an ihm sehr, er zeigt eben einfach immer, was er gerade fühlt.

Auf dem Weg nachts zum Hotel bricht es dann vollends aus ihm heraus, und er weint bitterlich. »Mama, wills nich Daun-Zitron sein, wills nich Häzfela ham, wills sund sein!« Ich halte meinen erwachsenen Sohn lange im Arm und kann meine eigenen Tränen über seinen Schmerz nun auch nicht mehr zurückhalten. Wir bleiben noch lange im Auto auf dem Hotel-Parkplatz sitzen und reden. Jonas bringt alle Punkte zur Sprache, die ihn derzeit belasten, und mir wird wieder bewusst, an wie vielen Baustellen in seinem Leben er zeitgleich zu knabbern hat: Der große Wunsch nach einer Freundin ist immer noch nicht in Erfüllung gegangen, in der WG klappt es nicht immer reibungslos, auf der Arbeit gibt es immer wieder Stress, er hat Angst vor einer erneuten Herz-OP und noch mehr Angst davor, dass ich, Wolfgang oder eine seiner Schwestern sterben könnte. Überhaupt findet er sein Leben sehr anstrengend und meint: »Mama, mei Lebn so schwer, so kompleziert, schaff ich nich, will wieda mei Kindheit ham, ich Kind war, ich kei Popleme hab! Will nich imma Daun-Zitron ham, reich jetz, alles so schwer bei mir!«

Ich schreie innerlich auf. Was kann ich bloß tun? Ich kann Jonas diesen Schmerz nicht nehmen. »Jonas, du hast recht: Erwachsene Menschen haben deutlich größere Probleme als Kinder. Aber es gibt auch viele Kinder, die sehr leiden müssen und denen es nicht gut geht.«

»Mama, ich glücklich Kind!«

»Ja, das stimmt, du warst wahrlich ein sehr glückliches und fröhliches Kind!«

Jonas lacht bei der Erinnerung an sich selbst. Oh, wie ich sein Lachen liebe. Er streichelt meinen Arm. »Mama, jetz machn meine Lebn?«

»Jonas, du meisterst dein Leben wirklich großartig! Und es ist ganz normal, dass man Probleme hat und die bewältigen muss. Auch Menschen ohne Down-Syndrom haben Probleme.«

»Du auch?«, fragt er mich völlig verdutzt.

»Ja klar, ich auch, wenn auch derzeit keine großen.« Und ich erzähle ihm ein paar meiner momentanen Sorgen.

»Mama, mussu betn!«

»Ja, Jonas, das mache ich ja auch. Und ich bin sicher, dass Gott mir und dir auch wieder hilft, den nächsten Schritt zu gehen.«

»Wohin?«

»Na ja, aus dem Problem raus. Oder zumindest mittendurch. Gott nimmt uns ja nicht alle Probleme weg, wenn wir beten, aber er hilft uns, dass wir darin nicht untergehen, er trägt uns sozusagen durch.«

»Mich auch?«

»Ja, da bin ich sicher! Dich ganz besonders, denn ich glaube, du bist eins seiner absoluten Lieblingskinder!«

Jonas grinst. »Ja, bin Besonneres!« Dann tätschelt er mir das Knie, greift nach der DVD, die er sich heute Abend als Lohn für die Lesung verdient hat, und beendet unser Gespräch mit den Worten: »Mama, jetz gut is, will Film guckn!«

Am nächsten Morgen telefoniere ich vom Hotel aus mit Wolfgang und erzähle ihm alles. Mein Mann ist ja nicht nur ein guter Zuhörer und Seelenversteher, sondern noch mehr ein wunderbarer Ehemann und liebender Vater. Und es hilft mir sehr, als er mich am Ende unseres Gespräches wieder erdet, indem er sagt: »Jetzt mach dir keinen solchen

Kopf, du wirst sehen, heute geht es Jonas schon wieder besser. Das ken-
nen wir doch von ihm, diese heftigen Gefühlsschwankungen, er kennt
nun mal nur Schwarz oder Weiß, ihm fehlen die Zwischentöne. Und
du darfst auch nicht vergessen, dass zwei Lesungen direkt hintereinan-
der ein echter Stressfaktor sind. An dieser Schraube solltest du vielleicht
noch mal drehen und ihm und dir diesen Stress ersparen. Jonas braucht
einfach auch mehr Zeiten der Erholung – und dir täten sie auch ganz
gut!«

Ja, recht hat er. Ich habe schon wieder »ganz vergessen«, dass wir
am Tag zuvor ja an der holländischen Grenze gelesen hatten und ich
am Ende dieses Wochenendes fast tausend Kilometer gefahren bin. Ich
nehme mir fest vor, keine zwei Buchungen hintereinander mehr anzu-
nehmen, auch wenn das – gerade bei weiten Strecken – oftmals geschickt
ist und dadurch die Fahrtkosten für den Veranstalter sinken. Aber Wolf-
gang hat den Nagel auf den Kopf getroffen: Ich habe übersehen, dass
Jonas einfach auch mehr Erholung braucht und, sosehr er unsere Lese-
Abenteuer (vor allem diejenigen mit Hotel) liebt und genießt, ich ihm
damit nicht zu viel zumuten darf.

Als ich an Jonas' Zimmertür klopfe, um ihn zum Frühstück abzu-
holen, öffnet er mir mit einem fröhlichen »Gute Morge, Mama! Hab
nachdach: Will doch hingehn dem Kirche mit Daun-Zitron!«.

Ich bin total perplex. Nicht nur über den Stimmungswechsel über
Nacht, sondern auch über seine Umentscheidung. »Du möchtest nun
doch in den Gottesdienst gehen?«

»Ja, Mama, is gut so! Will Gott mit Daun-Zitron ham!« Ich muss
sehr schmunzeln über diese Formulierung.

»Du möchtest hören, was der Pfarrer zu diesem Thema sagt?«

»Ja, un Gott un Jesus sammen. Will Daun-Zitron-Tag gehn!«

»Na, das ist ja jetzt echt eine Überraschung, aber gut, ich freue mich.
Dann frühstücken wir jetzt gemütlich und fahren anschließend noch
mal zurück zur Kirche und gehen in den Gottesdienst.«

»Und gibes auch Essn, gell?« Ja, das hat er natürlich nicht verges-
sen. Nach der Lesung haben uns ja noch etliche Besucher auf den heuti-
gen Godi aufmerksam gemacht und uns dazu eingeladen und, als Jonas

mehrfach verneinte, versucht, ihn mit der Aussicht auf ein gemeinsames Mittagessen im Anschluss im Gemeindehaus zu locken. Fragt sich also nun, was meinen Sohn wirklich zum Umdenken bewogen hat, doch ich hake nicht weiter nach.

Als wir dann im Gottesdienst sitzen und einige Gesichter vom Vorabend wiedererkennen, winkt auch Jonas den Leuten freundlich zu. Kein Vergleich zu seiner abweisenden Haltung gestern. Vor uns sitzen mehrere kleinere Kinder, einige davon mit Down-Syndrom, und Jonas beobachtet sie den ganzen Godi über amüsiert. »Mama, dem süß!«, meint er. Das Thema Down-Syndrom steht bei diesem schönen Familiengottesdienst gar nicht so sehr im Mittelpunkt. Der Pfarrer, selbst Vater eines kleinen Jungen mit Down-Syndrom, stellt vielmehr das Bruder- und Schwestersein und Geschwisterhaben in den Vordergrund und betont, wie reich beschenkt wir gerade auch durch »besondere« Menschen in unserer Mitte sein können. Außerdem sind wir im Glauben an Jesus auch miteinander als Geschwister vereint und gemeinsam unterwegs.

Als bunte Papiermännchen und Stifte ausgeteilt und wir aufgefordert werden, darauf zu notieren, was wir an unseren Geschwistern besonders schätzen beziehungsweise wodurch wir sie als Geschenk von Gott erleben können, ist Jonas gleich begeistert dabei. Anschließend werden die vielen Hundert Männchen mit Klammern an einer Wäscheleine befestigt, die durch den gesamten Kirchenraum gespannt ist. Wie schön, so klar vor Augen geführt zu bekommen, wie viel Grund zu danken es gibt, Geschwister zu haben. Als wir später dann beim Essen im Gemeindehaus sitzen und ich mich angeregt mit meiner Sitznachbarin unterhalte, klopft Jonas mir auf den Schenkel und sagt, die Backen voller Schnitzel und Nudelsalat: »Mama, heut mei Glückstag!«

Ich frage nach: »Wie meinst du das?«

»Mama, bin eifach glücklich, ich Daun-Zitron bin, Jesus-Bruder hab un lecka Essn hab! Gute Appetit jetz!«

Ja, so einfach ist das, und mein Herz macht einen großen Hüpfer, Jonas wieder so strahlen zu sehen.

> ich und mama
> waren in gottes—
> dist da war schön
> die papier meschen
> sreiben aufhängen
> schöne musig
> lesere essen

Ich und Mama waren
in Gottesdienst,
das war schön, die Papier-
menschen schreiben (und)
aufhängen, schöne Musik,
leckeres Essen.

Ich will nicht immer die Leute zu sagen, wie ich Down-Syndrom bin. Aber sag ich jetzt. Der Gott hat mir sehr geholfen! Gott und Down-Syndrom gehört zusammen, er mich gemacht hat, ich bin. Bin okay so, nix wehtut bei mir. Aber Gott ist anders als ich, er hat kein Down-Syndrom. Mama auch nicht, Papa auch nicht, Schwestern auch nicht. Ich bin Besonderes, weil ich ein Down-Syndrom bin. Ist gut so. Gott schenkt uns dem Leben und unser Familie, und ich glaub auch an Gott und an Jesus und dem sein Geist auch. Wenn einer Down-Syndrom haben will, dann beten er an Gott, der schenks dem vielleicht. Ist cool, Down-Syndrom zu werden. Alle hat Behinderung, alle Menschen, ich bin Down-Syndrom.

Anderen Menschen haben Unterschied, zum Beispiel Rollstuhl oder Brille braucht, dem Augen nicht gut, er anderen sehen kann, sonst blind ist. Oder einer hat krumme Beine oder hört nix, sein Ohren behindert. Gott hat nie Fehler gemacht, jeder Mensch ist Unterschied von den anderen, auch Pflanzen und Tiere, und alle gleich wäre, is so Langeweile! Das will ich nicht! Alle sind behindert, niemand ist nicht perfekt, aber alle denk so, aber stimmt nicht, ich weiß das! Alle mit Down-Syndrom nicht gleich, alle ganz anders, nicht alle gleich, das stimmt nicht. Mein Leben ist kompliziert, weil Verbindung mit

Menschen ich Down-Syndrom hab. Ist nicht so einfach zum Sprechen, und versteht mich keiner manchmal, ich undeutlich spreche. Aber übe ich noch, geh ich Logopädie hin.

Hab ich viel nachgedacht, will ich gut behandelt zu werden, wie anderer auch. Will ganz normaler Junge sein und ein erwachsener Mann zu werden. Aber Gott hat nicht Fehler gemacht, ich Baby war und Down-Syndrom kriege. Ich kann nichts für, aber ist okay bei mir. Gott sagt mir, ist okay so, Jonas, du bist guter Jonas, und ich glaube, er sagt! Gott sagt: »Jonas, ich mag dich lieb, und du bist bester Jonas, und Down-Syndrom ist nicht schlimm.« Ich hab coole Leben hab, und die Leute sehen, wenn dem Buch lesen meine Leben. Ich kann nix anders machen, ich hab Down-Syndrom, und dem bleibt so. Aber ist okay so, ich bin gut. Und bin ich glücklich. Manche Menschen, dem nicht glücklich, und dem haben kein Down-Syndrom. Der sind traurig. Ich bin nicht traurig, weil meine Leben schön ist. Spielt dem keine Rolle, Down-Syndrom oder nicht.

»Weiß selba mei Kopf drin, bin äwaxn Mann!«

Jonaslogik und Männersache

Nun kenne und liebe ich meinen Sohn seit 23 Jahren und komme doch immer wieder an Grenzen, ihn zu verstehen. Manchmal würde ich zu gern in seinen Kopf schauen, seine Gedanken verstehen können, um nachzuvollziehen, was in ihm vorgeht: Er folgt immer wieder seiner ganz eigenen Logik, in die wahrscheinlich nur Patrick und Jesus sich reindenken können.

Mai 2012
Ein Reh läuft vor uns auf die Straße, ich kann gerade noch abbremsen, das Reh dreht um und läuft in den Wald zurück. »Meine Güte, das war knapp!«, seufze ich erleichtert auf.

»Mama, Reh is dumm! Pass nich auf Strasse! Muss warten eigelich, bis Auto vobei is.«

»Na ja, weißt du, das hier ist ja sein Revier, und wir fahren einfach quer durch. Und ich denke, es hat auch keine Ahnung von Verkehrsregeln«, versuche ich, zu erklären.

Aber Jonas ist anderer Meinung: »Quatsch, Mama! Is unser Straße, un Rehlein muss aufpasse, aba is kei Zebrastreife hia, is plöt für Reh. Aba ägal jetz, Haupsach, Tierchen lebt er!«

Juni 2012
Elli verabschiedet sich von uns und braust in ihrem Auto wieder gen Siegen zum Studieren. Sie kurbelt noch das Fenster runter und winkt.

»Oh, Mama, sie winkelt!«

Ich lache. Jonas fragt, warum. »Na, es heißt eben winken, nicht winkeln!«

»Nö, Mama, is spanisch. Heiß richtich: Sie hat gewinkelt.«

»Sie hat gewunken!«, verbessere ich erneut.

Jetzt starrt mich Jonas völlig verdutzt an. »Nö, Mama, du kei Ahnung! Winken oda Wunken oda Wanken is falsch. Nur Winkeln stimmses!«

Mai 2013

Jonas sucht sich beim Einkauf eine Bananenmilch aus. Als er sie im Auto öffnet und den ersten Schluck nimmt, verzieht er angewidert das Gesicht: »Igitt, bähh, schmecks eklig!«

Trotzdem setzt er die Flasche sofort wieder an und trinkt weiter. Ein paar Schlucke später meint er: »Hmmm, is lecka, Mama! Mussu popiern!«

»Ich dachte, es schmeckt dir nicht!«

Jonas antwortet gelassen: »Tja, Planännerung!«

Ich bin sprachlos!

August 2013

»Jonas, ich hol dich nach dem Tanzen ab. Wie lang geht es noch mal?«

»Wenns fertich is, mussu komm, Mama, so eifach geht dem!«

April 2014

Als wir auf Sylt sind, regt sich Jonas tagelang darüber auf, dass ich immer wieder zur Kamera greife und Bilder mache (die wenigsten davon von ihm). »Mama, du plöt, imma dein Foto knipse. Mach ich nie, Foto knipse is soooo dooof!«

Auf dem Heimweg (zwölf Stunden Autofahrt) schnappt er sich meine Kamera und knipst ununterbrochen zwei Stunden am Stück, bis die Speicherkarte voll ist. Jede Aufnahme wird entsprechend kommentiert: »Oh, ein Ampl! Oh, ein Haus! Oh, ein Baum! Oh, ein Fau!« Anfangs macht er das hauptsächlich, um mich zu ärgern und nachzuahmen, dann bekommt er immer mehr Spaß an der Sache, »Chef de Caméra« zu sein, und will sie partout nicht mehr aus der Hand legen. Bei einer Pause an der Raststätte raunt er mir ins Ohr: »Mama, wünsche mir Foto ham, gleiche Foto du has. Wünsche mei Gebuatstag!«

Dezember 2014

»Mama, feiern uns Weihnachte bei Aaln, bei Oma?«

»Nein, Jonas, denn letztes Jahr war Oma bei uns, und dieses Jahr feiert sie bei einem meiner Brüder.«

»O schade, wills ich aba Aaln gehn.«

»Nach Aalen, warum?«

»Gibses Schnee da!«

Stimmt, in meiner alten Heimat auf der Ostalb gibt es noch echten Schnee im Winter, während wir in Karlsruhe tatsächlich kaum Schnee haben. »Ach, das ist ja interessant. Ich wusste gar nicht, dass du Schnee so magst!«

»Stimm, Mama, du rech! Mag kei Schnee. Machs mei Örche so kalt!« Und schützend legt Jonas die Hände auf seine Ohren. »Lieba nich Aaln gehn, is plöda Schnee da!«

März 2015

Jonas hält ein neues Buch in der Hand, das er sich lange gewünscht hat. Es ist die deutsche Originalausgabe von »Der Hobbit« von J. R. R. Tolkien. Da er bereits alle drei Filme gesehen hat, die daraus gedreht wurden, kennt er den Inhalt schon. »Mama, is erste Teil diese Buch!«

»Nein, Jonas, davon gibt es nicht mehrere Teile. Es gibt nur ein Hobbit-Buch.«

»Aba, Mama, gibses drei Filme, gibses auch drei Bücha! Will alle drei Bücha ham.«

»Nein, Jonas, es gibt nur dieses eine Hobbit-Buch, und daraus wurden die drei Filme gedreht!«

»Mama, du kei Ahnung! Guck, Buch is nich so aag dick, nich drei Filme machn zu könn.«

»Doch, Jonas, der Filmregisseur hat sich sogar noch Szenen dazu ausgedacht, die in dem Buch gar nicht vorkommen. Aber so konnte er drei Filme daraus machen.«

»Mama, du plöt, has kei Ahnung! Ich weiß bessa, weil bin ich Hobbit-Fän, du nich, also!«

Ich enthalte mich weiterer Kommentare.

Auf der Rückfahrt von unserer Lesung hat er sich das Buch verdient und darf darin lesen. Zunächst beginnt er auch, wie gewöhnlich, vorne. Dann blättert er weit nach hinten. Und als er vom Tod eines Zwerges liest, der am Ende des dritten Filmes stirbt, ist er nicht schlecht erstaunt: »Mama, du rech, is ganze Buch von alle Filme! Boah, is gut, hab ich eine Buch mit alles drin, danke, Mama! Brauch doch nich mär annere Bücher, eins reich mir!«

Das Thema Mannsein ist für Jonas auch sehr wichtig und »schreibenswert«. Dennoch muss ich mich über die eine oder andere klischeehafte Vorstellung schon sehr wundern…

`Menner sind toll ich bin ein tolle Mann das was`
`Frauen sin mher sexxy mehr stiel asl Mäner!`
`Männer sind toll! Ich bin ein toller Mann. Das war's!`
`Frauen sind mehr sexy, (haben) mehr Stil als Männer!`

Hört, hört…

Auf meinem Anrufbeantworter, Juni 2013

»Mama, ich bins un wenn ich nich dei Sohn wäre, aba bins ich, dei Sohn Jonas! Äh, Mama, wir eigelich besproche, du komms jetz heute komm wörde, jetz bin ich daheim, meine WG. Wir abgemach, wir beide Koffa packn, du hifs mir, Koffa packe für Familiewochenende! Das dein Schob (Job) is! Aba wo bissu? Du komms nich! Wenn du nich komms, meine Koffa packe, dann bleib ich hia, Mama, kei Thema! Mussu wissn, Mama, komms du jetz, oda komms du nich? Oda du vagessn? Nich komm wördes? Was mach ich dann, Mama? Wenn du jetz komms, sammen Koffa packn, un wenn ich morge wieda abeitn geh, Papa komm morge mich absuhole mit Motohad. Is sei Schob, Mama. Fahn wir Männa mit Motohad zum Familietreffe, du weiß doch, Mama. Aba du muss doch ärs noch mei Koffa packe, is dei Schob, alle

Mutta mach so, also komms du jetz bitte! Tschüss!« (Ich kam mit zehn Minuten Verspätung beim Herrn Sohnemann an.)

April 2014
Am Morgen, nachdem wir eine Lesung am Vortag abends in Aue hatten, halte ich im Gemeindehaus Lößnitz, in dem wir auch übernachten, einen Vortrag bei einem Frauenfrühstück. Einige der Frauen, die anwesend sind, waren auch am Abend vorher auf unserer Lesung und erzählen angetan davon. Nun sind die anderen Frauen regelrecht neugierig geworden und wollen Jonas kennenlernen. Ich soll ihn doch mal eben runterholen (unsere Wohnung liegt über dem Saal). Also gehe ich nach meinem Vortrag nach oben und frage Jonas, der in Unterhose vor seinem Laptop sitzt, ob er sich anziehen und mal runterkommen will.
　　»Nur Faun, oda?«, fragt er mich.
　　»Ja schon, aber lauter nette!«
　　»Bin ich Mann, oda?! Nö, Mama, wills ich nich komm, nur Faun sind. Is nixe (nichts für) mich!« Eine klare Ansage. Und eine klare Absage, als Vorzeigeobjekt zu dienen!

März 2015
»Mama, gibes Unnaschied Männa un Faun!«, stellt Jonas fest.
　　»Natürlich gibt es da einige Unterschiede«, stimme ich zu.
　　»Nö, Mama, gibes nur ein Unnaschied: Faun zickn imma, Männa zickn niiie!«
　　»Ach, und wie soll man das dann bei Männern nennen, wenn sie sich doof verhalten?«
　　»Dem sind nich doof, Mama, höchsen mal außenweise (ausnahmsweise) bockich oda Sturkopf sein!«, spricht der Herr Wissenschaftler, nachdem er eine immerhin 22-jährige Lebensstudie vorzuweisen hat.

Mein Papa ist Mann wie ich, er ist beste, aber erst komm ich, mein Lieblingsmann. Dann Papa zweites. Ich mags ihm so lieb und machen wir tolle Männersachen und gute Männer sprechen (Männergespräche). Papa hilfs

mir, meine Leben Probleme hab, Mama auch, aber ist sie kein Mann, hat sie kein Ahnung.

»Mein Papsi«

Juli 2012

Jonas ist wieder angemeldet für das Sommercamp unserer Kirchenge-meinde. Wolfgang wird als Mitarbeiter dabei sein. »Papa, feus du, mit mir Ulaub gehn?«

»Ja, Jonas, sehr!«

»Un mei Feund Michi auch mit. Is kuul. Männasache!« Jonas er-klärt mir den Sachverhalt: »Papa wird noch Grubbeleita. Papa is sehr begeistert, sein Sohn mitgehn, mach Spaß, sammn Ulaub gehn! Sohn bin ich, Mama, Jonas! Aba du dafs nich mitgehn, is Männading, nur Papa un ich, ätsche!«

Mai 2013

Beim Autofahren: Jonas sitzt hinter Wolfgang, während ich fahre. Abwechselnd zupft Jonas seinen Papa am rechten und am linken Ohr, lässt ein »Ei« auf seinem Hinterkopf platzen und tut so, als ob die Schlonze nun an seinen Haaren hinunterläuft. Wolfgang macht die entsprechenden Geräusche dazu. Die beiden kichern um die Wette. Es sind weit über 20 Eier, ehe unsere Fahrt vorbei ist, und ich kann die beiden um ihre Ausdauer im Quatschmachen nur beneiden.

Ja, wie gut, dass es den »Liebslingpapa« gibt! Auch wenn ich deutlich mehr Zeit mit Jonas verbringe, bin ich so froh und dankbar über die schöne Liebesbeziehung zwischen Vater und Sohn. Die beiden fahren gern miteinander Motorrad, gehen essen, ins Kino, führen bei einem Radler im Biergarten echte Männergespräche ... Und ganz wichtig ist, dass Wolfgang Jonas regelmäßig auf der Arbeit besuchen kommt und sie dann über das Schreinern fachsimpeln. Erst vor Kurzem hat Wolfgang unserem Sohn erzählt, dass er als junger Mann auch eine Zeit lang Schreiner werden wollte, sich dann aber anders entschieden hat. Dennoch arbeitet er gerne mit Holz und hat in seiner Werkstatt im Keller auch schon das eine oder andere schöne Möbelstück für uns angefertigt. Schade, dass das Hobby nun schon einige Zeit ruht, aber wer weiß, vielleicht tüfteln Vater und Sohn ja mal zusammen an einem Projekt?

Ein Mann ist toll zu sein. Weil Männer machen tolle Sachen. Geht um Leben und Veränderung und Kontakt bei Menschen aufnehmen und Spaß haben. Und Männer gehen in Bar oder Kneipe oder so was und geht um was zu trinken, Bier oder Radler und so Zeug. Männer gehen auch tanzen, haben Tanzstil und Lebenslust, und Frauen können auch tanzen, aber mehr Ballett und so was. Ist cool, gibt es Frauen und Männer, aber Frauen hübscher sind. Männer können auch Motorrad fahren, Frauen können so was nicht. Ich fahr immer mit mein Papa zusammen, das Spaß macht!

»Bin ich Mann, fahr ich Motorrad!«

männer sein toll
weil männer machen
toller Sachn nette
Frauen sein könne
wir Frauen heiraten
Kinder rigen und wir
ich und Papa motorad
farehn Abeiten gehn
Spot machen

»Schaff ich alles!
Bin guta Jonas!«

Selbstbestimmer, Entscheidungstreffer und Mama-Erinnerer

Jonas weiß ziemlich genau, was er will und was nicht. Das macht er sehr deutlich und bleibt diesen Entschlüssen auch treu. Ein Nein von Jonas ist ein eindeutiges Nein, da helfen alle Überredungsversuche nichts. Ein Mann, ein Wort.

März 2014
Jonas und ich besuchen Eliane in Siegen. Sie hat für uns einen Tisch re-
servieren lassen im Dunkelcafé, einem Café, das von blinden Menschen
geführt wird. Ich bin sehr gespannt darauf, habe es selbst noch nie erlebt,
möchte aber schon lange mal die Erfahrung machen. Als Elli Jonas be-
geistert davon erzählt, blockt er sofort ab: »Will nich Dunkel essn, seh
ich nix!«

Wir erklären ihm, dass es darum geht, sich auf die anderen Sinne
verstärkt einzulassen: zu hören, zu riechen, zu fühlen, zu schmecken.
»Nö, mach nich mit! Will nich blind sein. Schmeckt mir nix in Dun-
kel!«

Wir bestellen den Tisch ab und gehen in die Pizzeria um die Ecke.

Für Dinge, die ihm richtig am Herzen liegen, setzt er sich mit ebenso viel Engagement und Originalität ein und hat so schon sehr viele seiner Träume und Ziele erreicht. Mit dieser wilden Entschlossenheit hat er Radfahren, Schwimmen, Bus- und Bahnfahren und vieles mehr gelernt. Sogar vor Fremdsprachen macht Jonas nicht halt.

Mai 2012

Maren hat ihre Freundin Ana aus Amerika, die eine Europatour macht, für ein paar Tage zu uns eingeladen. Jonas ist schon ganz aufgeregt, sie kennenzulernen. Maren erklärt ihm, dass sie nur Englisch spricht.

»Kei Poplem, lern ich!«, meint Jonas selbstbewusst. Maren, ihres Zeichens Lehramtsstudentin, begibt sich voller Begeisterung an dieses neue Projekt. Sie erstellt Jonas ein kleines Wörterbuch, indem sie drei Spalten macht: das Wort/den Satz in Deutsch, dann in Englisch und dann in Aussprache. Also zum Beispiel:

Mein Name ist Jonas. – My name is Jonas. – Mei Näm is Jonas.

Ich staune nicht schlecht, als sich der fleißige Schüler ganze zwei Stunden mit dem Zettel auf die Terrasse setzt und ihn regelrecht auswendig lernt, wobei er die zweite Spalte ignoriert. Bei jeder sich nun bietenden Gelegenheit lässt er sich von jedem von uns »abhören«, und wir sind megastolz auf ihn. Er macht seine Sache wirklich erstaunlich gut, und Maren hilft ihm hier und da noch ein bisschen mit der Aussprache. Endlich kommt Ana, und als Jonas dran ist, sie zu begrüßen, sagt er: »Hello Ana neis tu miet ju mei näm is Jonas hau wos jor fleit?«

Uns haut es fast aus den Socken! Beim anschließenden Kaffeetrinken geht es grad so weiter: »Hello Ana wots ab did ju sliep well enjoi jur miel tschiers.« Wir sind alle total baff, und auch Ana ist schwer beeindruckt und beantwortet alle Fragen brav, die Maren Jonas dann wiederum übersetzt. Innerhalb der nächsten Tage muss Maren das selbst gebastelte Wörterbuch, das Jonas zum ständigen Begleiter geworden ist, noch um einige Ausdrücke erweitern: »Tumoro ei will wörk; ei will miss ju; ju ar mei best frend; plies märi mi...« Und wieder muss Jonas eine plötzlich aufgekreuzte Liebe in seinem Leben ziehen lassen, als Ana nach vier Tagen weiter nach Rom fliegt.

Ein Beispiel aus jüngster Zeit, das zeigt, wie erfolgreich mein Sohn an einem Wunsch dranbleiben kann.

 Ich will gern ganz blond sein mein Haare, und dann bin ich mein Leben sehr glücklich! Steht alle Frauen auf mich, aber nicht mein Mama und mein

Schwestern, den gefällt der nicht, ganz blond. Mama und ich waren wir Friseur hingehen, und blond hat nicht geklappt, weil keine Zeit, dauert lang, dem Haare blond machen. Nur Bart und Stufen in Haare schneiden. Bin ich hübsch, aber werd ich noch hübscher, wenn ich machen ganz blond meiner Haare. Mama hat versprochen, gehen wir noch mal Friseur hin und blond machen. Sie versprochen hat!

Januar 2015

Als wir bei unserem Friseur, der keine Termine vereinbart, ankommen, ist es schon ziemlich voll. Gerade noch zwei Sessel sind im Wartebereich frei, und wir lassen uns darauf nieder. Jonas greift nach einer Frauenzeitschrift und blättert darin, kommentiert jede Seite unüberhörbar laut für alle Anwesenden: »Oh, hübscha Fau! Wow, kuuler Mann er is! Iiih, sieht eklig aus dem Haare sein Fisur!« Als er auf einer Seite ankommt, auf der eine blonde Halbnackte in Glitzerdessous abgebildet ist, zeigt er darauf und meint zu mir: »Mama, mussu auch mal anziehn!«

»O ne, Jonas, so Zeug mag ich nicht!«

»Aba, Mama, dem sieht aus wie du, so hübsch du bis du auch!«

Ich lache laut auf. Meine Sitznachbarin, die zusammen mit ihrer jugendlichen Tochter da ist und das Schauspiel schon eine Weile sehr amüsiert beobachtet, meint: »Na, das ist doch mal ein Kompliment! Wünschte, mein Sohn würde so was auch mal zu mir sagen!«

Ein paar Seiten weiter macht Jonas mir wieder einen Vorschlag: »Guck, Mama, diese Kleid mussu auch anziehn. Steht zu dir bestimm!« Ich werfe einen Blick auf die Seite: eine gertenschlanke Zwanzigerin in einem Schlangenkostüm.

»Ne, Joni, ganz sicher nicht!«

»Aba, Mama, hat sie Haare wie du!«

»Ja, okay, das ist aber auch die einzige Ähnlichkeit zwischen uns!«

Wieder ein paar Seiten weiter meint Jonas salopp: »Aha, sieht aus wie Oma diesn Fau!« (Werbung für Anti-Falten-Creme), und als eine Dunkelhaarige im silbernen Mantel zu sehen ist, steht für Jonas fest: »Ah, das Katharina sein, mei Schwestan, seeehr hübsch!« So geht das noch zwei Zeitschriften weiter (Jonas greift nicht ein einziges Mal zu einem Männermagazin, wo es vorwiegend um Autos und Fußball geht, sondern schnappt sich lieber noch die »Bunte« und »Petra«).

Endlich sind wir dran, und als die Friseurin Jonas fragt, was er denn gemacht haben will, verkündet er voller Stolz, sich dabei um seinen Kopf fahrend: »Alles ganz blond!« »Du meinst, wieder ein paar Strähnchen wie beim letzten Mal?« »Nö, kei Strähn nich, alles ganze blond will ich ham!«

Unsicher blickt die Friseurin mich an. »Meint er das jetzt ernst?«

»O ja, sogar ziemlich ernst!«

»Aber, Jonas, du weißt schon, dass deine Haare dann sehr lange blond sind und dein natürlicher Ton erst wieder langsam nachwachsen muss!«, klärt sie ihn noch mal auf und wiederholt, was ich und seine Schwestern und andere Leute ihm auch schon mehrfach gesagt haben.

»Ich weiß, aba will ich alles ganz blond ham!«, wiederholt mein Sohn.

Nun mischt sich unsere Sitznachbarin ein: »Aber das sieht bestimmt nicht gut aus, wo du doch einen dunklen Bart hast. Oder kommt der weg?«

Jonas fasst sich ans Kinn: »Nein, nich Bart weg!«

»Aber das ist doch dann ein viel zu krasser Kontrast!«, meint die Jugendliche.

»Und deine Augenbrauen sind ja auch ganz dunkel!«, kommt ihr ihre Mutter zu Hilfe.

»Sieht schon doof aus, wenn der Ansatz dunkel rauswächst, hab ich auch mal gehabt!«, gibt nun der Herr in der Ecke zu bedenken.

»Lass dir lieber Strähnchen machen!«, mischt sich jetzt auch die Dame mit den Wicklern im Haar ein.

»Nein, wills ich alles ganz blond ham!« Jonas bleibt entschlossen, und bevor der Nächste im Raum den Mund aufmachen kann, nehme ich meinen Sohn in Schutz: »Jawohl, und so wird es gemacht! Er will es so, und das ist sein gutes Recht, diese Entscheidung selbst zu treffen!« Ein »Basta jetzt!« verkneife ich mir dann aber doch.

Jonas wirft mir einen dankbaren Blick zu, als er mit der Friseurin zum Waschbecken geht. Natürlich gebe ich allen hier im Raum recht,

*auch ich selbst habe wochenlang versucht, Jonas von dieser Idee abzu-
bringen, aber nun, wo sich alle ungefragt einmischen und ihren Senf
dazugeben, ärgere ich mich über diese Grenzüberschreitung. Es ist und
bleibt schließlich Jonas' Wunsch und seine Entscheidung. Ich käme doch
auch nie auf die Idee, der alten Dame ihre Dauerwellen oder dem jungen Mädchen die pinke Haarsträhne ausreden zu wollen. Auch dem
Herrn in der Ecke, der sich einen Glatzkopf scheren lässt, raune ich
nicht zu, dass er das genauso gut auch allein daheim machen könnte.
Mit welchem Recht glauben diese Menschen, sich in Jonas' Haarpracht
einmischen zu können? Halten sie ihn aufgrund seiner Behinderung für
nicht zurechnungsfähig? Für nicht entscheidungsfähig?*

*O doch, das ist er sehr wohl, und ganz besonders, was diese Frisuren-
frage angeht. Seit zwei Monaten liegt mir Jonas mit dem »Alles blond«-
Wunsch in den Ohren, und ich habe es aus unterschiedlichen Gründen
immer vor mir hergeschoben. Bei unserem letzten Friseurbesuch hat die
Zeit zum Färben nicht gereicht. Und als wir vor einer Woche dafür verabredet waren, musste ich aufgrund von Krankheit absagen. Aber heute
sind wir ganz klar mit diesem Ziel hierhergekommen. Inzwischen stehe
ich voll hinter Jonas' Entschluss. Zumal er diesen »operativen Eingriff
in seine Haarstruktur« ja auch von seinem eigenen Geld bezahlt, das
er sich redlich in der Werkstatt verdient. Und manche (wahrlich nicht
alle!) Erfahrungen im Leben muss man einfach auch mal gemacht haben. Die Prozedur dauert insgesamt zwei Stunden (in denen ich mich
ebenfalls mit Haarwäsche inklusive Kopfmassage, einem neuen Schnitt
und einer Tönung – die spätestens nach sechs Wochen wieder ausge-
waschen ist – verwöhnen lasse). Immer wieder zwischendurch greife
ich zum Fotoapparat, um die verschiedenen Stadien der Verwandlung
meines Sohnes festzuhalten. Ich gestehe mir ein, dass ich Jonas' Mut
bewundere, sich entgegen so vieler Meinungen durchzusetzen, an seinem
Traum festzuhalten, trotz allem Gegenwind, und ich bewundere auch
seine Entschlossenheit (ich will jetzt bewusst nicht von der »downsyn-
dromtypischen Sturheit« reden!).*

*Und nun steht er frisch geföhnt vor mir – und ganz blond, nahezu
golden – und fragt: »Na, Mama, was sags du?«*

»Werd ich alles ganz blond«

Wir beide frisch frisiert

»Ganz ehrlich, Jonas: Da muss ich mich erst noch dran gewöhnen!«

Jonas dreht sich zum Spiegel um, kann sich kaum sattsehen an seinem neuen Look, strahlt sich selbst an und verkündet für alle hörbar im Raum: »Seh ich suppa aus! Mir fäll so, ich Blondie bin!«

Die Friseurin macht noch ein Bild von uns beiden, und dann verlassen wir den Salon. »Mama, seh ich kuul aus, hübscha Jonas bin! Ganz blond, mir fäll so!« Er reibt sich freudig die Hände, hakt sich bei mir unter und zieht mich in die Dönerbude direkt auf der anderen Straßenseite, wo er mich zur Feier des Tages von seinem restlichen Geld auf eine Cola und einen halben Yufka einlädt. (Erwähnte ich schon, dass Jonas seit ungefähr einem halben Jahr sein striktes selbst auferlegtes Dönerverbot wieder aufgehoben hat? – »Hmm, Döna schmecks lecka, Mama! Ess ich wieda!«)

```
mein neuer firsur ist blond blond blond gantz blond
imma blond das gefelt mir so gut will imma blond
wird nitchs genderd habm
```
```
Meine neue Frisur ist blond, blond, blond, ganz
blond, immer blond, das gefällt mir, will immer
blond haben. Wird nichts geändert!
```

So vieles hat Jonas in seinem Leben schon geschafft, so viele Hürden des Alltags auf oft sehr originelle Weise überwunden. Ich bin unsagbar stolz auf meinen Sohn!

Juni 2013
Eliane hat ihren Bruder für ein Wochenende zu sich nach Siegen eingeladen. Jonas ist natürlich begeistert. Jetzt steht er vor dem großen Abenteuer, zum ersten Mal in seinem Leben allein mit dem Zug in eine weiter entfernt liegende Stadt zu fahren. Damit Jonas nicht umsteigen muss, haben Elli und ich überlegt, dass er von Karlsruhe nach Köln fährt und Elli ihn dort abholt und mit ihm zusammen weiter nach Siegen reist. Ich bin nicht minder aufgeregt als mein Sohn. Am Abend vor der »großen Reise« sprechen wir alles noch einmal durch: »Also, Joni, ich komme dich morgen früh abholen und fahre dich zum Bahnhof.«

»Wann komms du?«

»Ich komme um 7.30 Uhr zu dir, dann können wir noch in Ruhe packen, bevor du losmusst.«

Jonas zieht sein Handy und stellt sich den Wecker auf 5 Uhr.

»Nein, Jonas, das ist viel zu früh! Es reicht locker, wenn du um 6.45 Uhr aufstehst.«

»Nein, Mama, muss füh aufstehn, lass mich mei Art machn!«

»Aber du musst doch nur duschen und dich im Bad fertig machen. Du frühstückst doch sowieso nicht und kannst im Zug vespern. Also brauchst du nicht so viel Zeit morgens und kannst ein bisschen länger schlafen!«

»Fumpfurdreißig?«

»Nein, ich denke wirklich, dass 6.45 Uhr genügt.«

Als ich sehe, wie Jonas seinen Wecker dann breit grinsend auf 6.00 Uhr stellt, denke ich, das ist ein guter Kompromiss. »Mama, feu mich, morgn Elli fahrn mit Zug hin! Ganz allein! Aba bin aufreg!«

Ich drücke Jonas noch einen Zettel in die Hand, auf dem ich ihm die genauen Zeiten aufgeschrieben habe, wann der Zug in welchem Bahnhof hält, und Köln habe ich rot umrandet.

Am nächsten Morgen ruft mich Jonas um 6.20 Uhr an. »Mama, du wach?«

»Ja, jetzt schon!«, gähne ich in den Apparat.

»Hab alles färtich, Mama. Bin duschn un anziehn un packn un Sähne putzn! Komms du jetz?«

»Na, du bist mir doch einer! Jonas, das ist jetzt noch viel zu früh! Dein Zug fährt ja erst um kurz nach 8.00. Ich komme um 7.30 zu dir, jetzt frühstücke ich erst mal in Ruhe.«

Als ich dann bei ihm ankomme, steht er mit Rucksack und Laptoptasche vor dem Haus. »Alles färtich packn, Mama!«, verkündet mein Sohn stolz.

Ich hake nach: »Frisches T-Shirt? Frische Hose? Schlafanzug?«

»Nö, Mama, brauch ich nich, hab des da!«, und klopft an die Kleider an seinem Leib.

»Wie, du hast nichts zum Wechseln mit?«

»Nö, Mama, is doch nur bis eine Nacht, brauch ich nix mär. Aba hab Schlafzug un Sahnbuste un neue Untahos, das reich mir! Haupsach, hab Läptop mit un Buch su lesn. Is üba mich! Guck!« Dann zieht er »Mit der Stimme des Herzens« aus seinem Rucksack, das erste Buch, das ich über Jonas geschrieben habe und das die ersten sieben Lebensjahre mit ihm beschreibt. Ich staune nicht schlecht über die Auswahl seiner Lektüre.

»Also gut. Aber jetzt geh dir bitte wenigstens noch ein T-Shirt und einen Pullover holen, falls du dich mal umziehen musst oder es abends kühler wird.«

»Na gut!«, brummt Jonas vor sich hin und schließt die Tür zur WG wieder auf.

Als wir dann überpünktlich auf dem Bahnsteig stehen, schaue ich mich nach allen Seiten nach einer vertrauenswürdigen Person um, die ich bitten könnte, Jonas ein wenig im Auge zu behalten. Schließlich spreche ich eine Frau an, die ebenfalls bis Köln fährt und mit Jonas in demselben Wagon sitzt, und erkläre ihr seine Jungfernfahrt. Sie lacht und meint fröhlich: »Ja, kein Problem, das mache ich gern!« Und zu Jonas gewandt: »Also, junger Mann, ich bin Helene, und wenn du ein Problem hast, kannst du dich gerne an mich wenden. Oder wenn dir langweilig ist...«

»Nö, nich Langweile bin! Hab mei Läptop mit, kann ich Film guckn! Un hab Buch dabei, kann ich lesn!«

»Na also, dann wird das schon gut klappen!«

Ich bedanke mich noch einmal bei Helene und verabschiede mich von meinem Großen. »Jonas, denk dran, du darfst auf keinen Fall vorher aussteigen, bevor nicht Köln ausgerufen wird. Die Elli holt dich dort direkt am Zug ab!«

»Ja, Mama, mach ich un schaff ich! Mag dich aaag lieb!« Mein Sohn drückt mich fest an sich und gibt mir einen feuchten Kuss auf die Wange. Ich steige aus dem Zug und winke mit gemischten Gefühlen hinterher, als die Waggons aus dem Bahnhof rollen.

Kaum drei Stunden später kommt der erlösende Anruf von Elli: Alles hat geklappt, Jonas und sie machen sich jetzt gemeinsam auf den Weg nach Siegen. Gott sei Dank!

Elli erinnert sich noch gut an die Ankunft in Köln: »Wir kommen nicht weit, weil direkt am Bahnhof ein großes Event mit Bühnenlivemusik, Essensständen und bereitgestellten Bänken ist. Jonas fragt mich mit einem seiner liebsten Blicke, ob wir hier nicht bleiben könnten. Während ich Jonas' Gepäck bei einer Bank ablade und noch für Getränke sorge, befindet sich Jonas schon auf dem Vorplatz der Bühne. Als begnadeter Tänzer beginnt er, ganz alleine zwischen Bühne und einem klatschenden Publikum zu tanzen. Und mal wieder genießt er voll und ganz das Leben und tanzt einfach, wenn er Lust dazu hat, auch wenn er weit und breit der einzige Tänzer ist. Eine Weile schaue ich amüsiert zu, dann hole ich sein Gepäck auf die Tanzfläche, und wir beide tanzen um das Gepäck herum. Eine wunderbare Sternstunde. Ich bewundere meinen kleinen Bruder für seinen Mut. Er hat überhaupt keine Scheu, sich in der Öffentlichkeit zu blamieren. Ich wünschte, ich könnte mir hier und da eine Scheibe von ihm abschneiden.«

Eliane ruft mich am nächsten Nachmittag an, kurz nachdem Jonas bei ihr abgefahren ist. »Mama, es hat alles gut geklappt. Aber stell dir vor, er hat sein Laptop liegen lassen. Beziehungsweise ich habe es hier noch um die Schulter hängen, weil ich vergessen habe, es ihm mit in den Zug zu geben. Was machen wir denn jetzt? Das ist doch sein Ein und Alles!«
Wir überlegen, ob Eliane es schicken soll, entscheiden uns dann jedoch gegen das damit verbundene Risiko. Da sie in zwei Wochen sowieso schon wieder nach Hause kommen wird, soll sie es bei dieser Gelegenheit mitbringen, und Jonas muss eben solange ohne auskommen.

Wolfgang und ich stehen am Abend beide am Bahnsteig, um unseren Sohn wieder in Empfang zu nehmen. Glücklich und strahlend fällt er uns in die Arme. Wir sind so unsagbar stolz auf ihn und sagen ihm das auch mehrfach.

»Ja, mei Ältern! Bin auch stolz mich, aba brauch ich nich mär Fau mir aufzupasse, bin selba groß un kann allein fahrn, brauch kei Bäbisitta mär!« Deutliche Worte! »Und – hast du dein Laptop sehr vermisst?«, frage ich ihn und rechne mit einem Wutausbruch.

»Nö, nich schlimm, Mama, is egal, kann anneres machn. Hab lesn schöne Buch ganze Zeit!« Dabei zückt er »Ich mit ohne Mama« aus der Tasche.

»Is ächt gute Buch, Mama!«, lobt mein Sohn unser gemeinsames Werk, »mussu auch mal lesn!« Dann hakt er sich bei mir unter. Ich bekomme ein Grinsen nicht mehr aus dem Gesicht bei der Vorstellung, dass Jonas sich die jeweiligen Zugfahrten damit versüßt hat, über sein eigenes Leben zu lesen.

Am Tag darauf spricht Jonas auf meinen Anrufbeantworter: »Ich bins, Mama, dei Sohn Jonas. Äh, Mama, ich hab noch Tickets von dem Zug bei mir, un äh, ich weiß nich, ich anfangn soll. Ätweda schmeiß ich Müll oda bei dir gebn soll, weiß nich nau, Mama, aba jetz du weiß, Mama. Aba wenn du morge wieda komms bei mir nach dem Abeit, dann nehm ich mit un geb ich dir, nau. Du jetz weiß Bescheid, Mama. Tschau!«

Mein großer Abenteurer! Wer hätte das einst gedacht, dass Jonas so viel lernen und können wird! Genial, wie er sich die Welt Stück für Stück erobert und nicht gleich aufgibt, wenn es nicht auf Anhieb klappt.

Oktober 2013

Jonas will im Auto seine neueste CD hören mit meinem Discman, den er sich aus dem Handschuhfach holt. Er legt sie ein, steckt sich die Hörer in die Ohren, aber anscheinend funktioniert es nicht. »Plöde Ding, Mama! Geht nich, is taputt!«

»Vielleicht sind die Batterien leer.«

»Nö, Battari is voll, guck!«, und er zeigt mir das Batteriefach.

»Hmm, vielleicht sind sie falsch eingelegt. Dann musst du sie umdrehen.«

»Ach so, umdrehn, okä!« Jonas hantiert, dreht und wendet, kruschelt und wurschelt und kommentiert dabei jeden Handgriff:

»Komm schon, Kinda! – Is richtich so rum? Nö, wieda falsch. – Geht-ses nich, is plödes Ding! – Oh Manno, Jonas, mussu nochma annersrum drehn – links nach rechs un rechs nach links – is plus un minus, muss annersrum – plöde Dinga, los, mach schon...« Schließlich zieht er ein Fazit: »Mama, geht's nich, plöde Ding is taputt. Muss neue kaufn!«

»Ich tippe immer noch darauf, dass die Batterien einfach leer sind. Schau mal im Handschuhfach nach, da müssten noch neue drin sein.«

Jonas kommt meiner Aufforderung nach und wird tatsächlich fündig. Nun geht das Spiel wieder von vorne los. »Komm schon, Battari. Muss alte raus un neue reinmachn. Oh, geht schwer, Dinga hänge fes. Boah, aba jetz gehs, hab ich Kraft mei Finga drin! Ah, muss ich guckn plus un minus, nich falsch rum machn, Jonas...« Eine gefühlte Viertelstunde später hat er es tatsächlich geschafft, lehnt sich laut seufzend und zufrieden grinsend zurück und hebt beide Daumen hoch in meine Richtung. »Geschaff, Mama, ich kleva Jonas bin!« Ohne Zweifel!

Februar 2014

Ich bin in Witten auf der zweitägigen Redaktionssitzung der Frauenzeitschrift »Joyce«. Wir sind mitten in der Brainstormingrunde, als mein Handy klingelt. Peinlich! Ich nehme es aus der Handtasche, und als ich sehe, dass das Display »Jonas« anzeigt, murmele ich eine Entschuldigung und verlasse den Raum. »Mama, hab mich fahrn, weiß nich, ich bin!«

»Du hast dich verfahren?«

»Ja, sitz hia Bahn, aba weiß nich, wo!«

»Wo willst du denn hin?«

»Zum Bowln, du weiß doch, weiß nich mär?!« Ja klar, es ist der dritte Dienstag im Monat, und da geht Jonas immer Bowlen mit der Lebenshilfe – und normalerweise fahre ich ihn dorthin, weil das Bowlingcenter außerhalb der Stadt liegt und es zeitlich für ihn sehr ungünstig nach der Arbeit ist. Für heute hatte ich ihm gesagt, dass ich nicht fahren kann. »Kei Poplem, Mama, fah ich allein, schaff ich schon, bin doch äwaxn!«

Da er ja den Rückweg in seine WG immer allein mit der Bahn bewältigt, dachte ich, müsste er den Hinweg nun auch schaffen, ist ja schließlich dieselbe Strecke, nur eben umgekehrt. Ach du meine Güte, jetzt will Jonas, dass ich ihn per Handy lotse, dabei kenne ich mich doch selbst nicht mit dem Straßenbahnverkehrsnetz aus, da ich es so gut wie nie nutze, und außerdem ist ganz Karlsruhe schon seit Monaten und noch für lange Zeit eine einzige Baustelle, da wir ja eine U-Bahn bekommen sollen, was ständig zu Umleitungen auf der Bahnstrecke führt. Ich wundere mich sowieso schon die ganze Zeit, wie Jonas das täglich so toll meistert und mit den immer wieder neuen Überraschungen auf seiner Fahrstrecke umgehen kann.

> Jass wird Bausteuen in Kalsure UBahn unter der Erde die Schine gebaut wird Exro Strom Vill abeiten Für Abeiter Ville Schine Felegte bei Jahren Fertg dauat Noch Lang

Das wird Baustellen in Karlsruhe: U-Bahn, unter der Erde die Schiene gebaut wird, Extra Strom, viel Arbeit für Arbeiter, viele Schienen verlegt, bei Jahren fertig, dauert noch lang.

Ich versuche, aus meinem Sohn herauszubekommen, wo er sich gerade befindet, aber das kann er selbst nicht sagen. Ich bitte ihn, das Handy an einen Menschen in seiner Nähe weiterzugeben, und erkläre der Männerstimme, die sich kurz darauf meldet, die Situation. »Ihr Sohn ist jetzt hier in Wörth, also in der Pfalz, da ist er also viel zu weit gefahren. Ich versuche, ihm zu erklären, wie er wieder zurückfahren muss.« In der nächsten halben Stunde telefoniere ich noch viermal mit Jonas und verschiedenen Fremden, bis er mir endlich sagt: »Okä, Mama, weiß jetz, ich bin, un geh ich Bowln hin, tschüss!« Uff, geschafft! Zwar kommt Jonas jetzt fast eine Stunde zu spät, das Bowlen ist fast vorbei, aber be-

stimmt gönnt er sich noch eine Cola und ein Sandwich in netter Runde. Zum Glück haben die Frauen um mich herum alle großes Verständnis für meine Not, und jetzt, da sie überstanden ist, kann ich mich auch endlich gedanklich wieder auf die Sitzung einlassen.

Als ich am späten Abend in mein Hotelzimmer komme, versuche ich, Jonas noch anzurufen, um zu hören, wie alles zu Ende ging und wie er den Heimweg geschafft hat, aber mein Sohn hebt nicht ab. Nach dreimaligem Klingeln lege ich auf, will ihn lieber nicht wecken, falls er schon schläft. Ich lege mich selbst ins Bett, stelle den Wecker auf dem Handy und lege es auf das Nachttischchen neben mir. Mitten in der Nacht werde ich vom schrillen Klingelton gefühlte zwei Zentimeter neben meinem Ohr geweckt. Erschrocken taste ich im Dunkeln danach, stoße erst die Lampe und dann noch das halb volle Mineralwasserglas um, bis ich endlich das Handy zu fassen kriege.

»Mama, wills du mir?«, fragt mich eine vertraute Männerstimme.

»Ich, hä? Was ist? Ich will nichts von dir, Jonas. Warum rufst du mich denn an?«

»Aba du mich anhufen, Mama, seh ich genau!«

»Ja, gestern Abend wollte ich noch hören, wie alles gelaufen ist.«

»Alles gut, Mamilein, bin wieda Hause fahrn.«

»Supi. Und jetzt? Machst du dich zum Arbeiten startklar?«

»Nein!!!«, empört sich Jonas. »Schlaf ich noch!«

»Wieso, wie spät ist es denn?«

»5 Ua 11, Mama.«

»Ach du meine Güte! Und da rufst du mich mitten in der Nacht an!?«

»Mama, du ›mich‹ anhufn, will fragn, du wills mir?«

»Okay, Jonas, dann schlafen wir jetzt beide noch 'ne Runde, bis es Zeit ist, aufzustehen!«

»Gut, Mama, mach wir so! Gut Nach un mag dich liehieb. Tschau!«

Klick, und weg ist er.

Mein Leben ist cool. Das ist cool, wenn ich Arbeit gehen und Bahn fahren und Buch lesen und Film gucken, chillen, ausruhen, schlafen und essen. Lecker

Essen mag ich gern! Und tanz ich und sing ich: »Häppi Börsday tu ju!«, wenn einer Geburtstag hat, und Lesen macht Spaß. Buch schreiben, mein Mamilein zusammen, das ist cool. Mama hat ein Sohn zum Schreiben, das ist nicht oft, dem sein Sohn schreiben kann. Mama sagt, kein Freundin hat, dem Buch schreiben mit Sohn, ich Besonderes bin! Und stolz bin, ich alles kann!

Was wäre ich ohne meinen Sohn? Vergesslichkeit ist eine meiner größten Behinderungen, und so bin ich dankbar, gleich zwei funktionierende Terminkalender zu besitzen (einen aus Papier und einen aus Fleisch und Blut), die mich rechtzeitig an Wichtiges und Dringendes erinnern. Immer wieder schreibt Jonas mir kleine Memo-Zettel.

> Meine, nane hatte eine Löcher in Kopf und nicht vegessen 2 Sachen Buch Maya und Domenico und Fisrue ganzt blond

Meine Mama hat Löcher im Kopf. Nicht vergessen 2 Sachen: Buch »Maya und Domenico« (kaufen) und Friseur (-Termin ausmachen), ganz blond.

Mein Sohn ruft mich grundsätzlich mehrfach an, um mir bevorstehende Verabredungen wieder ins Gedächtnis zu rufen. Und wenn er mich nicht erreicht, hinterlässt er dementsprechend entzückende Nachrichten auf meinem Anrufbeantworter.

Mai 2013

»Ich bins, Muttachen, Jonas Zachmann. Äh, Mama, morge seh uns wieda bei meim Abeit, am Montag, am dreisehnten, is schon morgn schon. Is
Ältansprechtag mein Abeit morgn, Mama, du weiß doch, du komms doch mei
Ältansprechtag, wir sehn uns morgn, ich feu mich, feu mich drauf, Älansprechtag,
un Dienstag seh uns auch wieda, hab ich Bowln, du fährs mich hin, gell,
Mamilein? Also, wir sehn uns Montag un Dienstag, nur sagn, Mama, du weiß
un nich vagessn! Tschau!«

Oktober 2013

»Mama, ich bins, dei Sohn Jonas. Äh, Mama, wir ham doch Lesung morgn.
Morgn ham wir Lesung, Mama, nich vagessen, dei Löcher im Kopf! Is wichtich
mich! Huf mich bitte an, Mamilein. Tschühüs!«

April 2014

»Mama, ich bins doch, dein Sohn, hier auf de Tolette von HWK. Äh, Mama,
wollte sagn, wie ham Abmachung, du mich abhols heute. Ja, nur sagn, du nich
vagess! Tschau.«

August 2014

»Du has schon mei Nummer, aba ägal. Äh, Mama, ich wollte dir sagn, ähm,
ich hab morgn Abend Tanzn, un wenn du mich abhols nach dem Abeit, kanns
mich abholn, dann fährs mich Tanzn hin. Okä, Mamilein? So morgn Abend
schon, will nur sagn, du weiß, Mama. Du hols mich ab, wir treffe uns Packplatz
nebn mei Abeit nach dem Abeit. Viel Spaß, Mama!«

September 2014

Ich bin pünktlich auf dem Weg zu Jonas, um ihn von der WG abzuholen und zur Lebenshilfe zu fahren, mit der er einen Ausflug zum Er-
lebnispark Tripsdrill machen will. Mein Handy ist ausgeschaltet, also
spricht Jonas zu Hause auf meinen Anrufbeantworter. Er hat wohl
Angst, ich könnte zu spät zu ihm kommen oder ihn gar vergessen haben.

»Du kenns mei Nummer. Ähm, Mamilein, ähm, ich wollte sagn, ähm, huf mich
bitte an, Mama. Bitte. Wegn heute soll ich Tipsdill, un wir treffn neun Ua
dreißich. Ab wann komms du heute, mich abzuholn? Bitte huf mich an, Mama,
sons triggst du Ärga mit die Lebeshife! Tschau, Mama.«

Zwei Minuten später erfolgt ein weiterer Versuch.

»Mamaaaaa, wir komme su spääääät. Wenn wir nich hingehn, Mama, du
hols mich bitte heut jetz ab. Wir wolln doch neun Ua dreißich da sein bei
Lebeshife, huf mich bitte an, Mama. Tschau.«

Klappe, die dritte (fünf Minuten später, seeehr drängend und seeehr
ärgerlich).

»Mama, ich langsam satt mit dir! Du has kei Lus mär, anzuhufn, hab ich
rech? Du liegs bestimm in Bett oda dei Abeitszimma oda rumtschilln igewo.
Huf mich bitte an, hab kei Lus mär, dir wartn. Wir habn Treffpunk, Mama,
neun Ua dreißich, Tipsdill! Wenn du nich anhufs, triggs ich Strafe für uns.
Los jetz, komm schon, Mama, huf an! Tschau.«

23. September 2014
Am Vorabend von Jonas' Geburtstag ruft er mich an, damit ich dieses
wichtige Ereignis auch ja nicht vergesse!

»Hallo, Mami, ich bins noch mal, dei Sohn Joni. Äh, Mami, wir ham doch
morgn Abend vasproche, du weiß doch, Mamilein, jaaaaaa, du hols mich ab,
nach dem Abeitn hols du mich ab, un dann, genau, wenn du mich abhols,
Mamilein, du hols mich ab meine Abeit, nach dem Abeiten, ich Feiaabend hab
nach dem Abeit, un feiern wir meine Gebuatstag, ich hab morge Gebuatstag,
werd ich noch zweiunzwansig, dass du weiß, Mamilein. Ach ja, sag noch
Uazeit. Fümpfzehn Ua vierzich hab ich Feiaabend, dass du weiß, Mamilein,
nach dem Abeit. Auf Wiedasehn, Mami, ich hab dich liehieb, tschüühüüüss.«

»Mag mich, ich bin! Liebn is Wichtichste!«

Jonas hat ein großes Herz

Mein Sohn hat ein beachtlich gesundes und bewundernswertes Selbstwertgefühl und kann sich selbst auch sehr gut leiden. Das war schon immer so! Und das liebe ich auch so sehr an ihm, dass er so eine ansteckende Selbstliebe ausstrahlt, die so gar nichts Arrogantes an sich hat. Obwohl seine Gefühle ja, wie beschrieben, immer wieder schwanken und er mit seiner Behinderung hadert, überwiegen die Tage, an denen er herrlich selbstverliebt und von sich selbst überzeugt ist.

März 2012
Signierstunde in der Alpha-Buchhandlung in Ettlingen. Im Anschluss schlendern wir durch die traumhaft schöne Altstadt und gönnen uns ein leckeres Eis. Kaum setzen wir uns damit auf eine Bank in der Sonne, steht Jonas wieder auf: »Au, Bank heiß is! Aba passt, bin ich heißa Tüüp, gell, Mama?« *Mir fällt vor Lachen fast das Eis aus der Waffel ...*

Juli 2013
Jonas und ich werden mit einem Schreiben von unserer Bürgermeisterin zu einem Ehrenabend in den Gemeindesaal eingeladen. Wir sollen für »unsere Dienste und unser Engagement für die Gemeinde« *geehrt werden. Auf dem Weg zu dem festlichen Abend reibt sich Jonas die Hände vor Freude und meint:* »Mama, feu mich, Börgameista zu werdn!«

August 2014
Jonas hat beim Autofahren die Füße auf der Armatur vorne hochgelegt, die Arme vor der Brust verschränkt und betrachtet sich eine lange Zeit

im rechten Außenspiegel. Grinsend wendet er sich nun mir zu und teilt mir das Ergebnis seiner Studie mit: »Mama, ich lieb mich so!«

»Wow, Jonas, das ist schön!« – »Ja, lieb mich so. Is kuuler Jonas, ich bin!«, und bekräftigend nickt er seinem Spiegelbild zu.

Viel Spaß auf einer Lesetour

Wir waren Lesetour, Mama und ich. Viermal lesen, das war toll und immer Auto fahren und nächstes Hotel rein. Wir haben auch shoppen: DVD kaufen, Kleidung, Drum und Dran. Hab ich Urlaub gemacht von Arbeit mit Schreinerei, weil wir Lesetour waren. Öfter so machen, das ist gut für mich! Und Leute sagen: »Toller Jonas, was du alles kannst! Du bist Knüller und ein Star!«, und weiß ich schon selber, aber freu mich, dem auch wissen!

Februar 2015

Jonas rief mich vor zwei Wochen an: »Mama, mei Perso alle laufn!« Erst hab ich nur Bahnhof verstanden, aber dann bei näherem Nachfragen begriffen: Sein Personalausweis ist abgelaufen. Und zwar just im Januar diesen Jahres, wow, da hat aber einer aufgepasst! Also haben wir uns zum Fotografen geschwungen, um ein biometrisches Passbild machen zu lassen (»Wow, seh ich guuut aus, guck, Mama, hübscha Sohn!«), und sind dann in eins der vier Bürgerbüros in Karlsruhe gefahren, weil es mir plötzlich wie Schuppen aus den Haaren fiel, dass ich auch versäumt habe, Jonas' Wohnort ändern zu lassen. Am Telefon erfuhr ich im Vorfeld, dass man einen Umzug innerhalb von sieben Tagen melden muss, während er bei uns nun über ein Jahr her ist. Also knapp vorbei. Die nette Dame am Telefon gab mir noch einen Tipp: »Se missat scho a bissle Zeit mitbringa, weils ko scho a weng geh ...« Das »a weng« hat sich dann als mehr als zwei Stunden Wartezeit entpuppt – in einem überfüllten Warteraum mit knapp hundert Leuten! (Hier bei uns auf dem Dorf war ich noch nie länger als zehn Minuten im Rathaus. Tja, das Wohnen in der Großstadt hat eben auch den einen oder anderen Preis.)

»Mama, unser Amteua!«, hat Jonas die ganze Aktion betitelt. Nun bestand unser Abenteuer also hauptsächlich aus Warten, Warten, Warten. Ich hatte blöderweise kein Buch dabei, und Zeitschriften lagen auch keine aus, nur diverse Infobroschüren der Stadt. Die interessanteste Lektüre war davon das dicke Programmheft der VHS, das ich komplett durchlas. Später holte ich meinen MP3-Player aus der Tasche und hörte Musik. Nur ganz kurz mal wollte Jonas auch einen der zwei Stöpsel abhaben, um mit reinzuhören, und eine Viertelstunde konnten wir uns mit belegten Brötchen ablenken, die ich beim Bäcker nebenan holen ging (der lebt bestimmt zu 90 Prozent von den Wartenden).

Ich kam gar nicht aus dem Wundern heraus, wie heroisch gelassen Jonas mit der Warterei umgehen konnte. »Mama, mir nich Langweile, bin beschäftich! Du siehs doch!« In der Tat sah ich das: Die meiste Zeit davon, also weit über eineinhalb Stunden, saß er einfach neben mir, hielt in der einen Hand seinen alten Personalausweis mit einem Foto, das ihn mit 16 Jahren zeigt, und in der anderen Hand die neuen Pass-

bilder von heute und verglich sie im wahrsten Sinne des Wortes bis aufs Haar, wobei er meistens vor sich hin murmelte und die Angelegenheit Patrick erklärte: »Oh, bin ich blass hia, aba diese Bild bessa. Gefäll mir, die Fisur du has, Jonas, aba neue Jonas is bessa. Oda, was sags du, Patrick? Un hab ich hia Tränesäckä (woher er dieses Wort nur kennt!?), hia nich so ag. Da bin ich junge Jonas, hier bin ich alte, aba so alt bin ich auch nich, nur 22. Hallo! Un jetz mei Haare ganz blond, das gut so, voll kuul, bessa als alte Haare mit Strähnche blondes. Gell, Patrick? Ja, sags du auch! Mir gefäll bessa, un bin ich jetz Mann, kei Kind mär diese altn Bild...« Ich hätte mich kringeln können. Immer mal wieder drehte er sich zu mir, rieb sich die Hände und meinte: »Mama, feu mich neue Perso triegn, ich äwaxn bin!«

Als unsere Nummer dann endlich aufgerufen wurde, ging alles recht schnell. Der Beamte fragte freundlich, ob ich versehentlich das falsche Datum beim Einzug in die neue Adresse angegeben hätte, ich würde doch sicherlich Januar 2015 meinen. Mit eingezogenem Genick bekannte ich kleinlaut, dass es tatsächlich im Januar 2014 war. Er grinste nur breit, gab keinen Kommentar dazu ab. Äußerst sympathisch! Dann fragte er Jonas, ob er für den neuen Ausweis auch seine Fingerabdrücke speichern lassen wolle.

»Au ja, das will ich!« Jonas war voll begeistert, rieb sich wieder die Hände heiß. »Das ist freiwillig, das muss man nicht!«, erklärte der Beamte noch mal. »Doch, will ich!« Jonas war kaum zu bremsen.

Ich machte einen plumpen Scherz: »Aber, Jonas, dann kannst du ab jetzt keine Verbrechen mehr begehen, sonst hat dich die Polizei gleich am Schlawittchen!«

Jonas empörte sich: »Mama, kei Schwittchn, mach ich kei Vapechn, bins kei Dieb un auch kein mördern will! Hallo! Was denks du bei mir? Bin guta Jonas!« Und dann legte er abwechselnd seine beiden Zeigefinger mehrfach in das kleine Gerät und konnte gar nicht mehr aufhören, zu grinsen. Kaum saßen wir wieder im Auto, fasste Jonas den Nachmittag beim Fotografen und im Bürgerbüro zusammen: »Ah, schöne Tag, meine Lebn! Ham wir Amteua mach, hmm, Mama!?« Na ja, das scheint mir ein sehr dehnbarer Begriff zu sein.

Ich finde mich toll meine Leben. Cool sein, mein Leben, meine Charakter, ich liebe meine Mama, sie hat auch Charakter. Ich Buch geschrieben habe zusammen meine Mama, das ist toll. Ich mag mein Beine, ich kann laufen überallhin, und ich kann sehen, hab gute Augen, ich habe gute Hände zum Arbeiten, und essen kann ich auch mit dem. Ich hab meine Schwestern, ich hab dem lieb, dem haben auch Charakter, und mein Papa mag ich auch gern, er liebt diesen Frau, sein Doro, und spielt er Gitarre, aber nicht mehr oft, sein Hand behindert ist. Mein Papa hat auch Charakter. Ich kann gut trinken und essen, viel essen, das ist gut so.

Ich kann selber kümmern und umgehen meine Körper, Beispiel duschen oder rasieren. Aber Fußzehen kann ich nicht schneiden, macht immer Mama oder Betreuerin. Ich liebe meinen Körper, bin ich hübscher Jonas! Und mein Charakter ist gut, das weiß ich, Gott sagt mir: Jonas, du gut bist! Ich kann Menschen helfen, wenn Probleme gibt, dem kommt zu mir, eine Gespräch zu machen, wie mein Papa, er helft dem seine Probleme reden. Aber ich misch mich nicht anderen nicht ein. Sein Problem, seine Sache, nur mich fragen, wenn Problem gibt, ich helfen kann, weiß ich nicht genau. Menschen unterschiedliche Meinung hat, ganz anders ich bin, weil behindert bin, weil Down-Syndrom bin. Aber das okay bei mir, nicht schlimm. Ich bin selber glücklich, und mehr will ich nix! Alles gut so!

Dieser junge Mann ist auch ein echter Charmeur (mit Charakter!). Er hört nicht auf, seine Liebe zu zeigen und großzügig zu verschenken. Was für ein wunderbarer Sohn! Ich bin sehr häufig die Zielscheibe für seine Liebespfeile und kann gar nicht oft genug getroffen werden.

Juli 2012

An meinem 46. Geburtstag stößt Jonas erst gegen Abend zu unserer kleinen Geburtstagsfeier dazu. Nachdem er mich stürmisch umarmt, abgeküsst und mir gratuliert hat (»Mama, alles Gute dein Gebuatstags-Segn!«), dreht er sich um und zerrt etwas aus seinem Rucksack. Mein Sohn überreicht mir stolz einen großen, bunten, aber ziemlich lädiert aussehenden Blumenstrauß. Ich staune nicht schlecht und freue mich sehr.

»Wow, der ist ja wunderschön! Wo hast du denn den her?«

»Kauf dir, Mama!« Und nach und nach erfahre ich die ganze Geschichte, die hinter diesem Blumenstrauß steckt, und fühle mich äußerst reich beschenkt: Am Morgen stellt Jonas beim Aufwachen und einem Blick auf seinen Kalender mit Schrecken fest, dass ich heute Geburtstag habe und er kein Geschenk für mich besorgt hat. Das geht natürlich nicht! Also: Geld abheben, Bahn verpassen, zum Marktplatz anstatt zur Arbeit fahren, Strauß kaufen. Diesen kopfüber in den Rucksack stecken und endlich auf zur Arbeit.

Der Chef hat Verständnis für die Dreiviertelstunde Verspätung, als Jonas ihm sein Dilemma erklärt. Nach der Arbeit fährt Jonas erst noch mit der Bahn zur Logopädie, wo er den Blumenstrauß aus dem Rucksack zieht, in eine Vase stellen lässt und die gesamte Zeit nicht aus den Augen lässt.

Als die Logopädin Jonas noch ein Blumenstöckchen für seine Mutter mitgeben will, wehrt er kategorisch ab: »Mama mag nur meine Blumen.« Und, wie die Logopädin mir später per E-Mail mitteilt, Jonas schlägt auch andere Geschenke aus: »Kerzen mag sie, das kannst du ihr schenken, alles andere nicht.« Die Logopädin fügt in der Mail an: »Es ist ja auch nicht wichtig, wie die Blumen ausgesehen haben, einzig und allein die Energie, die der Junge in diese Aktion legte, ist schon äußerst bemerkenswert. Davon könnte sich so mancher Sohn ein kleines Scheibchen abschneiden. Ich bin schon gespannt, mit welchen Aktionen Jonas unser Leben noch so bereichert.«

Oktober 2011

Als Jonas entdeckt, dass ich die Hühnerklappe bereits zugemacht habe (was eigentlich seine Aufgabe ist), freut er sich sehr und sagt: »Mama, triggs du Übbehaschung für!« Die erste Überraschung ist eine schöne Nackenmassage, die zweite ist ein selbst gemachter »Hocktell« (Cocktail) von Jonas (verschiedene Säfte zusammengemixt), und zu guter Letzt spielt er mir erst ein Ständchen auf seiner Gitarre vor und tanzt dann in der Küche mit mir eine Rumba auf Discomusik. Mein Süßer!

Mai 2013

Ich fahre Jonas nach der Lesung wieder zurück in seine WG. »Mama, komms du noch mit?«

»Ob ich noch mit zu dir raufkomme?«

»Ja, kann dei Sellschaff (Gesellschaft) gut brauchn! Lieb dir so aag!«, grinst mein Sohn breit.

Wenn ich Zauberer sein wäre, ich kann Essenkochen zaubern. Ich kann alle dem Gedanken lesen: Männer, Frauen, Kinder und Baby. Und ich zaubern kann, alle Menschen lieb sind, keine Böse dabei, alle machen Gutes bei dem. Sich lieben dem. Nicht verletzen anderen, das tut weh mein Herzen. Ich wünsche, ich Zauberer sein kann. Liebe ist Wichtigste den Welt.

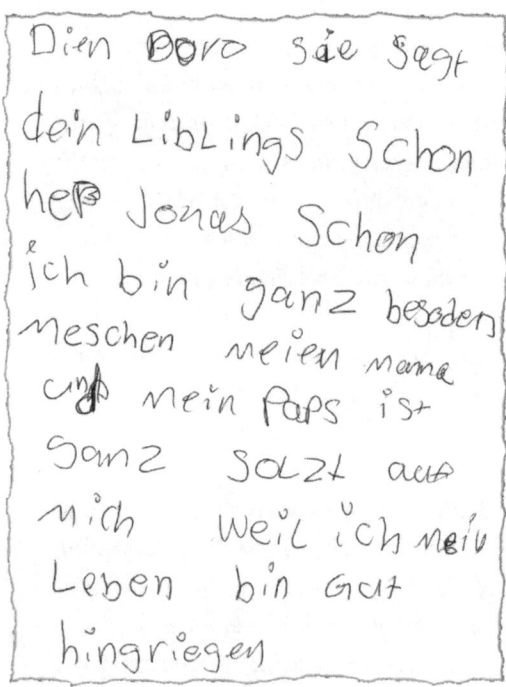

Deine Doro, sie sagt, dein Lieblingssohn heißt Jonas. Ich bin schon (ein) ganz besonderer Mensch. Meine Mama und mein Paps sind ganz stolz auf mich, weil ich mein Leben gut hinkriege.

»Hab kein Wünschen nicht und kein Träumen, alles gut, meine Leben so ist. Will nichts ändern meine Leben, alles gut so. Hauptsache, mein Familie mich lieben. Warum fragst du, Mama? Ich liebe mein Leben! Ist nichts geändert, mein Leben, aber ist bleibt so mein Arbeiten und Wohnen. Ich bleib so, ich bin, das gut! Andere mag mich, ich bin, und ich hingehöre meine Familie. Mir egal, den anderen denken, nicht wichtig. Hauptsache, wir sind ein Familie und alles lieben. Das schön!«

Amen dazu.

Großfamilie Zachmann: Oma Renate, Jannik, Maren, Katharina, Doro, Wolfgang, Martin, Jonas, Tim, Eliane (v. li.)

Epilog

Das Interview auf den roten Sesseln bei »Leben live« ist vorüber. Wir sind erschöpft, aber glücklich. Das Frühstücksbuffet, das ja zu Jonas' größten Highlights bei unseren Lesungen gehört, lässt in diesem Thuner Traumhotel wirklich keine Wünsche offen, und wir zelebrieren es ausgiebigst und genüsslich. »Mama, jetz Sauna gehn?«, greift Jonas das Thema vom Vorabend wieder auf. Ich knirsche innerlich mit den Zähnen, da ich Saunas nicht mag, das heißt: gemischte Saunas. Wenn nur Frauen unter sich sind, ist das etwas anderes, und ich kann gut entspannen und die Wärme genießen. Jedoch nackt neben schwitzenden und ebenfalls nackten fremden Männern auf engstem Raum zu sitzen, bereitet mir absolut kein Vergnügen.

Jonas hingegen, der noch nie in seinem Leben in einer Sauna war, will das Schwitzbad natürlich mal ausprobieren, und ich bin sicher, er hat auch überhaupt kein Problem bei der Vorstellung, neben nackten Frauen zu sitzen.

»Also gut, wir können ja gleich mal an der Rezeption fragen, wie das geht.« Insgeheim hoffe ich, dass die Sauna am Morgen geschlossen ist und sicher einen ordentlichen Preis hat, den ich nicht zu zahlen bereit bin. »Aber zuerst müssen wir jetzt unsere Sachen zusammenpacken und aus unseren Zimmern raus. Wir müssen die Schlüssel um 10.30 Uhr abgeben«, erkläre ich. Gesagt, getan. Die nette Dame an der Rezeption fragt, wie es uns bei ihnen im Hotel gefallen habe.

»Suppa, wie Pardies hia! Has du schöne Haus!«, lobt Jonas und fällt in unser Lachen mit ein. »Gibses noch Sauna?«, setzt er prompt hinzu.

»Ja, natürlich, Sie können unseren Wellnessbereich auch jetzt gerne noch nutzen, wenn Sie ausgecheckt haben!«, erklärt sie uns.

»Was kostet die Benutzung denn?«, fragt meine schwäbische Seele. »Das kostet für Sie nichts extra, das war in der Buchung Ihres Zimmers integriert.«

»Siehse, Mama, koste nix!«, triumphiert Jonas. Ich sehe meine Felle davonschwimmen.

»Allerdings öffnet der Wellnessbereich erst um 13.00 Uhr, so lange könnten Sie noch in unserem schönen Park verweilen oder einen kleinen Ausflug machen.«

»Ausflug, o ja!« Jonas ist sofort begeistert. Ich wollte eigentlich nicht erst am Abend nach Hause kommen, um den Tag noch mit Wolfgang teilen zu können, aber dann müssten wir jetzt losfahren. Jonas' Augen bitten, und er fleht regelrecht: »Komm, Mama, mach mit. Ham wir Amteua, oda? Mutta-Sohn-Amteua!« Tja, wer könnte da noch widerstehen.

»Hia mei Pardies! Will imma hiableibn!«

Wir laden das Gepäck ins Auto, schlendern durch den Hotelpark ans Seeufer, wo Jonas seine Schuhe auszieht und barfuß durch das Wasser zu einer kleinen Steininsel watet. Anschließend legen wir uns noch ein paar Minuten in zwei freie Liegestühle und genießen die Sonne. »Hmmm, Mama, soo schön hia mei Pardies! Will imma hiableibn!«, seufzt Jonas, der Sonnenanbeter, wohlig. Dann jedoch klatscht er in die Hände und zerrt mich vom Liegestuhl. »Komm, alte Mutta, jetz fahrn wir Ausflug hin!«

Ich ergebe mich. Wir fahren zu einem Wanderparkplatz, den uns die Dame an der Rezeption empfohlen hat. Von hier aus könnten wir zu einer spektakulären Hängebrücke gelangen, die über eine Schlucht führt. Klingt gut, und dank ihrer Beschreibung finde ich alles ohne Hilfe meines Navis. Die Panorama-Brücke ist wirklich sehens- und überquerenswert. Jonas, der eigentlich Höhenangst hat, betritt ganz tapfer die wackligen Bohlen. Die Brücke ist gerade mal zwei Meter breit und hat seitliche Geländer bis in Bauchnabelhöhe. »Oh, is aba ag wackeln, Mama. Mussu aufpassn!« Und dann gibt er Gas: Nicht einmal blickt er links oder rechts über das Geländer in die Schlucht oder auch nur in die atemberaubend schöne Landschaft. Den Blick starr auf den Boden gerichtet, breitbeinig wie ein torkelnder Seemann, schwankt Jonas mit ausgestreckten steifen Beinen in einem flotten Tempo exakt in der Mitte der Brücke bis an deren Ende.

Es sieht zum Piepen aus. Nicht ein einziges Mal dreht er sich nach mir um und hält erst in seinem komischen Stechschritt inne, als er mit einem lauten, erleichterten: »Uff, hab ich schaff! Ändlich!« wieder sicheren Boden unter den Füßen hat. Ich dagegen lasse mir Zeit und schieße viele Fotos in alle Richtungen. Gemütlich schlendere ich zu meinem Sohn, wobei ich sein mehrfaches ungeduldiges »Mama, komm doch ändlich!« überhöre, weil ich diesen herrlichen Ausblick wirklich genießen will.

Nun gibt es drei Möglichkeiten wie wir wieder zurück zum Auto kommen: Entweder gehen wir wieder über die Brücke zurück – »Nein, Mama, kein Fall!«, kommt es prompt und eindeutig –, oder wir laufen einen Panoramaweg über die Dörfer oder gehen unten durch die Schlucht. »Ja, Flucht is gut!«, entscheidet Jonas, und ich stimme ihm zu, weil ich auf spektakuläre Fotomotive hoffe.

»Jonas, das heißt Schlucht, nicht Flucht. Flucht ist, wenn du weg-rennst!«

»Nö, will nich renne Flucht, mach wir mütlich!«

»Ja, bin ich auch dafür. Also, lass uns gemütlich die Schlucht entlangwandern«, verbessere ich meinen Sprössling.

»Mama, du so lustich!«, kommentiert er nur.

Wir steigen einen schmalen Geröllweg ab, und von gemütlich kann keine Rede sein, der Weg ist extrem steil, und mehrfach rutschen wir beide in unseren zarten Stoffschühchen aus. Hier sind Wanderschuhe mit Profil gefragt. Ich laufe dennoch tapfer weiter und halte mich am Geländer fest.

»Mama, wills nich mär Flucht, is so anstreng. Lieba annere Weg laufn!«

»Komm, Jonas, das wird bestimmt toll da unten!«

»Nö, Mama, wills nich, geh ich annere Weg«, und schon dreht sich der Herr Bestimmer um und macht sich an den Aufstieg. Ich habe wohl keine andere Wahl, als meinem eigensinnigen Sohn hinterherzulaufen, falls ich daran interessiert bin, ihn nicht zu verlieren.

Nun folgen wir also den Schildern, die uns den Panoramaweg entlang durch kleine Bergdörfer und Almen zurückführen. Sobald sich eine Bank oder andere Sitzgelegenheit findet, nimmt Jonas mit einem großen, wohligen Seufzer Platz und klopft neben sich, damit auch ich mich setze. »Komm, Mama, mach wir Pause!« Als wir auf der gefühlt zwanzigsten Bank sitzen und unser Gesicht der Sonne entgegenstrecken, kommt Jonas auf den vorhergegangenen Abend zu sprechen: »Mama, wa ich gut gell?«

»Du meinst, gestern Abend, bei der Lesung?«

»Ja, un Intafu! Hat gut klapp, gell? Un Pizza war sooo lecka!«

»Ja, Jonas, das war wirklich eine ganz besondere Lesung gestern, und du hast das prima gemacht!«

»Danke, Mama, du auch!« Er lehnt den Kopf an meine Schulter. »Mama, sind wir Stars, du un ich sammn!«

»Ach, jetzt fühlst du dich doch als Star?«

»Na klar, Mama, bin Star! Leute mich klatschn un lachn un dem feun. Dem gute Laune hat un ich gut bin!«

»Ja, das stimmt alles! Aber gestern hast du noch behauptet, ein Mensch mit Down-Syndrom könne kein Star sein!«

Jonas lacht. »Ach, Mama, is ägal Daun-Zitron oda nich, Haupsach, Star bin! Un bin ich wie ich. Ganz nomale Jonas!« Ich könnte platzen vor Freude über diesen Satz! »Mama, will hiableibn, is so schön hia.«

Ich lache. »Ja, Jonas, da hast du recht! Ich finde es auch unglaublich schön hier, aber wir müssen heute wieder nach Hause fahren.«

»Oh schade. Wahum?«

»Na, weil wir doch beide morgen wieder arbeiten müssen.«

»Stimmt, geh ich wieda Schreinarei. Un du?«

»Ich bin morgen wieder den ganzen Tag im Sellawie.«

»Mach Spaß dei Abeit?«

»Ja, ich bin sehr gerne im Café und im Laden dort. Das macht mir wirklich viel Spaß! Und ich hab dort auch viele nette Kolleginnen.«

»Mir auch!« Und als ich Jonas fragend anschaue, vollendet er seinen Satz: »Mach Spaß mei Abeit in Schreinarei mit Kollegn!«

Ich umarme meinen Sohn. »Jonas, das ist doch toll: Wir haben beide eine Arbeit, die wir gerne machen, und darüber hinaus dürfen wir zusammen so schöne Lesungen erleben!«

»Ja, Mama, is gut so: Bin ich Schreina un bin ich Star mit Lesung. Is schöne Lebn bei mir!« Ach, wie gern ich das doch höre.

Im Schneckentempo kriechen wir weiter an Almen und schönen Bauernhäusern vorbei, und ich finde auch hier schöne Motive für meine Kamera. Unterwegs kommen wir noch an einem Gasthaus vorbei, dessen sonnenbeschienene Terrasse zu einer weiteren Pause einlädt. »Mama, is schickt: Gibses Essn un Trinke hia, un wir ham nix Essen un Trinke bei, gell!?« Tja, diesem logischen Argument kann ich mich wohl kaum entziehen.

Zweieinhalb Stunden hat unsere schöne »Tour de Schneck« gedauert, jetzt sind wir wieder am Hotel angekommen, denn Jonas hat die Sauna entgegen meiner Hoffnung immer noch nicht vergessen. Wir holen uns also an der Rezeption die nötigen Anweisungen und bekommen beide einen hübschen Weidenkorb in die Hand gedrückt, der mit Handtüchern, Bademänteln und Schlappen ausgestattet ist, und machen uns durch den unterirdischen Gang auf den Weg zum Spa-Bereich. Die Umkleidekabinen liegen direkt nebeneinander. Ich gebe Jonas nochmals letzte Instruktionen: ausziehen, duschen, Sachen im Spind einschließen, Bademantel und Schlappen anziehen. Fünf Minuten später stehe ich in genau dieser Aufmachung wieder draußen und warte auf meinen Sohn. Der ganze Wellnessbereich ist leer, außer uns ist kein Mensch da, und so stehe ich vor der Männer-Umkleide und kann meinen Sohn durch die Tür sprechen hören: »Patrick, feus du? Wars du schon Sauna? Ich niiie! Feu mich Sauna, is kuul, alle nackt sein!«

Endlich kommt Herr Nackedei raus, den Bademantel unterm Arm. »Jonas, den musst du noch anziehen!«

»Oh, Patrick, ham wir vagessn Badlmantl!«

Und dann gehen wir den Schildern nach. Die Sauna befindet sich im alten Bootshaus direkt am See, der Weg dorthin führt durch den Hotelpark. Also wieder raus aus den Schlappen und barfuß über die Wiese gelaufen. Inzwischen hat sich im Park eine Hochzeitsgesellschaft versammelt, und Jonas und ich kriegen einen regelrechten Kicheranfall, als wir so leicht bekleidet zwischen den gut angezogenen und Sektgläser schwenkenden Gästen hindurchschlüpfen. Na, das fängt ja schon gut an!

Mit unserem Spindschlüssel lässt sich auch das Bootshaus öffnen, und ein angenehmer Duft von Eukalyptus kommt uns entgegen, begleitet von sanfter Entspannungsmusik. Das Bootshaus ist in zwei Ebenen eingeteilt: Im unteren Bereich befinden sich der Ruheraum und eine große Außenterrasse, die direkt über den See geht, und oben sind verschiedene Saunen und Duschen. Zu meiner großen Überraschung und Erleichterung stelle ich fest, dass wir hier ganz allein sind. Kein anderer Mensch kommt wohl um die Mittagszeit auf die Idee, in die Sauna zu gehen und zusätzlich zu schwitzen, wo doch die Außentemperatur dazu schon ausreicht.

Na, mir soll's recht sein. Nachdem wir kurz alle Räume gecheckt haben und ich Jonas deren Funktion erklärt habe, gehen wir zuerst in die größte Sauna, die eine riesige Panoramascheibe hat, die einen herrlichen Blick über den See und auf die gegenüberliegenden schneebedeckten Berge bietet. »Oh, heiß hia!«, kommentiert Jonas und schaut sich bei mir ab, wie ich mein Handtuch auf dem warmen Holz ausbreite. Da sitzen wir uns nun gegenüber, unbedeckt, wie Gott uns geschaffen hat. Jonas kichert und zeigt mit dem Finger auf mich: »Mama, du nackt!«

»Hahaha, du doch auch!«

»Ja, is lustich, Mama!« Irgendwie schon komisch, so ganz nackt mit meinem erwachsenen Sohn zusammenzuhocken, das hat es nun wirklich jahrelang nicht mehr gegeben. Wir entspannen bei angenehm leiser Musik, und ich genieße den herrlichen Ausblick. Jonas hat sich hingelegt, die Arme hinter dem Kopf verschränkt und grunzt zufrieden. »Aaah, so schön hia. Wie Pardies, gell, Mama?«

Ich grinse zustimmend. Noch bevor unsere eingestellte Sanduhr abgelaufen ist, reicht es mir, und meine Lungen verlangen nach Sauerstoff. Jonas will noch bleiben. Ich dusche mich lauwarm ab, gehe nach unten auf die Terrasse und lege mich in einen Liegestuhl in die Sonne. Herrlich! Kurz darauf höre ich Jonas die Treppe hinunterkommen. Anstatt sich zu mir zu legen, geht er von der Terrasse aus die Wendeltreppe hinunter und taucht doch tatsächlich mit lautem Prusten in den Thunersee ein, dessen Wassertemperatur gerade einmal 17 Grad beträgt, wie ein Thermometer mir verrät. Jonas macht ein paar Schwimmzüge und kommt dann wieder nach oben. »Ah, sooo schön, Mama! Geh ich jetz annere Sauna hin.«

»Stopp, Jonas, jetzt musst du dich erst ein bisschen hinlegen und ausruhen.«

»Nö, Mama, wills nich ruhn, will Sauna gehn!« Ich erkläre ihm den Sinn der Ruhephasen, aber Jonas wischt meine Worte mit einer abweisenden Handbewegung zur Seite und stapft wieder die Treppe nach oben in den Saunabereich. Ich lege mich wieder auf meinen Liegestuhl und mache mir Gedanken um sein Herz: Ist es nicht für ein angeschlagenes Herz umso wichtiger, die Ruhepausen zwischen den Saunagängen einzuhalten? Überfordert sich Jonas vielleicht, ohne es zu merken? Er hat ja auch gar keine Erfahrungen damit. Ich beschließe, einzugreifen und meiner mütterlichen Pflicht nachzukommen. Jonas sitzt oben im Dampfbad, er ist nur schemenhaft auszumachen.

»Mama, komm rein, is schön warm hia. Aba seh ich nix!«

»Jonas, du solltest die Saunaregeln wirklich einhalten. Zumal dieser Wechsel von heiß zu kalt für dein Herz eine echte Belastung ist.«

»Nö, Mama, is kei Lastung, alles gut bei mir. Geh ich jetzt dusche un annere Sauna rein!« Gesagt, getan. Schon sitzt er in der Biosauna nebenan. Ich setze mich auf eine Holzbank vor der Sauna, obwohl ich viel lieber unten im Freien auf dem Liegestuhl läge. Aber ich habe das Gefühl, in Jonas' Nähe bleiben zu müssen, falls er umkippt. (Und dann??) Ich höre ihn wieder mit Patrick reden, kann die Worte aber nicht verstehen. Ein paar Minuten später kommen die beiden wieder raus, gehen die Treppen hinunter und tauchen wieder in den See ein. »So, Jonas, jetzt ist aber gut. Jetzt leg dich mal hin!«

»Nö, Mama, wills nich legn, Patrick will auch nich. Gehn wir noch mal Sauna mit viele Dampf rein! Mama, mach kei Sorgn, ich weiß, ich tue! Geh ich Sauna un dann hinlegn, okä?«

»Versprochen?«

»Ja, Mama, vasproche!« Ich beschließe, mit ins Dampfbad zu gehen, und als Jonas schon nach drei Minuten abbricht, denke ich, dass er wohl doch ganz gut merkt, wann es genug für ihn ist. Auf dem Weg nach unten bemerkt Jonas den großen Wasserkrug mit den Limettenscheiben und schenkt uns beiden großzügig ein Glas voll. Auch in die Schale mit den angebotenen Nüssen greift er mehrmals beherzt hinein. So gestärkt lässt es sich nun ruhen. Jonas folgt mir, jedoch nicht auf die Terrasse, sondern biegt in den großen Ruheraum ab, der ebenfalls mit einem Riesenfenster und mehreren Liegestühlen ausgestattet ist. Mein Sohn breitet sein Handtuch über den ersten Liegestuhl, greift nach einer Zeitschrift und legt sich behaglich zurück.

»Ich gehe lieber raus.«

»Ja, Mama, geh nur! Ich bleib hia. Hia is gut für mich, un Patrick fällt auch hia!« Es dauert keine zwei Minuten, da ist mein Sohn eingeschlafen. Sein lautes Schnarchen ist bis hier draußen zu hören. Ich merke, wie eine innere Anspannung von mir abfällt und ich nun die Sorgen um sein Herz loslassen kann. Nun fange auch ich an, wirklich zu genießen. Wie schön, das alles für uns allein zu haben und ganz ungestört zu sein. Die Sonnenstrahlen und die leichte Brise liebkosen meine Haut, und der Geräuschmix, der mich umgibt, ist einfach nur herrlich: Unter mir gluckst das Wasser, hinter mir zwitschern die Vögel im Park, von ferne höre ich das Läuten der Kuhglocken auf den Almen, hier und da tuckert ein Boot auf dem See entlang.

Jonas hat recht: Das hier ist wirklich traumhaft schön, eine Vorahnung vom Paradies im Himmel. Und ich wollte gleich nach Hause fahren und hätte mich beinahe um dieses kostbare Geschenk gebracht. Ein Hoch auf die Hartnäckigkeit meines Sohnes. Ein Hoch auf die Großmütigkeit meines Gottes. Glücksgefühle durchströmen mich, und ich bin Gott einfach nur dankbar für dieses wunderbare Kind, das er mir zum Geschenk gemacht hat und das mein Leben auf so vielfache Weise bereichert.

Wir haben Lesung gemacht in Schweiz Hotel, das ist wirklich schön in Paradies, das ist (was) ich gemacht habe: Ich hatte meine 2 Füße in See, dann steh ich auf in See, dann laufe ich andere Seite mit Steine und dann zurück in Garten, ich war im Garten, dann waren wir 2 zusammen gegangen rüber in Sauna.

Zwei Tage später erzähle ich meiner Mutter am Telefon von unserem zweitägigen »Abstecher« nach Thun und was wir dort alles erlebt haben. Sie staunt nicht schlecht: »Meine Güte, Doro, was du deinem behinderten Kind alles ermöglichst! Das ist ja wunderbar!«

Ich denke einen Moment über ihre Worte nach, dann antworte ich vollen Ernstes: »Nein, Mutti, eigentlich ist es genau umgekehrt: Was mein Sohn mir alles ermöglicht!«

»Ände jetz un Schluss, aus, vobei!«

Noch ein kleines Nachwort

Wir möchten uns bei allen Menschen ganz herzlich bedanken, die zu diesem Buch beigetragen haben!

In erster Linie danke ich meinem Sohn für seinen Mut und seine Offenheit, seine Bereitschaft, wieder ein »Schreib-Amteua« mit mir zu wagen. Danke, Jonas, du bist der beste Sohn, den ich mir wünschen kann!

»Danke, Mama, mit mir sammen Buch schreibn, du weiß jetz bessa mei Fühle un mei Denken in Kopf drin bei mir!«

Danke, Wolfgang, Maren, Eliane und Katharina, für eure Unterstützung, euer An-uns-Glauben, eure Beiträge und das Rücken-Freihalten, als es gegen den Abgabetermin hin doch recht eng wurde.

»Danke, mei Papa un mei Schwestan, ihr sind beste Familie bei mir!«

Ein dickes Dankeschön gilt meinen Arbeitskolleginnen im Sellawie, die die eine oder andere Schicht für mich übernommen haben, weil ich mich zum Fertig-Schreiben die letzten Wochen zurückgezogen habe, und danke auch an all meine lieben Freundinnen und Freunde, die ich in der letzten Zeit aus ebendiesem Grunde sehr vernachlässigt habe. Ich sage nur: »Tauchstation«, und: »Jetzt bin ich wieder da!«

Und ein großer Dank geht auch an Herrn Ackermann, unseren Lektor im SCM Verlag, der mit viel Geduld, bewundernswerter Professionalität, guttuender Ermutigung und unerschütterlichem Glauben an das Buch stets hinter uns stand.

Und nicht zu vergessen: *Sie!* Unsere Leser, Lesungsbesucher und Jonasfans! Vielen, vielen Dank für all die schönen Rückmeldungen, Feedbacks, E-Mails und Briefe und die immerwährende Aufforderung, weiterzuschreiben und mehr von Jonas zu erzählen. Danke für alles Anteilnehmen, Mitfühlen, Mitlachen, Mitsorgen, Mitfreuen! Gut, dass wir einander haben!

»Danke dem Fäns bei mir, ich hab euch lieb, ihr mei Buch lesn hat un komms bei mir zu näxe Lesung hin. Okä? Kommsu? Feu mich, dich zu kennlärn!«

Und *last*, aber absolut nicht *least*, will ich unserem Gott danken, ohne den gar nichts gegangen wär: kein Wort, kein Satz, kein Federstrich. Nicht eine einzige Lesung. Ich bin so überreich beschenkt, diesen ganz besonderen Weg mit diesem ganz besonderen Kind gehen zu dürfen!

Danke, danke, daaaaanke!

»Danke, Gott, du bis mei beste Gott un Jesus dazu. Mag dich aag lieb!«

Wer nun neugierig geworden ist und mehr über uns erfahren möchte, kann die Vorgängerbücher über Jonas lesen.

1999 erschien mein erstes Buch über Jonas: *Mit der Stimme des Herzens*, in dem ich in lyrischen emotionalen Kurztexten Schwangerschaft, Geburt und die ersten sieben Jahre mit meinem besonderen Kind beschrieben habe. Dieses Buch war meine »Eintrittskarte« in die Welt der Schriftstellerei und so bin ich Jonas von Herzen dankbar, dass er mir somit auch beruflich Türen geöffnet hat. 2012 habe ich es noch einmal überarbeitet, neue Texte hinzugefügt und bei SCM Hänssler herausgegeben.

Bin Knüller! folgte 2008 und beschreibt die zweite Herzoperation von Jonas, als er 14 Jahre alt ist. Rückblickend erzähle ich von einer turbulenten, aber auch sehr berührenden Zeit mit ihm von den Kinderjahren bis zur beginnenden Pubertät. Zahlreiche Bilder nehmen den Leser mitten hinein in unser Familienleben.

Ja, und 2012 kam dann unser erstes Gemeinschaftswerk *Ich mit ohne Mama* auf den Markt, in dem Jonas und ich, ähnlich wie im vorliegenden Buch, abwechselnd erzählen, wie spannend, nervenaufreibend und originell der Weg vom Teenager zum Erwachsenen sein kann. Erstmals mit köstlichen Original-Jonastexten.

Alle Bücher sind im Buchhandel erhältlich. Wer jedoch gerne ein Exemplar mit persönlicher Widmung des Autorenteams hätte, möge über meinen Online-Shop bestellen. ☺ Kommen Sie mich doch einfach auf meiner Homepage *www.doro-zachmann.de* besuchen, ich freue mich! Dort finden Sie aktuelle Termine zu Lesungen und meinen anderen Veranstaltungen. Natürlich freuen wir uns auch weiterhin über Ihr Feedback, das Sie an *doro.zachmann@gmx.de* oder an den Verlag schicken können.

SCM-Verlag GmbH & Co. KG, Lektorat
Max-Eyth-Straße 41, D-71088 Holzgerlingen

Anfragen für Lesungen können Sie auch gerne direkt an mich richten, über meine oben angegebene E-Mail-Adresse oder meine Homepage.

So, damit wäre alles Wichtige gesagt. Oder, Jonas, haben wir noch etwas vergessen?

»Ja, Mama, muss noch sagn: Schöne Lebn euch alln un gute Häzn liebn un tschüss un gut jetz!«

Wir wünschen Ihnen alles Liebe!

Jonas Zachmann
↑
Cef
(Chef)

Doro Zachmann
↑
Sägetäin
(Sekretärin)

Doro Zachmann

Mit der Stimme des Herzens
Meine ersten Jahre mit Jonas

Gebunden, 10,5 x 16,5 cm, 192 Seiten
Nr. 395.414,
ISBN 978-3-7751-5414-7

Poetische Texte erzählen den Weg einer Mutter und ihres Kindes mit Down-Syndrom – von der Schwangerschaft bis zum Schuleintritt.

Doro Zachmann

Bin Knüller!
Herz an Herz mit Jonas

Taschenbuch, 12 x 19 cm, 256 Seiten
Nr. 395.216,
ISBN 978-3-7751-5216-7

Die humorvolle und bewegende Geschichte von Jonas, der mit Down-Syndrom lebt – und weiß, dass er ein Knüller ist.

Doro Zachmann, Jonas Zachmann

Ich mit ohne Mama
Knüller Jonas wird erwachsen

Gebunden, 13,5 x 20,5 cm, 336 Seiten
Nr. 395.372,
ISBN 978-3.7751-5372-0

»Knüller Jonas« wird mit Down-Syndrom erwachsen und meistert den Alltag auf seine eigene unverwechselbare Weise. Herzerwärmend.

Bitte fragen Sie in Ihrer Buchhandlung nach diesen Büchern!
Oder schreiben Sie an: SCM Verlag, D-71087 Holzgerlingen;
E-Mail: info@scm-verlag.de; Internet: www.scmedien.de

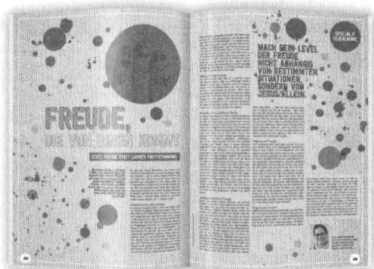